KONRAD HUBER

# Maßnahmegesetz und Rechtsgesetz

Schriften zum Öffentlichen Recht

Band 12

# Maßnahmegesetz und Rechtsgesetz

## Eine Studie zum rechtsstaatlichen Gesetzesbegriff

Von

Dr. Konrad Huber

DUNCKER & HUMBLOT / BERLIN

Gedruckt 1963 bei Albert Sayffaerth, Berlin 61
Printed in Germany

# Vorwort

Dem ersten Teil dieser Schrift liegt eine Arbeit zugrunde, die die rechts- und staatswissenschaftliche Fakultät der Albert-Ludwigs-Universität in Freiburg im Wintersemester 1960/61 als Dissertation angenommen hat. Über den Gegenstand des letzten Teils habe ich im Seminar meines Lehrers, Herrn Professor Dr. Konrad Hesse, im Wintersemester 1961/62 referiert.

Herrn Professor Dr. Konrad Hesse bin ich für die Anregung und Betreuung dieser Arbeit zu vielfältigem Dank verpflichtet. Das Korreferat im Promotionsverfahren hat Herr Professor Dr. Karl Zeidler erstattet. Das nach meiner Promotion erschienene Buch des Heimgegangenen über „Maßnahmegesetz und ,klassisches' Gesetz" habe ich nachträglich noch nutzen können; auch für persönliche Anregungen schulde ich ihm und Herrn Professor Dr. Horst Ehmke dauernden Dank.

Die Materialsammlung schließt mit dem Stande vom 1. Januar 1962 ab. Das später erschienene Schrifttum habe ich, solange dies technisch möglich war, zu berücksichtigen versucht.

Mein Bruder Wolfgang Huber hat mich beim Lesen der Korrektur in der hilfsbereitesten Weise unterstützt.

Freiburg, im Oktober 1963

Konrad Huber

# Inhalt

## Erster Teil: Der Problemstand



## Zweiter Teil: Erscheinungsformen des Maßnahmegesetzes



## Dritter Teil: Der Begriff des Maßnahmegesetzes

## Vierter Teil: Maßnahmegesetz und Rechtsstaat

# Abkürzungen

AcP = Archiv für die civilistische Praxis, seit 1818. Zitiert nach Band, Erscheinungsjahr und Seite.

AKG = Allgemeines Kriegsfolgengesetz (Gesetz zur allgemeinen Regelung durch den Krieg und den Zusammenbruch des Deutschen Reiches entstandener Schäden vom 5. 11. 1957, BGBl. I 1747).

AöR = Archiv des öffentlichen Rechts, seit 1886 (bis zum 26. Band, 1918, unter dem Titel: Archiv für öffentliches Recht). Zitiert nach der Bandzahl der durchlaufenden Zählung (nicht der mit dem 40. Band beginnenden neuen Folge), Erscheinungsjahr und Seite.

BayVerfGHE = Sammlung von Entscheidungen des Bayerischen Verwaltungsgerichtshofs mit Entscheidungen des Bayerischen Verfassungsgerichtshofs, neue Folge, seit 1947/48, zweite Abteilung (die Entscheidungen des Bayerischen Verfassungsgerichtshofs enthaltend). Zitiert nach Band und Seite.

BayVerwBl = Bayerische Verwaltungsblätter, neue Folge, seit 1955. Zitiert nach Erscheinungsjahr und Seite.

BayVerwGHE = Sammlung von Entscheidungen des Bayerischen Verwaltungsgerichtshofs mit Entscheidungen des Bayerischen Verfassungsgerichtshofs, neue Folge, seit 1947/48, erste Abteilung (die Entscheidungen des Bayerischen Verwaltungsgerichtshofs enthaltend). Zitiert nach Band und Seite.

BaWüVerwBl = Baden-Württembergisches Verwaltungsblatt, Landesbeilage zu Die Öffentliche Verwaltung, seit 1956. Zitiert nach Erscheinungsjahr und Seite.

BVerfGE = Entscheidungen des Bundesverfassungsgerichts, herausgegeben von den Mitgliedern des Bundesverfassungsgerichts, seit 1952. Zitiert nach Band und Seite.

BVerwGE = Entscheidungen des Bundesverwaltungsgerichts, herausgegeben von den Richtern des Bundesverwaltungsgerichts, seit 1955. Zitiert nach Band und Seite.

CJCG = Corpus Juris Confoederationis Germanicae, herausgegeben von Ph. A. G. von Meyer und H. Zoepfl, 3. Auflage, 1858 bis 1867. Zitiert nach Band und Seite.

DÖV = Die Öffentliche Verwaltung, seit 1948. Zitiert nach Erscheinungsjahr und Seite.

DRZ = Deutsche Rechts-Zeitschrift, 1946—1950. Zitiert nach Erscheinungsjahr und Seite.

DVBl = Deutsches Verwaltungsblatt, seit 1948 (bis zum 3. Band, 1950, unter dem Titel Deutsche Verwaltung). Zitiert nach Erscheinungsjahr und Seite.

| | |
|---|---|
| ESOVG | = Entscheidungen der Oberverwaltungsgerichte für das Land Nordrhein-Westfalen in Münster sowie für die Länder Niedersachsen und Schleswig-Holstein in Lüneburg, seit 1951. Zitiert nach Band und Seite. |
| ESVGH | = Entscheidungssammlung des Hessischen und des Württemberg-Badischen (seit Band 9, 1960: Baden-Württembergigischen) Verwaltungsgerichtshofes, seit 1952. Zitiert nach Band und Seite. |
| FamRZ | = Ehe und Familie im privaten und öffentlichen Recht. Zeitschrift für das gesamte Familienrecht. Seit 1954. Zitiert nach Erscheinungsjahr und Seite. |
| HStR | = Handbuch des Deutschen Staatsrechts, herausgegeben von Gerhard Anschütz und Richard Thoma, 1930—1932. Zitiert nach Band und Seite. |
| JöR | = Jahrbuch des öffentlichen Rechts, alte Folge Band I—XXV, 1907—1938, neue Folge seit 1951. Zitiert nach Band, Erscheinungsjahr und Seite, die Bände der neuen Folge mit dem Zusatz n. F. |
| JW | = Juristische Wochenschrift, Band I—LXVIII 1872—1939. Zitiert nach Erscheinungsjahr und Seite. |
| JZ | = Juristen-Zeitung, seit 1951. Zitiert nach Erscheinungsjahr und Seite. |
| LAG | = Lastenausgleichsgesetz (Gesetz über den Lastenausgleich vom 14. 8. 1952, BGBl I 446). |
| NJW | = Neue Juristische Wochenschrift, seit 1947. Zitiert nach Erscheinungsjahr und Seite. |
| VerwRspr | = Verwaltungsrechtsprechung in Deutschland. Sammlung oberstrichterlicher Entscheidungen aus dem Verfassungs- und Verwaltungsrecht. Seit 1948. Zitiert nach Band und Seite. |
| VStR | = Veröffentlichungen der Vereinigung der Deutschen Staatsrechtslehrer, seit 1924. Zitiert nach Band, Erscheinungsjahr und Seite, bei wiederholten Zitaten nur nach Band und Seite. |
| ZfBR | = Zeitschrift für Beamtenrecht und Beamtenpolitik, seit 1950. Zitiert nach Erscheinungsjahr und Seite. |
| ZStW | = Zeitschrift für die gesamte Staatswissenschaft, seit 1844. Zitiert nach Band, Erscheinungsjahr und Seite. |

Amtliche Verkündungsblätter sowie einige geläufige Gesetze und Entscheidungssammlungen sind nach den üblichen Abkürzungen zitiert, wie sie auch bei Hildebert Kirchner, Abkürzungsverzeichnis der Rechtssprache auf der Grundlage der für den Bundesgerichtshof geltenden Abkürzungsregeln, 1957, nachgewiesen sind.

Kursivdruck in Zitaten entspricht stets Hervorhebungen des Originals; doch sind solche Hervorhebungen des Originals, die erst in einem nicht mitgeteilten Zusammenhang sinnvoll werden, nicht kenntlich gemacht.

## Erster Teil

# Der Problemstand

### § 1 Der Begriff des Maßnahmegesetzes im Schrifttum

Es ist häufig bemerkt worden, daß in den letzten Jahrzehnten, in der Zeit etwa seit dem ersten Weltkrieg, die Funktion des Gesetzes und der Gesetzgebung im staatlichen Leben sich gewandelt hat. Nicht nur hat der Bereich der Staatstätigkeit überhaupt sich ausgedehnt und Gebiete ergriffen, auf denen eine Intervention des konstitutionellen Staates des 19. Jahrhunderts aus seinem Prinzip heraus unmöglich gewesen wäre[1]; nicht nur hat im Zuge dieser Entwicklung auch die Gesetzgebung es unternommen, Lebensbereiche zu ordnen, in die einzugreifen ihr nach der liberalen Staatsrechtslehre verwehrt war[2]; vielmehr hat Hand in Hand damit die Rolle des Gesetzes im System der Staatsakte sich ebenso gewandelt wie die Funktion des Gesetzgebers im System der staatlichen Gewalten[3].

---

[1] Diese Steigerung der „Interventionsdichte" der staatlichen Tätigkeit, der mit ihr verbundene „Umschlag von der Quantität in die Qualität" und ihre Rückwirkung auf die Wesensveränderung des Staates sind mehrfach beschrieben worden; vgl. etwa Ernst Forsthoff, Die Verwaltung als Leistungsträger (Königsberger rechtswissenschaftliche Forschungen Band 2, 1938); in den für diese Frage wichtigsten Teilen neu aufgelegt unter dem Titel „Rechtsfragen der leistenden Verwaltung" (res publica Bd. 1, 1959); ders., Lehrbuch des Verwaltungsrechts, Bd. 1, 7. Aufl., 1958, S. 34—37; Arnold Gehlen, „Soziologische Voraussetzungen im gegenwärtigen Staat", Beilage zur Staatszeitung für Rheinland-Pfalz, Nr. 1, vom 15. Januar 1956.

[2] Man vergleiche etwa die Ausführungen über den „obersten Grundsatz der polizeilichen Tätigkeit des Staates" bei Robert von Mohl, Die Polizei-Wissenschaft nach den Grundsätzen des Rechtsstaats, Bd. I, 3. Aufl. 1866, S. 19—37, oder Lorenz von Steins Darlegung des „Begriffes des verfassungsmäßigen Verwaltungsrechts" im ersten Band der Verwaltungslehre, 2. Aufl. 1869, S. 70 bis 121. Zu der Frage siehe im Übrigen Werner Weber, „Die Teilung der Gewalten als Gegenwartsproblem" in der Festschrift für Carl Schmitt, 1959, S. 253 ff. (262).

[3] Zur theoretischen Analyse dieser Entwicklung vgl. auch die Ausführungen über den „Gesetzgebungsstaat" bei Carl Schmitt, Legalität und Legitimität, 1932, wieder abgedruckt in Carl Schmitt, Verfassungsrechtliche Aufsätze, 1958, S. 263—345, und in Der Hüter der Verfassung (Beiträge zum öffentlichen Recht der Gegenwart Heft 1) 1931, S. 75 ff., sowie bei Oskar Werner Kägi, Zur Entstehung, Wandlung und Problematik des Gewaltenteilungsprinzips (Diss. iur. Zürich 1937) S. 222—232. Einiges tatsächliche Material findet sich in den

Der wichtigste Beitrag, den die deutsche Staatsrechtslehre[4] bisher zur theoretischen Erfassung, systematischen Einordnung und verfassungsrechtlichen Hegung dieser Entwicklung geleistet hat, ist die Einführung des Begriffes des Maßnahmegesetzes. Ausgehend von dem Rechtsbegriff der Maßnahme, wie ihn Carl Schmitt bei der Auslegung des Art. 48 II WRV entwickelt hat[5], hat Forsthoff versucht, einen Teil der vom Standpunkt der überkommenen Staatsrechtslehre aus „atypischen" Gesetze[6] unter dem Begriff des Maßnahmegesetzes zusammenzufassen und die Voraussetzungen und Grenzen ihrer Zulässigkeit zu bestimmen[7]. Für das Kennzeichen des Maßnahmegesetzes hält Forsthoff den Umstand, „daß es ein konkretes Ziel hat und daß dieses Ziel eine logische Priorität vor den im Gesetz getroffenen Maßnahmen hat"[8]. Die Absicht des „klassischen" Gesetzes sei, einen Lebensbereich auf Dauer zu ordnen; das Maßnahmegesetz dagegen verfolge einen einzelnen und bestimmten Zweck, die von ihm getroffenen Anordnungen seien ausschließlich an diesem Zweck ausgerichtet. Das „klassische" Gesetz besitze einen Ordnungswert unabhängig von dem konkreten Anlaß, dem es seine Entstehung verdankt; das Maßnahmegesetz erschöpfe sich darin, Mittel zu einem konkreten Zweck zu sein. Das „klassische" Gesetz sei constitutio, das Maßnahmegesetz actio[9].

Die Folgerungen, die Forsthoff aus dieser Umschreibung des Begriffs des Maßnahmegesetzes zieht, bedürfen an dieser Stelle nur insoweit

---

Arbeiten über die Gesetzgebungstechnik, etwa bei Walter Schmidt-Rimpler, „Zur Gesetzgebungstechnik", in der Festschrift für Hedemann, 1938, S. 75—94, und bei Willibalt Apelt, Die Gesetzgebungstechnik, 1950 (dort auch weitere Schrifttumsangaben). Vgl. auch die Bemerkungen des Zweiten Senats des Bundesverfassungsgerichts in dem Beschluß vom 6. 5. 1958 über die Verfassungsmäßigkeit des § 346 Satz 1 LAG (Erlaß von Verfahrensvorschriften durch den Präsidenten des Bundesausgleichsamts), BVerfGE 8, 155 (167) betr. den Wandel der Funktion des Vorbehalts des Gesetzes (Eine Übersicht über das neuere Schrifttum zu dieser im vorliegenden Zusammenhang besonders wichtigen Detailfrage findet sich bei Maunz in Maunz-Dürig, Grundgesetz, Rdnr. 130—137 zu Art. 20 GG).

[4] Die vorliegende Arbeit beschränkt sich auf das deutsche Recht; schon die Tatsache, daß der Begriff des Gesetzes in den verschiedenen Rechtsordnungen aus historischen und verfassungsrechtlichen Gründen ganz verschiedenartig ist, zwingt zu dem Verzicht auf den Versuch einer Rechtsvergleichung. Siehe auch im Text unten S. 23.

[5] Carl Schmitt, „Die Diktatur des Reichspräsidenten" in VStR 1, 1924, S. 63 bis 104, wiederabgedruckt in: Carl Schmitt, Die Diktatur, 2. Aufl. 1928, S. 213 bis 259; s. auch im Text unten S. 114 f.

[6] Forsthoff selbst spricht a. a. O., (Anm. 7) S. 223 von einem „besonderen Typus nicht klassischer Gesetze".

[7] Ernst Forsthoff, „Über Maßnahmegesetze", in: „Forschungen und Berichte aus dem öffentlichen Recht", Gedächtnisschrift für Walter Jellinek, 1955, S. 221 bis 236.

[8] Ebda. S. 233; vgl. Lehrbuch des Verwaltungsrechts (oben Anm. 1) S. 9.

[9] Ebda. S. 225.

der Erörterung, als sie den Begriff des Maßnahmegesetzes näher zu erläutern imstande sind[10]. Forsthoff vertritt die Ansicht, daß das Maßnahmegesetz begriffsnotwendigerweise den Grundsatz der Gewaltenteilung verletze, da es stets einen Einbruch der gesetzgebenden Gewalt in die Selbständigkeit der Verwaltung bedeute. Er legt diese These näher dar an drei Beispielen[11], nämlich dem Gesetz zur Einfügung des Art. 142 a in das Grundgesetz vom 26. 3. 1954[12], dem Investitionshilfegesetz vom 7. 1. 1952[13] und an § 8 des Straffreiheitsgesetzes 1954 vom 17. 7. 1954 (der sogenannten „lex Platow")[14]. Allen diesen Beispielen sei gemeinsam, daß der Gesetzgeber auf dem Gebiet konkreten staatlichen Handelns tätig werde, ein Bereich, der ihm nach der strengen Gewaltenteilungslehre verschlossen sei. Denn Zweck der Gewaltenteilung sei nicht nur die Beschränkung der Verwaltung, sondern ebensosehr die Hemmung der Gesetzgebung, die „sich nicht zum Herren des der Verwaltung vorbehaltenen staatlichen Handelns machen" dürfe[15]. Allerdings sei der Grundsatz der Gewaltenteilung im Grundgesetz nicht in dieser Weise strikte Kompetenzverteilungsnorm, insbesondere sei seine Funktion des „Ausgleichs und der Balanzierung" weggefallen, so daß von daher ein Einwand gegen die Zulässigkeit der Maßnahmegesetze unter dem Grundgesetz nicht abgeleitet werden könne[16]. Vielmehr müsse man Maßnahmegesetze prinzipiell[17] auch unter dem Grundgesetz für zulässig halten, wie sich insbesondere daraus ergebe, daß das Grundgesetz, das in Art. 19 I „die Formalstruktur des die Grundrechte beschränkenden Gesetzes genau bestimmt" habe, zum Maßnahmegesetz schweige und also mit ihm rechne[18].

Forsthoffs 1955 in der Gedächtnisschrift für Walter Jellinek erschienener Aufsatz regte alsbald eine lebhafte wissenschaftliche Diskussion an[19]. So hat Ballerstedt versucht, in seinem Beitrag zur Festschrift für

---

[10] Siehe auch unten S. 100 f.

[11] Das von Forsthoff an anderer Stelle (Gedächtnisschrift Jellinek S. 223) angeführte Beispiel des Gesetzes über den Ausgleich bürgerlich-rechtlicher Streitigkeiten vom 13. 12. 1934 (RGBl. I 1235) gehört nicht in diesen Zusammenhang; es greift, und zwar nach rechtsstaatlichen Grundsätzen unzulässigerweise, in den Bereich der Justiz, nicht in den der Verwaltung ein.

[12] BGBl. I 45.

[13] BGBl. I 7, s. unten S. 59.

[14] BGBl. I 203.

[15] Gedächtnisschrift Jellinek (oben Anm. 7), S. 227.

[16] Ebda. S. 227 f. unter Hinweis auf Werner Weber, Spannungen und Kräfte im westdeutschen Verfassungssystem, 1. Aufl. 1951, S. 43 ff. = 2. Aufl. 1958, S. 44 ff.

[17] Über die Frage der Zulässigkeit des Maßnahmegesetzes vgl. auch unten S. 186 ff.

[18] Gedächtnisschrift Jellinek S. 223.

[19] Die ersten Äußerungen stammen von Hildegard Krüger, „Die Verfassungswidrigkeit der lex Schörner" DVBl. 1955, 758 ff., 791 ff. (761) und von

Walter Schmidt-Rimpler den Begriff des Maßnahmegesetzes für die Dogmatik und Systematik des Wirtschaftsrechts fruchtbar zu machen[20]; darüber hinaus aber stellt seine Studie einen wichtigen Beitrag zur Lehre vom Maßnahmegesetz überhaupt dar. Als „wirtschaftliche Maßnahmegesetze" bezeichnet Ballerstedt Gesetze, „bei denen die Schaffung einer Rechtsnorm dergestalt in den Dienst eines wirtschaftspolitischen Zieles gestellt wird, daß sie als Mittel zu dem betreffenden Zweck verwendet wird". Als den Gegensatz dazu betrachtet Ballerstedt die „Rechtsgesetze", Gesetze, denen, wie er in vorläufiger Umschreibung sagt, „ein substantieller Rechtsgehalt innewohnt"[21]. Die eigentliche Bedeutung seiner Abhandlung für die Begriffsbestimmung und die allgemeine Lehre vom Maßnahmegesetz liegt in der Analyse dieses Gegensatzpaars[22]. Das Rechtsgesetz verwirklicht Recht, ist deshalb an sich selbst werthaft und bedarf keiner äußeren Legitimation. Das Maßnahmegesetz ist bloßes Mittel zu einem Zweck, deshalb an sich selbst wertneutral und bedarf der äußeren Legitimation von seinem Zweck her. Doch ist dieser Gegensatz nicht kontradiktorischer, sondern dialektischer Natur. Denn auch beim Rechtsgesetz bleibt dem Gesetzgeber mindestens in der Bestimmung des Zeitpunktes seines Erlasses, in aller Regel aber auch in der Entscheidung über die technische Ausgestaltung der Rechtsinstitute ein weiter Spielraum zu zweckhaftem Handeln; im äußersten Fall können die Motive des Gesetzgebers auch beim Erlaß eines Rechtsgesetzes ganz vom aktuellen Zwecken bestimmt sein[23]. Auf der anderen Seite ist auch das Maßnahmegesetz dem Gemeinwohl zu dienen bestimmt; im äußersten Fall kann es aus Gründen der Gerechtig-

---

Ernst Rudolf Huber, „Der Streit um das Wirtschaftsverfassungsrecht" DÖV 1956, 97 ff., 135 ff., 172 ff., 200 ff. (204). Hildegard Krügers Aufsatz leidet unter einer gewissen Unschärfe der Begriffsbestimmung und ist im vorliegenden Zusammenhang unergiebig; zur Kritik vgl. Menger VStR 15, 11 f. E. R. Huber definiert das Maßnahmegesetz als ein Gesetz, „das durch eine konkrete Störungslage bestimmt wird und dessen beherrschender Zweck die Überwindung dieser Störungslage durch notwendige und geeignete Maßnahmen (‚Entstörung') ist". Der Aufsatz von Otto Haußleiter, „Maßnahmenrecht und Dauerrecht auf dem Gebiet der wirtschaftspolitischen Verordnungs- und Gesetzgebung", DÖV 1956, 143 ff. berücksichtigt Forsthoffs Abhandlung noch nicht, versucht auch keine eigene Begriffsbestimmung des „Maßnahmenrechts".

[20] Kurt Ballerstedt, „Über wirtschaftliche Maßnahmegesetze", Festschrift Schmidt-Rimpler, 1957, S. 369—402. Ballerstedts Abhandlung war vor der Mainzer Staatsrechtslehrertagung im Oktober 1956, deren Thema „Das Gesetz als Norm und Maßnahme" war, abgeschlossen, ist jedoch erst nach der Tagung erschienen (ebda. Anm. 8 a, S. 371).

[21] Ebda. S. 373.

[22] Der weitere Zweck der Abhandlung, vom Begriff der Maßnahme her eine Grundlegung des Wirtschaftsrechts zu finden, liegt außerhalb des Rahmens dieser Arbeit. Dieser Gesichtspunkt ist aufgenommen worden von E. Steindorff, Zweckmäßigkeit im Wettbewerbsrecht, 1959, insbes. S. 23 f.

[23] Festschrift Schmidt-Rimpler S. 373 f. unter Hinweis auf das Beispiel des Wohnungseigentumsgesetzes vom 15. 3. 1951; vgl. dazu unten S. 95.

keit zwingend geboten sein. In diesem Umstand, daß Maßnahmegesetz und Rechtsgesetz beide der Ordnung und Gestaltung des Gemeinschaftslebens dienen, liegt das vermittelnde Moment dieser Antithese. Es gibt daher zwischen dem Rechtsgesetz und dem Maßnahmegesetz fließende Übergänge; die Unterscheidung zwischen beiden ist nicht abstrakt formaler Natur. Vielmehr liegt die Unterscheidung in der Weise, in der jede der beiden Arten des Gesetzes sich legitimiert: Die Legitimität des Rechtsgesetzes gründet in der Idee des Rechts überhaupt; dem Maßnahmegesetz wird die Legitimation durch den mit ihm verfolgten Zweck vermittelt. Diese Unterscheidung geht von einem Gesetzesbegriff aus, der über die herkömmliche rechtsstaatliche Bestimmung des Gesetzesbegriffs bewußt hinausführt. Ballerstedt bezweifelt, daß die Allgemeinheit des Gesetzes ein ausreichendes Kriterium sei, um den Kreis derjenigen Akte abzugrenzen, die im gegenwärtigen Verfassungssystem als „Gesetz" denkbar und zulässig wären; denn „allgemein" wäre auch die Anordnung genereller Vernichtung lebensunwerten Lebens[24]. Gesetz sei vielmehr nur, was seiner Substanz nach[25] Rechtsgehalt habe. Allerdings verbleibe auch bei Gesetzen im so beschriebenen Sinne dem Gesetzgeber in der technischen Ausgestaltung, in der Wahl des Zeitpunkts u. dgl. ein breiter Spielraum politischen Ermessens; das Gesetz müsse daher einem zwiefachen Anspruch genügen: Es müsse substantiell gerecht und zugleich politisch vernünftig sein. Diese dialektische Spannung von Recht und Politik sei es, die sich in der Polarität von Rechtsgesetz und Maßnahmegesetz wiederhole[26].

Schließlich hat Menger in seinem Vortrag auf der Mainzer Tagung der Vereinigung der Deutschen Staatsrechtslehrer im Jahre 1956 dem Begriff des Maßnahmegesetzes eine ausführliche Untersuchung gewidmet[27]. Auch Menger beginnt, wie Ballerstedt, seine Begriffsbestimmung mit der Untersuchung des Begriffs des Rechtsgesetzes, oder, wie er statt dessen sagt, der „Norm". Während jedoch Ballerstedt die „Richtigkeit" des Gesetzes unter die dialektische Spannung seiner Gerechtigkeit und seiner politischen Vernünftigkeit stellt, auch die Gerechtigkeit nicht wertphilosophisch als äußeren Maßstab an das Gesetz heranträgt, sondern ihm durch den Substanzbegriff vermittelt, gewinnt Menger[28] seinen Begriff im unmittelbaren Rückgriff auf die Gerechtigkeit

---

[24] Festschrift Schmidt-Rimpler S. 381.

[25] Zum Begriff der „Substanz" des Gesetzes vgl. unten S. 98 f.

[26] Festschrift Schmidt-Rimpler S. 378.

[27] Christian-Friedrich Menger, „Das Gesetz als Norm und Maßnahme", VStR 15, 1957, S. 3—32.

[28] Ballerstedts Abhandlung ist vor Mengers Referat abgeschlossen worden, aber nach ihm erschienen. Siehe oben Anm. 20.

als Wert[29]. Einschränkend weist er jedoch darauf hin, daß an diesem Wertmaßstab sinnvoll nur die rechtliche Gesamtordnung eines Lebensbereichs, nicht eine herausgegriffene Einzelnorm gemessen werden kann. So gelangt er zu der Begriffsbestimmung, Rechtsnorm sei „das aus einer festgefügten, am Maßstabe der Gerechtigkeit orientierten Ordnung fließende Verhaltensgebot“[30]. In der Bestimmung des Maßnahmebegriffs schließt sich Menger ebenso wie Forsthoff[31] an Carl Schmitts Ausführungen zu Art. 48 II WRV an; für das ausschlaggebende Kriterium hält er die Zweckgerichtetheit der Maßnahme und hebt in Verbindung damit hervor, daß die Maßnahme stets an eine konkrete Sachlage gebunden sei, auf die sie reagiere[32]. Die Übertragung dieses Begriffs auf die Rechtsfigur des Maßnahmegesetzes führt ihn zu der Definition, ein Maßnahmegesetz sei jeder Rechtssatz, „in welchem der Gesetzgeber einen zeitlich und/oder zahlenmäßig begrenzten Kreis von Lebenssachverhalten in einem Tatbestande mit der Absicht zusammenfaßt, ihn einer rein zweckmäßigen Rechtsfolge zu unterwerfen“[33].

Die so gewonnene Unterscheidung von Rechtsgesetzen, die die Gerechtigkeit verwirklichen, und von Maßnahmegesetzen, die der reinen Zweckverfolgung dienen, wird, wie insbesondere die von Menger im weiteren Verlauf seiner Untersuchungen angeführten Beispielfälle zeigen[34], ausschließlich finalistisch bestimmt; ob ein Maßnahmegesetz oder ein Rechtsgesetz vorliegt, soll davon abhängen, ob das Gesetz ausschließlich konkreten Zwecken oder ob es der Rechtsverwirklichung zu dienen *bestimmt* ist. Wenn auch unentschieden bleibt, ob dieses finale Element dem Willen des Gesetzgebers entstammt oder dem „Willen des Gesetzes“[35], jedenfalls ergibt sich aus Mengers Ausführungen deutlich,

---

[29] Daß Menger S. 5 in der Gerechtigkeit einen Kulturwert („eine im Gewissen der abendländischen Menschen lebendige Idee“) zu sehen scheint, nicht einen transzendentalen Wert, ist für die Begriffsbestimmung des Maßnahmegesetzes erst in zweiter Linie von Bedeutung. Kritisch zur Einführung des Wertbegriffs in diesem Zusammenhang überhaupt Carl Schmitt in seiner Nachbemerkung zu „Legalität und Legitimität“, Verfassungsrechtliche Aufsätze, 1958, S. 347.

[30] VStR 15, 5; ebenso auch S. 33 Leitsatz I 2.

[31] Siehe oben S. 1.

[32] Ebda. S. 6 f. und S. 33 Leitsatz I 3.

[33] Ebda. S. 8 und S. 33 Leitsatz I 4.

[34] Kennzeichnend insbesondere ebda. S. 21, wo die Subventionsgesetzgebung zugunsten der deutschen Eierwirtschaft zu den Maßnahmegesetzen, die Gesetzgebung zur Förderung der Wirtschaft Groß-Berlins dagegen zu den Rechtsgesetzen gerechnet wird. Vgl. dazu unten S. 59 f. und die Einzelauseinandersetzung S. 95 f., 122.

[35] Anläßlich der Besprechung des Investitionshilfegesetzes will Menger (ebda. S. 23), falls sich die Auswirkung des Gesetzes seit dem Erlaß geändert hat, auf diese und nicht auf den Willen des Gesetzgebers zurückgreifen; S. 19 f. dagegen soll es für die Frage, ob das Gesetz ein Einzelfallgesetz ist, auf die

daß er das Ziel des Gesetzes zum Kriterium der Unterscheidung erhebt. Während bei Forsthoff Rechtsgesetz und Maßnahmegesetz als von Natur her einerseits legislative, andererseits exekutive Akte, als constitutio und actio dem Wesen nach unterschieden sind; während für Ballerstedt der Unterschied der Legitimationsweise des Maßnahmegesetzes und des Rechtsgesetzes einen Unterschied in der Substanz ausmacht; liegt für Menger der Unterschied in der Natur des Zieles, in der Funktion des jeweiligen Gesetzes und nicht in seinem Wesen[36].

## § 2 Die bisherige Kritik

Auf derselben Mainzer Tagung der Vereinigung der Deutschen Staatsrechtslehrer setzte die Kritik an der Einführung des Begriffes des Maßnahmegesetzes in die staatsrechtliche Dogmatik ein. Wehrhahn, der in seinem Korreferat zu Mengers Vortrag[1] eine breit angelegte rechtstheoretische Untersuchung des Begriffes des Maßnahmegesetzes vorlegte, ging dabei von zwei Gesichtspunkten aus[2]. Einerseits prüfte er, inwieweit die Verschiedenheit des Zweckes gesetzlicher Regelungen die Grundlage ihrer begrifflichen Klassifikation bilden könne; er gelangte zu dem Ergebnis, daß der Gesetzeszweck kaum je mit genügender Schärfe angegeben werden könne, daß insbesondere dasselbe Gesetz häufig mehrere Zwecke verfolge und daß infolgedessen eine Einteilung der Gesetze danach, ob sie einem Rechtszweck, einem technischen oder einem politischen Zweck dienen, niemals zu derjenigen Bestimmtheit gelange, die erforderlich sei, um an diese Unterscheidung Rechtsfolgen zu knüpfen. Andererseits untersuchte Wehrhahn die Frage, ob die Verschiedenheit des Geltungsgrundes es rechtfertige, verschiedene Kategorien von Gesetzen anzunehmen[3], ob also, wo nicht ein rechtlich rele-

---

„Motive des Gesetzgebers" ankommen. Auch Mengers Definition des Maßnahmegesetzes (oben bei Anm. 33) scheint auf den Willen des Gesetzgebers abzustellen. Zur Unterscheidung des „Willens des Gesetzes" und des „Willens des Gesetzgebers" vgl. Wehrhahn VStR 15, 56 und unten S. 94 ff.

[36] Daher kann Menger (ebda. S. 23) annehmen, daß es Gesetze „zunächst unbestimmten Charakters" gebe, die erst die Entwicklung der äußeren Umstände zu Maßnahmegesetzen oder Rechtsgesetzen stempele.

[1] Herbert Wehrhahn, Mitbericht, VStR 15, 1957, S. 35—63.

[2] Der dritte — dogmatische — Gesichtspunkt, daß der Begriff des Maßnahmegesetzes fruchtlos sei, da er, seine juristische Faßbarkeit unterstellt, dennoch nicht, wie Forsthoff annimmt, zu einer Erweiterung der Prüfungskompetenz der Verfassungsgerichtsbarkeit führen könne, liegt außerhalb dieser Untersuchung.

[3] Die Frage führt, obwohl die beiden Arbeiten unabhängig voneinander entstanden sind (siehe oben Anm. 20 zu § 1), auf dasselbe Problem wie Ballerstedts Untersuchung der Verschiedenheit der Legitimationsweisen von Rechtsgesetz und Maßnahmegesetz (siehe oben S. 4).

vanter Unterschied des Zieles, so doch ein solcher Unterschied im Wesen zwischen Maßnahmegesetz und Rechtsgesetz bestehe[4]. Auch in dieser Frage gelangte Wehrhahn zu einem verneinenden Ergebnis. Zwar kenne die abendländische Rechtsphilosophie von alters her zwei Arten der Geltung von Recht: Die „Geltung kraft Setzung" und die „Geltung kraft Wertteilhabe"[5]. Doch beruhe unsere Verfassung grundsätzlich auf dem Prinzip der „Geltung kraft Setzung"; nur wenn ein Gesetz gegen ein in der Verfassung enthaltenes „Zweckwahrungsgebot" verstoße, sei es trotz seiner Setzung ungültig. Diese Grundsätze der Verfassung müßten für alle Arten von Gesetzen in gleicher Weise gelten; auch von daher rechtfertige sich die juristische Unterscheidung von Rechtsgesetz und Maßnahmegesetz also nicht.

So gelangt Wehrhahn zu dem Ergebnis, daß der Begriff des Maßnahmegesetzes keinen juristischen Tatbestand mit besonderen, ihm eigenen Rechtsfolgen umschreibe. Die Wandlungen in der politischen Funktion und in der Tätigkeitsweise der Gesetzgebung, die den Anstoß zur Bildung dieses Begriffs gegeben haben, seien zwar unleugbar; doch seien sie nur einer „deskriptiven Wissenschaft" zugänglich, der Rechtssoziologie oder der „Soziallehre des Staates"; die Rechtswissenschaft besitze „nicht die Begriffe und Axiome, um dieser Realität ‚Maßnahmegesetzgebung' Aufnahme unter ihre Grundbegriffe zu gewähren"[6].

In der Diskussion, die sich an die Referate von Menger und Wehrhahn auf der Staatsrechtslehrertagung anschloß[7], schien ebenfalls die Kritik an der juristischen Brauchbarkeit des Begriffes des Maßnahmegesetzes zu überwiegen. Ein Teil der Diskussionsredner wollte der Forderung nach erweitertem Rechtsschutz gegenüber „unklassischen" Gesetzen ohne die Zuhilfenahme neuer Begriffe entsprochen wissen. Am weitesten darin ging Hans Schneider[8], der die Ansicht vertrat, statt von Maßnahmegesetzen sei richtiger von Einzelfallgesetzen zu sprechen; die Grundlage des erforderlichen Rechtsschutzes biete Art. 19 I GG. Diesen Ausweg ließ, bei aller Ähnlichkeit des Gedankengangs, der Diskussionsbeitrag von Klein[9] als prekär erscheinen; Klein gelangte nämlich über

---

[4] Wehrhahn selbst scheint (S. 53) allerdings anzunehmen, die Klassifikation nach dem Zweck und diejenige nach der Geltungsgrundlage des Gesetzes seien identisch; doch lehrt gerade Mengers Position das Gegenteil.

[5] VStR 15, S. 52.

[6] Ebda. S. 61.

[7] VStR 15, 1957, S. 66—108; vgl. auch den Bericht von Werner Thieme in DVBl. 1957, S. 13 sowie die redaktionellen Berichte in JZ 1956, 776; NJW 1956, 1749 und DÖV 1956, 658.

[8] VStR 15, S. 89—91; vgl. inzwischen auch Hans Schneider, „Über Einzelfallgesetze", Festschrift Carl Schmitt, 1959, S. 159—178.

[9] VStR 15, S. 66—69; vgl. inzwischen auch von Mangoldt-Klein, Das Bonner Grundgesetz, 2. Aufl. 1957 ff., Anm. III 2 zu Art. 19 GG, und dazu unten S. 129 bis 131.

eine restriktive Auslegung des Art. 19 I zu der These, daß diese Bestimmung nur das Einzelpersongesetz, nicht das Einzelfallgesetz untersage. Münch wollte den erforderlichen Rechtsschutz auf dem Wege einer geeigneten Interpretation des Art. 3 GG gewinnen[10]; Schneider hielt diesen Versuch für wenig aussichtsreich[11]. Schätzel[12] hielt de lege lata die Gewährung des erforderlichen Rechtsschutzes durch das Bundesverfassungsgericht für bedenklich; de lege ferenda schlug er die Kontrolle durch die Verwaltungsgerichtsbarkeit vor, stieß damit jedoch auf den Widerspruch von Bachof[13], der darauf hinwies, daß sich eine derartige Entwicklung, die durchaus bedenklich sei, in der Rechtsprechung des Bayerischen Verwaltungsgerichtshofes über die Zulässigkeit der Anfechtungsklage gegen Umgemeindungsverordnungen anbahne[14].

Grundsätzlicher als diese Versuche, nachzuweisen, daß den Forderungen, die zur Entwicklung der Lehre vom Maßnahmegesetz geführt hatten, auch auf anderem Wege Genüge geschehen können, war die Kritik Scheuners[15]. Soweit es sich bei den sogenannten Maßnahmegesetzen[16] um Einzelfallgesetze handele, sei die neue Benennung überflüssig und das Korrektiv des Art. 19 I GG ausreichend; soweit sie darüber hinausgehe, handele es sich um eine soziologische Beobachtung ohne jeden juristischen Inhalt. Der Gesetzesbegriff sei in einer langen Entwicklung so formalisiert worden, daß er derartige Gesetze zulasse; vom Grundsatz der Gewaltenteilung aus ließen sich dagegen keine Bedenken herleiten. Die Kritik an einer vielleicht verfehlten aktuellen Gesetzgebungspraxis dürfe nicht dazu führen, daß man „zu einer neuen weiteren Kategorie des verfassungsrechtlich unstatthaften Gesetzes, zum Maßnahmegesetz“ komme[17]. Die wünschenswerten Abhilfen müßten durch eine Reform des Gesetzgebungsverfahrens geschaffen werden; die Verfassungsrechtsprechung werde durch die ihr zugedachte Kontrollfunktion überfordert. Merk[18] und Kaiser[19] ergänzten diese Kritik durch den

---

[10] VStR 15, S. 87—89.

[11] Ebda. S. 90.

[12] Ebda. S. 94—97.

[13] Ebda. S. 99—100.

[14] Urteil des Bayerischen Verwaltungsgerichtshofs vom 20. 1. 1956, BayVerwBl. 1956, S. 121; vgl. auch BayVerfGHE 7, 113 (114, 120).

[15] VStR 15, S. 69—76; vgl. inzwischen auch Ulrich Scheuner, „Das parlamentarische Regierungssystem in der Bundesrepublik“, DÖV 1957, S. 633 bis 638 (635), und derselbe, „Die Aufgabe der Gesetzgebung in unserer Zeit“, DÖV 1960, S. 601—611 (602).

[16] Scheuner spricht (auch DÖV 1957, 635; anders dagegen DÖV 1960, 602) im Gegensatz zur üblichen Schreibweise von „Maßnahmengesetzen“.

[17] VStR 15, S. 74.

[18] Ebda. S. 76—82.

[19] Ebda. S. 82—83.

Hinweis, daß die Grenzen zwischen „nur zweckmäßigen" und „gerechten" Gesetzen fließend seien, überdies im Rechtsstaat *jedes* Gesetz auch gerecht sein müsse; das von Menger aufgestellte Kriterium führe daher nicht zu einer sicheren Unterscheidung des Maßnahmegesetzes vom Rechtsgesetz; auch Rumpf hielt dieses Kriterium für erst nach weiterer Präzisierung brauchbar[20]. Merk kritisierte ebenso wie schon Scheuner darüber hinaus auch die These, das Maßnahmegesetz stelle in jedem Fall einen Einbruch in den Grundsatz der Gewaltenteilung dar[21]; dieser Standpunkt fand den Widerspruch Forsthoffs, der mit großem Nachdruck auf die Gefährdungen des Rechtsstaatsprinzips hinwies, welche das Aufkommen der Maßnahmegesetze mit sich bringe[22]. Mehrere Redner äußerten Zweifel an Wehrhahns Ausführungen zur „Geltung kraft Setzung" und „kraft Wertteilhabe"[23], jedoch aus allgemeinen Erwägungen heraus und nicht in der Absicht, damit eine Grundlage für den Begriff des Maßnahmegesetzes zu gewinnen[24].

Ihren Höhepunkt hat die bisherige Kritik an der Lehre vom Maßnahmegesetz in der Monographie von Karl Zeidler gefunden[25]. Seine Untersuchungen zeichnen sich zunächst durch ihre breite Fundierung aus. Zeidler stellt nicht nur das gesamte bis dahin vorliegende Schrifttum ausführlich dar[26], er widmet vielmehr sowohl der Gesetzgebungstechnik im modernen Staat[27] als auch dem juristischen Begriff der Maßnahme[28] breiten Raum, um daran Untersuchungen über den Gesetzesbegriff in Lehre und Praxis des neunzehnten Jahrhunderts zu knüpfen[29], die schon für sich allein genommen monographischen Rang haben.

---

[20] Ebda. S. 92—94.

[21] Ebda. S. 77—78.

[22] Ebda. S. 83—86.

[23] Ebda. S. 80 (Merk) und S. 86—87 (Herrfahrdt).

[24] Mehrfach finden sich Hinweise auf die Lehre vom Maßnahmegesetz in Arbeiten zu staatsrechtlichen Einzelproblemen, so bei K. Linckelmann, Nochmals: Zum staatsrechtlichen Lehrbegriff der „mittelbaren Staatsverwaltung", DÖV 1959, S. 813—817 (815) betr. das Erftverbandsgesetz und die Entscheidung BVerfGE 10, 102; bei K. Zeidler, Bundesverfassungsgericht und „Maßnahmegesetz", JZ 1960, S. 391—394, betr. die „Lex Platow" und die Entscheidung BVerfGE 10, 234; bei E. W. Fuss, Gleichheitssatz und Richtermacht, JZ 1959, S. 329—339 (332) betr. das Investitionshilfegesetz und die Entscheidung BVerfGE 4, 7; ders., Die einstweilige Anordnung im verfassungsgerichtlichen Verfahren, DÖV 1959, 201—210 (205) betr. die Volksbefragungsgesetze der Stadtstaaten Hamburg und Bremen 1958 und die Entscheidungen BVerfGE 7, 367 und 8, 104. Allerdings liegen in den beiden erstgenannten Fällen m. E. in Wahrheit keine Maßnahmegesetze vor (vgl. auch unten S. 121).

[25] Karl Zeidler, Maßnahmegesetz und „klassisches" Gesetz, 1961.

[26] Zeidler, a. a. O., S. 32—57.

[27] Ebda., S. 5—31.

[28] Ebda., S. 58—68.

[29] Ebda. S. 77—144.

Zeidler geht davon aus, daß die bisherige Lehre einhellig[30] als Maßnahmegesetz die nicht an der Gerechtigkeit orientierte, sondern rein zweckmäßige legislative Regelung betrachtet. Zum Gegenstand seiner Untersuchung macht er die Frage, ob dieser Begriff juristisch gerechtfertigt werden kann. Er unterscheidet zu diesem Zweck die „logische" und die „problematische" Rechtfertigung eines dogmatischen Begriffs; „logisch gerechtfertigt" heißt dabei ein Begriff, welcher a priori aus dem gegebenen Verfassungs- oder Rechtssystem hergeleitet werden kann, „problematisch gerechtfertigt", der eine abgegrenzte typologische Struktur besitzt[31]. Hinsichtlich der „logischen Rechtfertigung" untersucht Zeidler[32], ob in der begrifflichen Struktur ein Unterschied des Maßnahmegesetzes zum Rechtssatz festzustellen ist. Er gelangt zu dem Ergebnis, daß Recht nicht nur das von der Gerechtigkeit verbindlich Geforderte, Rechtssatz also nicht nur der notwendige Ausdruck einer als vorgegeben gedachten Gerechtigkeit ist; sondern daß Recht auch die lediglich sachnotwendigen Bestandteile der öffentlichen Ordnung und damit Rechtssätze auch die lediglichen Zweckmäßigkeitserwägungen entstammenden Regelungen sind, die zur Aufrechterhaltung dieser Ordnung erforderlich sind[33]. Daraus, daß seiner Ansicht nach die Zweckgerichtetheit das einzige Kriterium des Maßnahmegesetzes ist, folgert er, daß also ein struktureller Unterschied zwischen Maßnahmegesetz und Rechtsgesetz nicht besteht, daß vielmehr auch die Maßnahmegesetze Rechtssatzqualität besitzen[34]. Unter dem Stichwort der „problematischen Methode" zur Feststellung des Maßnahmecharakters eines Gesetzes untersucht Zeidler dann die Frage[35], ob es der Lehre vom Maßnahmegesetz gelungen ist, ein in praxi handhabbares Kriterium für die Unterscheidung von Maßnahmegesetzen und Rechtsgesetzen anzugeben. Er

---

[30] Ebda. S. 55 ff. Der Einwand ist nicht ganz unbegründet, daß damit als „communis opinio" der Lehre vom Maßnahmegesetz einseitig die Auffassungen Mengers zugrunde gelegt werden; insbesondere wird die Gleichsetzung der Ansichten Ballerstedts mit Mengers Auffassung (ebda. S. 158) dem besonderen Ansatz, welchen Ballerstedt versucht hat, kaum gerecht. Vgl. auch unten S. 97.

[31] Um das Referat zu vereinfachen, weicht die Darstellung hier von der Terminologie Zeidlers geringfügig ab. Der Begriff der „logischen Rechtfertigung" ergibt sich aus S. 170, der Begriff der „problematischen Rechtfertigung" aus S. 172 der Zeidlerschen Arbeit.

[32] Dieser Frage ist das dritte Kapitel der Untersuchung gewidmet (ebda. S. 145—170).

[33] Zeidler bedient sich in diesem Zusammenhang (S. 153 bei Anm. 68) des häufig verwendeten, aber sehr prägnanten Beispiels, daß von der Idee einer vorgegebenen Gerechtigkeit her die Frage nicht beantwortet werden kann, ob im Straßenverkehr rechts oder links gefahren werden muß. Zur Sache vgl. Hegel, Enzyklopädie der philosophischen Wissenschaften im Grundrisse (1830), neu hrsg. von Nicolin und Pöggeler, 1959, § 529 Zusatz.

[34] Zeidler S. 160 ff.

[35] Dieser Frage gilt das vierte Kapitel der Arbeit (a. a. O., S. 171—201).

geht davon aus, daß die Frage, ob ein Gesetz „lediglich zweckgerichtet und nicht an der Gerechtigkeitsidee orientiert" sei, nur nach dem Willen des konkreten historischen Gesetzgebers entschieden werden kann. An Hand eines konkreten Beispiels, nämlich der sogenannten „lex Platow" prüft er, ob die Materialien eines Gesetzes erlauben, den „Willen des Gesetzgebers" zu ermitteln und zu entscheiden, ob dieser sich von der Gerechtigkeitsidee hat leiten lassen oder nicht[36]. Er gelangt zu dem Ergebnis, daß der Rückgriff auf den Willen des konkreten Gesetzgebers weder aus theoretischen[37] noch aus praktischen[38] Gründen eine derartige Entscheidung gestattet, und folgert daraus, daß es der Lehre vom Maßnahmegesetz nicht gelungen ist, ein praktisch verwendbares Kriterium für diesen Begriff aufzustellen.

## § 3 Plan der Arbeit

Der Überblick über den Streit der Meinungen, den der Begriff des Maßnahmegesetzes hervorgerufen hat, zeigt, daß nahezu alle Fragen verschieden beantwortet werden, die in diesem Zusammenhang erörtert worden sind. Die Zweifel beginnen bei der Begriffsbildung, und zwar unterscheiden sich bereits die Ansichten der Anhänger der Lehre vom Maßnahmegesetz in einem außerordentlich wichtigen Punkt, in der Frage nämlich, ob sich Maßnahmegesetz und „klassisches Gesetz" dem Wesen nach (Forsthoff, Ballerstedt) oder nur in ihrem Ziel (Menger) unterscheiden[1]; die verschiedenartigen Herleitungen von Forsthoff — aus dem Prinzip der Gewaltenteilung — und Ballerstedt — aus der „Substanz" des Gesetzes[2] — dagegen können nebeneinander bestehen. Sowohl die Unterscheidung dem Wesen wie dem Zweck nach ist nicht nur auf konkrete, sondern auf prinzipielle Kritik gestoßen; diejenige nach dem Zweck ist mit dem Argument angegriffen worden, jedes Gesetz diene der Gerechtigkeit (Kaiser) oder könne doch mehreren Zwekken dienen (Wehrhahn); der Kritik an der Unterscheidung dem Wesen nach dienen Wehrhahns Darlegungen über die Geltung kraft Setzung und kraft Wertteilhabe[3] ebenso wie Scheuners Ausführungen zum Grundsatz der Gewaltenteilung. Aber auch die dogmatischen Ergebnisse der

---

[36] Ebda. S. 179—201. Zur Frage, ob § 8 des Straffreiheitsgesetzes von 1954 ein Maßnahmegesetz ist, vgl. unten § 19 Anm. 4.

[37] Dazu Zeidler S. 176 ff.

[38] Eindrucksvoll die Zusammenfassung S. 193 ff. Zur Sache vgl. unten § 14, insbes. Anm. 7.

[1] Siehe oben S. 14.

[2] Siehe oben S. 13.

[3] Siehe oben S. 16.

neuen Lehre sind keineswegs gefestigt; so ist z. B. Menger zu durchaus andersartigen Schlußfolgerungen gekommen als Forsthoff[4]. Und schließlich besteht nicht einmal in der konkreten Frage Klarheit, welche einzelnen Gesetze denn nun den Begriff des Maßnahmegesetzes erfüllen; Menger hat zwar seinen Standpunkt in dieser Frage als enger gegenüber demjenigen Forsthoffs bezeichnet[5], ohne jedoch Beispiele anzuführen; dieser Mangel an konkretem Anschauungsmaterial ist auf der Mainzer Staatsrechtslehrertagung insbesondere von Ule[6] bedauert worden.

Auf der anderen Seite sind die in der Diskussion um das Maßnahmegesetz angeschnittenen Fragen von erheblicher Bedeutung. Schon die dogmatischen Folgerungen Forsthoffs, die, wenn sie sich durchsetzen, zu einer prinzipiellen Erweiterung der Zuständigkeit der Verfassungsgerichtsbarkeit führen werden, verdienen alle Aufmerksamkeit. Andererseits hat auch der von Forsthoffs Kritikern unternommene Versuch, unter Verwendung der überkommenen Begriffe die Zuständigkeit des Bundesverfassungsgerichts „schrittweise auszudehnen"[7], noch nicht zu faßbaren Ergebnissen geführt. Über diese dogmatischen Erwägungen hinaus hat die Diskussion gezeigt, daß die Lehre vom Maßnahmegesetz in verfassungstheoretische Fragen von höchstem Interesse hineinführt. Seit Forsthoffs Aufsatz in der Gedächtnisschrift für Jellinek behauptet das Prinzip der Gewaltenteilung seinen Platz in den Erörterungen um das Maßnahmegesetz; die mit diesen Erörterungen aufgeworfene Frage nach der Funktion der Legislative im modernen Staat mündet hier in die neuerlich wieder aufgenommene Diskussion um den Sinn des Gewaltenteilungsprinzips ein[8]. Die Ausführungen von Ballerstedt zur verschiedenartigen Legitimation von Rechtsgesetzen und Maßnahmegesetzen sowie Wehrhahns Bemerkungen über die beiden Geltungsbegriffe kraft Setzung und kraft Wertteilhabe[9] haben gezeigt, daß mit der Frage nach dem Maßnahmegesetz diejenige nach dem rechtsstaatlichen Gesetzesbegriff verschwistert ist, die Frage also, ob das Gesetz im Rechtsstaat außer der Sanktion einer darüber hinausgehenden Legitimation bedarf oder nicht, und ob weiterhin diese Legitimation formaler Natur ist, in dem generellen Charakter des Gesetzes liegt, oder materieller Natur, eine sittliche Qualität der sanktionierten Norm

---

[4] Vgl. z. B. VStR 15, S. 23, 27, 29 f.

[5] Insbesondere in seinem Schlußwort zur Diskussion auf der Staatsrechtslehrertagung VStR 15, S. 105—108 (107).

[6] VStR 15, 100—103.

[7] So die Formulierung Herrfahrdts ebda. S. 86 f. (87).

[8] Vgl. zuletzt Werner Weber, „Die Teilung der Gewalten als Gegenwartsproblem", Festschrift Carl Schmitt, 1959, S. 253—272, mit weiteren Schrifttumsangaben in den Anm. 2, 7 und 15.

[9] Vgl. oben S. 16.

voraussetzt. Schließlich zeigen die Ausführungen Forsthoffs und Scheuners[10] über die Zwangsläufigkeit der Verschiebung der Gesetzgebungsfunktion im Sozialstaat, daß vom Begriff des Maßnahmegesetzes her auch auf den Begriff des Sozialstaats, in dessen Instrumentarium es einen hervorragenden Platz einnimmt, neues Licht fallen könnte.

Angesichts dieses Problemstandes bieten sich einer monographischen Untersuchung des Maßnahmegesetzes zwei methodische Möglichkeiten an. Die eine wäre der deduktive Weg; man hätte dann von einem Begriff des Maßnahmegesetzes auszugehen und seine einzelnen Elemente daraufhin zu untersuchen, ob sie in rechtstheoretisch-logischer Hinsicht zulässig und sinnvoll und ob sie juristisch-systematisch betrachtet zweckmäßig gewählt sind. Die theoretische Prüfung wäre dabei auf die Behandlung philosophischer Fragestellungen angewiesen, z. B., um nur die bisher schon vom Schrifttum in diesem Zusammenhang erörterten Probleme zu nennen, der Relation von Wert und Zweck[11], des Verhältnisses von Gesetz und Gerechtigkeit[12], des Begriffes der Substanz der Rechtsnorm[13]. Die systematische Prüfung müßte z. B. die drei eben erwähnten Problemkreise, das Gewaltenteilungsprinzip, den rechtsstaatlichen Gesetzesbegriff und die Sozialstaatsklausel, im ganzen daraufhin untersuchen, wie sich der Begriff des Maßnahmegesetzes in sie einfügt. Der Vorteil eines solchen Verfahrens ist, daß sich mit seiner Hilfe logische Stringenz erreichen läßt; sein Nachteil ist ein doppelter: Einmal läßt sich in keiner Weise die Praktikabilität eines derart abstrakt gebildeten Begriffs sicherstellen; das Ergebnis wird möglicherweise zwar von einem gewissen konstruktiven Erkenntniswert, aber ohne jede dogmatische Bedeutung sein. Zum anderen gehen in einen derartigen Begriff zu viele theoretische Voraussetzungen ein; ein einziger Dissens in den aufgezählten rechtsphilosophischen und staatstheoretischen Fragen läßt die gesamte Deduktion als zweifelhaft erscheinen.

Die vorliegende Arbeit schlägt demgegenüber den induktiven Weg ein. Sie wählt aus den vorliegenden Gesetzen diejenigen aus, die als Maßnahmegesetze gelten könnten, und ordnet sie unter typologischen Gesichtspunkten. Erst an Hand des so aufbereiteten Materials soll der Versuch einer Begriffsbestimmung des Maßnahmegesetzes unternommen werden. Dieses Verfahren hat, wie jedes induktive Vorgehen, einen Nachteil: Die Zusammenstellung des Materials kann sich nicht auf einen festgestellten Begriff stützen; sie muß sich vielmehr an den bis-

---

[10] Forsthoff, Gedächtnisschrift Jellinek (oben § 1 Anm. 7) S. 228; Scheuner VStR 15, 72 f. und DÖV 1957, 635.

[11] Vgl. Wehrhahn VStR 15, 53, Merk ebda. S. 82 und vor allem Wehrhahn in seinem Schlußwort ebda. S. 105.

[12] Vgl. z. B. Kaiser ebda. S. 82.

[13] Vgl oben S. 13 bei Anm. 25.

her im Schrifttum verwandten Begriff anlehnen und kann im übrigen nur dem Material unmittelbar entnommene Einteilungsprinzipien verwenden. Diesem Nachteil steht ein doppelter Vorteil gegenüber: Erstens ist der Ansatzpunkt der Untersuchung vom bisherigen Meinungsstreit unabhängig; auch die Gegner der Lehre vom Maßnahmegesetz gestehen zu, daß der Begriff des Maßnahmegesetzes „soziologisch" brauchbar, das heißt daß er zur deskriptiven Ordnung der vorhandenen Gesetze tauglich ist[14]. Zweitens sichert die konkrete Herleitung dem Begriff Praktikabilität und erleichtert die Entscheidung, ob er von juristischer oder nur von soziologisch-politischer Relevanz ist.

Grundsätzlich macht das induktive Verfahren es wünschenswert, ein möglichst breites Tatsachenmaterial zugrunde zu legen, also insbesondere auch die Rechtsvergleichung heranzuziehen[15]. Für eine Untersuchung des Maßnahmegesetzes verbietet sich ein solches Vorgehen aus folgendem Grunde: Ob ein bestimmter Staatsakt in Gesetzesform ergeht, hängt in weitem Maße von historischen oder praktisch-politischen Gründen ab[16] und ist von verschiedenen Verfassungen ganz verschieden geregelt; legt man daher den Begriff des formellen Gesetzes zugrunde, so wird das Material, das die Rechtsvergleichung beizusteuern vermag, ganz inkohärent und läßt einheitliche Schlußfolgerungen nicht zu. Den Begriff des materiellen Gesetzes zugrunde zu legen, verbietet sich, von allen anderen Bedenken abgesehen, schon deswegen, weil gerade die Tatsache, daß Maßnahmen im Wege des *förmlichen* Gesetzes ergehen, der die vorliegende Arbeit beschäftigende Gegenstand ist. Rechtsvergleichend kann sinnvoll nur die Frage untersucht werden, in welche Form Akte, die unter dem Grundgesetz als Maßnahmegesetze ergehen, in anderen Verfassungssystemen gekleidet werden, mit anderen Worten, von welchen Organen und mit welchen Mitteln dort die Aufgaben bewältigt werden, die in der Bundesrepublik der Gesetzgeber mit Hilfe des Maßnahmegesetzes löst. Eine solche Untersuchung setzt die Klärung des Begriffes des Maßnahmegesetzes voraus und dürfte daher nicht ihrerseits zu dieser Begriffsklärung herangezogen werden[17].

Die vorliegende Untersuchung geht aus diesem Grunde von den unter dem Grundgesetz erlassenen Gesetzen aus. Insoweit ist zwar nicht

---

[14] Siehe Wehrhahn VStR 15, 61 und Scheuner ebda. S. 70.

[15] Für die Behandlung des Problems des Maßnahmegesetzes hat diesen Wunsch insbesondere Schneider ebda. S. 91 geäußert.

[16] Vgl. Carl Schmitt, Verfassungslehre, 1928, S. 144 f.

[17] Die Untersuchung würde sich aufs engste mit der Frage nach der Delegation im Gesetzgebungsverfahren berühren, die Ulrich Scheuner in seiner Abhandlung über „Ausländische Fragen zum Problem der Übertragung rechtsetzender Gewalt" in: Die Übertragung rechtsetzender Gewalt im Rechtsstaat (Wissenschaftliche Schriftenreihe des Instituts zur Förderung öffentlicher Angelegenheiten Bd. 12), 1953, S. 118—166, rechtsvergleichend untersucht hat.

schematische Vollständigkeit, wohl aber systematische Vollständigkeit angestrebt, das heißt, es sind sämtliche Maßnahmegesetze, die unter dem Grundgesetz von Bundes wegen ergangen sind, wenigstens in einem Vertreter ihres Typs berücksichtigt. Die Landesgesetzgebung spielt auf dem Gebiet des Maßnahmerechts ohnehin eine ganz geringe Rolle[18]. Ergänzend sind zur Erweiterung des Anschauungsmaterials und um dem Eindruck vorzubeugen, als sei das Maßnahmegesetz eine dem Grundgesetz eigentümliche Erscheinung, die Gesetzgebung der deutschen konstitutionellen Monarchien und des Reichs unter der Weimarer Verfassung herangezogen; der Begriffsbildung können allerdings diese Beispiele wegen der Unterschiede im Verfassungssystem nur mit Vorsicht zugrunde gelegt werden. Auf die Berücksichtigung der zwischen 1933 und 1949 entstandenen Gesetze ist bei der typologischen Untersuchung bewußt verzichtet; die vollkommene Andersartigkeit, um nicht zu sagen die weitgehende Formlosigkeit der Gesetzgebungstechnik des Dritten Reichs sowie der exceptionelle Charakter der Aufgaben und des Verfahrens der Gesetzgebung in der unmittelbaren Nachkriegszeit schließen den Vergleich und die Einordnung dieser Gesetze aus. Herangezogen ist nur die Gesetzgebung des Wirtschaftsrats der Vereinigten britischen und amerikanischen Besatzungszone, und zwar wegen ihrer engen Verflechtung mit der Bundesgesetzgebung seit 1949; auch folgt diese Gesetzgebung durchaus wieder den hergebrachten rechtsstaatlichen Formen.

Die Untersuchung der Erscheinungsformen des Maßnahmegesetzes soll die Voraussetzung für die Bestimmung seines Begriffs schaffen. Diese Begriffsbestimmung wird, nach einer Auseinandersetzung mit den bisher im Schrifttum vorgetragenen Definitionen, einsetzen mit einer Darstellung der philologischen Geschichte des Wortes „Maßregel" und einer Begriffsgeschichte des Begriffs der „Maßnahme" im juristischen Sinn. Ein solches Vorgehen empfiehlt sich deswegen, weil die Lehre vom Maßnahmegesetz sich von Anfang an auf die Begriffsgeschichte, insbesondere auf die Auslegung des Maßnahmebegriffs in Art. 48 Abs. 2 WRV, berufen hat[19], auch diese Darstellung am raschesten zur Untersuchung der Wurzeln des Begriffs des Maßnahmegesetzes führt[20]. Hieran kann sich dann der Versuch einer Definition des Maß-

---

[18] Das hängt einmal mit dem immer stärkeren Zurücktreten der Landesgesetzgebung überhaupt zusammen, zum anderen aber auch damit, daß, wie der zweite Teil dieser Arbeit an den konkreten Beispielen zeigen wird, die Maßnahmegesetze ganz überwiegend solche Aufgaben der konkurrierenden Gesetzgebung betreffen, die durch den Landesgesetzgeber praktisch nicht gelöst werden können. Vgl. auch unten S. 27.

[19] Siehe oben S. 10.

[20] Schon Forsthoff hat VStR 15, 83 angedeutet, daß nur das Wort, nicht der Begriff „Maßnahmegesetz" von ihm stammt.

nahmegesetzes anschließen, welcher sich bemüht, nach wie vor auf rein induktivem Weg fortzuschreiten; es soll ein Begriff aufgestellt werden, der einerseits den deskriptiv ermittelten Sachverhalt bezeichnet, andererseits mehr ist als ein Name oder eine bloße Bezeichnung, sondern geistesgeschichtlich präzise gebildet ist und das dem beobachteten Sachverhalt Eigentümliche trifft.

Der bisher im Schrifttum geführten Diskussion entspräche es, wenn hieran anschließend die Frage untersucht würde, ob der so gebildete Begriff aus unserem juristischen System hergeleitet oder ob an ihn rechtliche Folgerungen geknüpft werden können[21]. Die vorliegende Studie geht diesen Weg nicht. Sie stellt vielmehr dem induktiv gebildeten Begriff des Maßnahmegesetzes den überkommenen, deduktiv hergeleiteten Begriff des Rechtsgesetzes gegenüber. Ihr Ziel ist also nicht, den Begriff des Maßnahmegesetzes dogmatisch zu rechtfertigen. Gegenstand der Untersuchung ist vielmehr die Frage, ob der dogmatisch schlüssig gebildete Begriff des Rechtsgesetzes den Erscheinungen der Wirklichkeit standhält[22].

Eine solche Untersuchung kann nur zu sinnvollen Ergebnissen führen, wenn sie nicht außer acht läßt, daß „Verfassungsrecht politisches Recht" ist. Die dogmatische Herleitung eines verfassungsrechtlichen Begriffs kann immer nur der erste Schritt zu seinem Verständnis sein. Der Gehalt eines solchen Begriffs ist erst ausgeschöpft, wenn seine politische Funktion und damit sein normativer Sinn ermittelt sind. Die Beantwortung der Frage, ob und in welcher Form der normative Sinn des rechtsstaatlichen Gesetzesbegriffs unter den Verfassungsbedingungen der Gegenwart gewahrt werden kann, ist daher die eigentliche Absicht der Untersuchung.

---

[21] Dies meinen offenbar Wehrhahn (VStR 15, 61) und Zeidler (wie oben § 2 Anm. 25, S. 4), wenn sie die Frage stellen, ob der Begriff des Maßnahmegesetzes ein „juristischer Begriff" sei oder nicht.

[22] Den umgekehrten Weg geht Zeidler, welcher der Hypothese eines deduktiv gebildeten Begriffs des Maßnahmegesetzes einen empirisch ermittelten Begriff des „klassischen Gesetzes" gegenüberstellt (besonders deutlich, a. a. O., S. 143 f.). Vgl. dazu unten S. 179.

Zweiter Teil

# Erscheinungsformen des Maßnahmegesetzes

## § 4 Kriegsfolgemaßnahmen

Unter den „unklassischen“ Gesetzen des Bundesgesetzgebers und des Gesetzgebers für das Vereinigte Wirtschaftsgebiet ragt zunächst die große Gruppe der „Kriegsfolgemaßnahmen“ hervor, derjenigen Fälle, in denen der Gesetzgeber auf Folgen des verlorenen Kriegs und des staatlichen Zusammenbruchs mit außergewöhnlichen Mitteln zu reagieren gezwungen war. Zur Normalisierung der Lage nach einem modernen Krieg reichen — in den unterlegenen wie in den Siegerstaaten, wenn je diese Terminologie den Sachverhalt noch trifft — die Mittel, die die allgemeine Rechtsordnung zur Verfügung stellt, nicht mehr aus; nicht nur der Krieg, auch seine fortwirkenden Folgen lassen sich mit den der Friedensordnung gewohnten Mitteln nicht bestehen[1].

Schon nach dem Kriege von 1870/71 hatte der Reichsgesetzgeber für die kriegsbedingten Verluste der Zivilbevölkerung eine besondere Entschädigungsgrundlage zu schaffen[2]. Nach dem ersten Weltkrieg wiederholte sich diese Notwendigkeit in sehr viel größerem Umfang; an dieser Stelle seien von den durch Waffenstillstand und Friedensvertrag unmittelbar verursachten Maßnahmen nur beispielsweise genannt: Die Regelung der Rückgabe der während des Krieges in Belgien und Frankreich demontierten Betriebseinrichtungen[3]; das „Notgesetz für elsaß-

---

[1] Ein besonders instruktives Beispiel hierfür bietet die Fortdauer des sogenannten „Vollmachtenregimes“ in der Schweiz nach 1945; vgl. Hans Marti, Das Verordnungsrecht des Bundesrates, 1944, S. 43 ff. und 136 ff. sowie H. Nef, Die Fortbildung der Schweizerischen Bundesverfassung in den Jahren 1929 bis 1953, JöR n. F. 4 (1955) S. 355—415 (365 f., 369).

[2] Gesetz betr. den Ersatz von Kriegsschäden und Kriegsleistungen, Gesetz betr. die Entschädigung der deutschen Rhederei und Gesetz betr. die Gewährung von Beihilfen an die aus Frankreich ausgewiesenen Deutschen, alle vom 14. 6. 1871, RGBl. 247, 249 und 253, sowie Gesetz betr. die Gewährung von nachträglichen Vergütungen für Kriegsleistungen an die Gemeinden vom 23. 2. 1874, RGBl. 17.

[3] Getroffen zunächst, noch vor Inkrafttreten des Gesetzes über die vorläufige Reichsgewalt vom 10. 2. 1919, RGBl. 169, durch VO vom 1. 2. 1919, RGBl. 143; die bereits am 19. 2. 1919 notwendig werdende Änderung dagegen geschah durch Gesetz (RGBl. 199).

lothringische Angelegenheiten" vom 1. 3. 1919[4]; das Gesetz über die Vergütung von Leistungen für die feindlichen Heere im besetzten Reichsgebiet vom 2. 3. 1919[5]; das Gesetz zur Durchführung der Waffenstillstandsbedingungen vom 6. 3. 1919[6]; das Gesetz über Enteignungen und Entschädigungen aus Anlaß des Friedensvertrages zwischen Deutschland und den alliierten und assoziierten Mächten vom 31. 8. 1919[7] und das Ausführungsgesetz zum Friedensvertrag vom selben Tag[8] und schließlich, um auch Einzelregelungen zu nennen, deren Bezug auf den Friedensvertrag weniger offenkundig ist, das Gesetz zur Verfolgung von Kriegsverbrechen und Kriegsvergehen vom 18. 12.1919[9].

Daß nach dem Zusammenbruch nahezu des gesamten öffentlichen Lebens in Deutschland 1945 die Wiederaufrichtung der staatlichen und der wirtschaftlichen Ordnung, die Eingliederung der Heimkehrer und Flüchtlinge, die Sorge für die Kriegsopfer und ihre Angehörigen, die Wiedergutmachung des von dem zugrunde gegangenen Regime hinterlassenen Unrechts — daß alle diese Aufgaben mit den herkömmlichen Mitteln staatlichen Handelns nicht zu bewältigen waren, war offenkundig. Evident war auch, daß die einzelnen Länder zur Lösung dieser Probleme nicht imstande sein konnten. Die notwendigen zentralen Regelungen trafen vielmehr zunächst die Besatzungsmächte[10]. Wenn man von der Gesetzgebung zur Überleitung der Staatsgewalt und des Staatsvermögens sowie dem Bewirtschaftungsnotrecht an dieser Stelle noch absieht, so war die erste derartige Aufgabe, die sich dem zentralen deutschen Gesetzgeber stellte — und zwar schon dem Wirtschaftsrat des Vereinigten Wirtschaftsgebiets —, der Lastenausgleich. Dieser Aufgabe, die wegen des engen Zusammenhangs mit der Währungsreform keinen Aufschub vertrug, dienen von den ersten Vorbereitungsmaßnahmen der Jahre 1948 und 1949 — dem Hypothekensicherungsgesetz vom

---

[4] RGBl. 257. Das Gesetz ermächtigte die Reichsregierung, „zur Abwehr von Gefahren, die sich aus der Besetzung von Elsaß-Lothringen ergeben, Verordnungen mit Gesetzeskraft zu erlassen". Von der Ermächtigung wurde kein Gebrauch gemacht.

[5] RGBl. 261, geändert durch Gesetz vom 27. 3. 1920, RGBl. 353.

[6] RGBl. 286. Auch hier handelte es sich um ein reines Ermächtigungsgesetz.

[7] RGBl. 1527; abgedruckt auch in der von Wündisch erläuterten Ausgabe des Friedensvertrages, 1919, S. 268.

[8] RGBl. 1530, auch bei Wündisch, a. a. O., S. 272.

[9] RGBl. 2125. Das Gesetz erklärte das Reichsgericht für zuständig zur Aburteilung der während des Krieges gegen feindliche Staatsangehörige oder feindliches Vermögen begangenen Straftaten. Das Ansehen des höchsten deutschen Gerichts sollte die Alliierten zum Verzicht auf die ihnen in Art. 228 des Versailler Vertrages eingeräumte Möglichkeit bewegen, die Beschuldigten vor ihre Militärgerichtsbarkeit zu ziehen.

[10] Es genügt, in diesem Zusammenhang an die Währungsreform und an die Rückerstattungsgesetzgebung zu erinnern.

2. 9. 1948[11] und dem Gesetz vom 10. 3. 1949 betreffend Fortschreibungen und Nachfeststellungen von Einheitswerten des Grundbesitzes auf den 21. 6. 1948[12] — bis heute eine kaum mehr zu überblickende Zahl von einzelnen Gesetzen: Neben dem Soforthilfegesetz vom 8. 8. 1949[13] und dem Lastenausgleichsgesetz vom 14. 8. 1952[14] z. B. das Feststellungsgesetz vom 21. 4. 1952[15], das Gesetz über einen Währungsausgleich für Sparguthaben Vertriebener vom 27. 3. 1952[16] und das Altsparergesetz vom 14. 7. 1953[17].

In engem Zusammenhang mit der Lastenausgleichsgesetzgebung steht die Flüchtlingsgesetzgebung; schon das Flüchtlingssiedlungsgesetz vom 10. 8. 1949[18] bezeichnete sich in seinem Vorspruch als „in Ergänzung“ des Soforthilfegesetzes ergangen. Nach der Umsiedlungsgesetz-

---

[11] Gesetz zur Sicherung von Forderungen für den Lastenausgleich vom 2. 9. 1948, WiGBl. 87, mit Änderungsgesetz vom 10. 8. 1949, WiGBl. 233. In der französischen Zone ergingen das rheinlandpfälzische Gesetz vom 23. 11. 1948, GVBl. 409, das württemberg-hohenzollernsche Gesetz vom 3. 12. 1948, RegBl. 1949, 3, und das badische Gesetz vom 22. 2. 1949, GVBl. 81. Die Maßnahmekompetenz bedurfte zoneneinheitlicher Ausübung.

[12] WiGBl. 25; daß das Gesetz der Vorbereitung des Lastenausgleichsgesetzes dient, ist im Vorspruch ausdrücklich erwähnt.

[13] Gesetz zur Milderung dringender sozialer Notstände (Soforthilfegesetz) vom 8. 8. 1949, WiGBl. 205, geändert durch die Gesetze vom 8. 8. 1950, BGBl. 355, vom 29. 3. 1951, BGBl. I 224, und vom 10. 8. 1951, BGBl. I 510; vgl. auch BVerfGE 4, 331 (Nichtigerklärung des § 69 Abs. 2). Entsprechende Gesetze ergingen in den Ländern der französischen Besatzungszone: In Rheinland-Pfalz am 6. 9. 1949, GVBl. 457; in Württemberg-Hohenzollern am 22. 7. 1949, RegBl. 323; in Baden am 20. 9. 1949, GVBl. 323.

[14] Gesetz über den Lastenausgleich vom 14. 8. 1952, BGBl. I 446, und Gesetz zur Einfügung eines Art. 120 a in das Grundgesetz vom selben Tag, BGBl. I 445. Das LAG ist bisher fünfzehnmal novelliert worden, zuletzt durch Gesetz vom 4. 8. 1961 BGBl. I 1169. Vgl. BVerfGE 8, 155 (§ 346 Satz 1 gültig); BVerfGE 11, 50 (§ 293 Abs. 2 Satz 1 und 2 gültig); BVerfGE 11, 64 (§ 293 Abs. 2 Satz 3 gültig); BVerfGE 12, 51 (§ 29 Abs. 1 gültig); BVerfGE 12, 180 (§ 54 gültig).

[15] Gesetz über die Feststellung von Vertreibungsschäden und Kriegssachschäden (Feststellungsgesetz) vom 21. 4. 1952, BGBl I 237; das Gesetz ist nach seiner Änderung durch das LAG neu bekanntgemacht BGBl. 1952 I 534 und zuletzt geändert durch die vierzehnte Novelle zum LAG vom 26. 6. 1961, BGBl. I 785.

[16] BGBl. I 213; das Gesetz ist nach seiner Änderung durch das LAG ebenfalls neu bekanntgemacht worden, BGBl. 1952 I 546; seitdem mehrfach geändert, zuletzt durch die vierzehnte Novelle zum LAG (siehe Anm. 15).

[17] Gesetz zur Milderung von Härten der Währungsreform (Altsparergesetz) vom 14. 7. 1953, BGBl. I 495; nach mehrfacher Änderung neu bekanntgemacht BGBl. 1959 I 169; erneut geändert durch § 3 der zwölften Novelle zum LAG vom 29. 7. 1960, BGBl. I 613.

[18] Gesetz zur Förderung der Eingliederung der Heimatvertriebenen in die Landwirtschaft (Flüchtlingssiedlungsgesetz) vom 10. 8. 1949, WiGBl. 231; aufgehoben durch § 102 des Bundesvertriebenengesetzes (Fundstelle unten Anmerkung 21).

gebung der Jahre 1951 bis 1953[19] sind die abschließenden Regelungen für die Fragen der innerdeutschen Wanderung aus Anlaß des Krieges im Bundesevakuiertengesetz vom 14. 7. 1953[20], für die aus Anlaß des Krieges Vertriebenen im Bundesvertriebenengesetz vom 19. 5. 1953[21] erfolgt; zugleich mündet mit dem Bundesvertriebenengesetz die Sondergesetzgebung über die Sowjetzonenflüchtlinge[22] in die allgemeine Flüchtlingsgesetzgebung ein.

Schließlich gehören in diesen Zusammenhang die Gesetze zugunsten der Kriegsopfer und der Kriegsgefangenen. Schon nach dem ersten Weltkrieg hatte sich gezeigt, daß es unmöglich war, die Kriegsversehrten und die Kriegshinterbliebenen gemäß den in Friedenszeiten getroffenen Bestimmungen zu versorgen. Noch vor Inkrafttreten des Gesetzes über die vorläufige Reichsgewalt[23] traf der Rat der Volksbeauftragten im Verordnungswege eine erste Regelung[24], die am 12. 5. 1920 von dem durch die Nationalversammlung beschlossenen Reichsversor-

---

[19] Gesetz zur Umsiedlung von Heimatvertriebenen aus den Ländern Bayern, Niedersachsen und Schleswig-Holstein vom 22. 5. 1951, BGBl. I 350, geändert durch Gesetz vom 23. 9. 1952, BGBl. I 636 (neubek. ebda. 637) sowie durch § 2 Abs. 3 des Vierten Überleitungsgesetzes vom 27. 4. 1955, BGBl. I 189. Das Gesetz trat an die Stelle der auf Grund des Art. 119 GG ergangenen gesetzesvertretenden Verordnung gleichen Titels vom 29. 11. 1949, BGBl. 1950, 4. Ergänzend erging das Gesetz über die Förderung des Wohnungsbaus für Umsiedler aus den Aufnahmeländern und des Wohnungsbaus für Sowjetzonenflüchtlinge in Berlin vom 30. 7. 1953, BGBl. I 712, geändert durch Gesetz vom 30. 7. 1957, BGBl. I 1075.

[20] BGBl. I 586, nach Änderung durch Gesetz vom 3. 10. 1957, BGBl. I 1683 neu bekanntgemacht BGBl. 1957 I 1687; nach erneuter Änderung durch Gesetz vom 26. 9. 1961, BGBl. I 1753 neu bekanntgemacht BGBl. 1961 I 1865.

[21] Gesetz über die Angelegenheiten der Vertriebenen und Flüchtlinge (Bundesvertriebenengesetz) vom 19. 5. 1953, BGBl. I 201; nach Änderungen durch Gesetz vom 3. 8. 1954, BGBl. I 231, und vom 27. 7. 1957, BGBl. II 1207, neu bekanntgemacht BGBl. 1957 I 1215 (ber. 1330); erneut geändert durch die 11. Novelle zum LAG vom 29. 7. 1959, BGBl. I 545; nach weiteren Änderungen durch Gesetz vom 29. 6. 1961, BGBl. I 813, und vom 19. 9. 1961, BGBl. I 1721 neu bekanntgemacht BGBl. 1961 I 1882.

[22] Siehe vor allem das Gesetz über die Aufnahme von Deutschen in das Bundesgebiet (Notaufnahmegesetz) vom 22. 8. 1950, BGBl. 367, geändert durch § 101 des Bundesvertriebenengesetzes (Fundstelle in der vorigen Anmerkung), vgl. dazu BVerfGE 2, 266 (Vereinbarkeit des § 1 des Gesetzes mit dem Grundgesetz); § 1 Abs. 2 geändert durch Artikel I Nr. 3 der dritten Novelle zum Bundesvertriebenengesetz vom 29. 6. 1961 (siehe die vorige Anm.); Gesetz über Leistungen zur Unterbringung von Deutschen aus der sowjetischen Besatzungszone oder dem sowjetisch besetzten Sektor von Berlin (Flüchtlings-Notleistungsgesetz) vom 9. 3. 1953, BGBl. I 45, geändert durch Gesetze vom 6. 6. 1955, BGBl. I 265, und vom 14. 5. 1957, BGBl. I 498.

[23] Siehe oben Anm. 3.

[24] Verordnung über die soziale Kriegsbeschädigten- und Kriegshinterbliebenenfürsorge vom 8. 2. 1919, RGBl. 187.

gungsgesetz abgelöst wurde[25]; zur Ergänzung dieses Gesetzes ergingen das Gesetz über die Versorgungsbehörden vom 15. 5. 1920 und das Gesetz über die Kosten der Kriegsbeschädigten- und Kriegshinterbliebenenfürsorge vom 8. 5. 1920[26]. Als Einzelmaßnahme war bereits vorher das Gesetz über die Ausbildung von Kriegsteilnehmern zum Richteramte ergangen[27].

Nach dem zweiten Weltkrieg wurde die Kriegsopferversorgung zunächst teils durch Direktiven der einzelnen Besatzungsmächte, teils durch Landesgesetze[28] geregelt. Zu den ersten Maßnahmen des Bundesgesetzgebers gehörte die vorläufige Besserstellung der Kriegsopfer[29]; am 20. 12.1950 folgte mit dem Bundesversorgungsgesetz die endgültige Regelung[30]. Im wesentlichen der Kriegsversehrtenfürsorge dient auch

---

[25] Gesetz über die Versorgung der Militärpersonen und ihrer Hinterbliebenen (Reichsversorgungsgesetz) vom 12. 5. 1920, RGBl. 989 (ber. 1480); letzte Fassung des vielfach geänderten Gesetzes vom 1. 4. 1939, RGBl. I 663.

[26] Gesetz über die Versorgungsbehörden vom 15. 2. 1920, RGBl. 1063, und Gesetz über die Kosten der Kriegsbeschädigten- und Kriegshinterbliebenenfürsorge vom 8. 5. 1920, RGBl. 1066.

[27] Vom 19. 4. 1919, RGBl. 403, geändert durch Gesetz vom 12. 4. 1922, RGBl. I 439.

[28] Von den Maßnahmen der Länder zur Kriegsopferversorgung seien genannt: Die zoneneinheitliche Gesetzgebung in der amerikanischen Besatzungszone gemäß den Beschlüssen des Länderrats vom 9. 9. 1947 und vom 15. 2. 1949, nämlich in Bayern das Gesetz Nr. 64 vom 26. 3. 1947, GVBl. 107, geändert durch das Gesetz Nr. 88 vom 12. 8. 1947, GVBl. 214, und durch Gesetz vom 14. 6. 1949, GVBl. 140; in Bremen das Gesetz vom 28. 6. 1947, GVBl. 109, geändert durch Gesetz vom 23. 6. 1949, GBl. 142; in Hessen das Gesetz vom 8. 4. 1947, GVBl. 19, geändert durch das Gesetz vom 17. 6. 1949, GVBl. 45; in Württemberg-Baden das Gesetz Nr. 74 vom 21. 1. 1947, RegBl. 7, geändert durch die Gesetze Nr. 706 vom 18. 6. 1947, RegBl. 62, Nr. 710 vom 31. 7. 1947, RegBl. 92, und Nr. 946 vom 20. 6. 1949, RegBl. 165; in der britischen Zone das nordrhein-westfälische Gesetz vom 12. 7. 1949, GVBl. 229; sowie in der französischen Zone das rheinlandpfälzische Gesetz vom 18. 1. 1949, GVBl. 11, und das württemberg-hohenzollernsche Gesetz vom 11. 1. 1949, RegBl. 215. Eine Darstellung des Kriegsopferrechts der Länder, das durch eine Vielzahl von Verordnungen mit oder ohne Ermächtigung, Regierungsanordnungen, Weisungen und Eingriffen der Besatzungsmächte vervollständigt wird, wäre besonders geeignet, um zu zeigen, daß in den Jahren 1948 und 1949 die Bildung des deutschen Gesamtstaates sich in erster Linie wegen der von den Ländern nicht mehr zu bewältigenden Kriegsfolgemaßnahmen als unumgänglich erwies, und ihre Maßnahmekompetenz in den ersten Jahren ihres Bestehen das Kernstück der Staatlichkeit der Bundesrepublik war.

[29] Gesetz zur Verbesserung von Leistungen an Kriegsopfer vom 27. 3. 1950, BGBl. 77. Der Vorspruch bezeichnet das Gesetz als „Überbrückungsmaßnahme bis zum Inkrafttreten eines Bundesgesetzes zur Versorgung der Kriegsopfer“.

[30] Gesetz über die Versorgung der Opfer des Krieges (Bundesversorgungsgesetz) vom 20. 12. 1950, BGBl. 791; nach Änderungen durch Gesetz vom 19. 3. 1952, BGBl. I 141 und vom 7. 8. 1953, BGBl. I 862, neu bekanntgemacht BGBl. 1953 I 866. Seitdem noch mehrfach geändert, zuletzt durch § 43 des Kindergeldkassengesetzes vom 18. 7. 1961, BGBl. I 1001. Vgl. BVerfGE 9, 201 (Gültigkeit des § 52 Abs. 2 des Gesetzes).

das Schwerbeschädigtengesetz vom 16. 6. 1953[31]; wenn auch die Vorteile dieses Gesetzes nicht nur Kriegsversehrten, sondern daneben auch Berufsunfallgeschädigten zugute kommen, so wäre doch für die letztere Gruppe allein ein solches Gesetz sicherlich nicht erlassen worden. Zur Kriegsopfergesetzgebung im weiteren Sinn zählt auch die Gesetzgebung zugunsten der Kriegsgefangenen: Das Gesetz über die Unterhaltsbeihilfe für Angehörige von Kriegsgefangenen[32], das Gesetz über Hilfsmaßnahmen für Heimkehrer[33] und das Kriegsgefangenenentschädigungsgesetz[34].

Der gesamten Lastenausgleichs-, Flüchtlings- und Kriegsopfergesetzgebung ist ein Grundzug gemeinsam: Alle diese Gesetze erklären Personen- oder Vermögensschäden, die Einzelne infolge des Krieges erlitten haben, zu „Gemeinlasten" und gewähren billigen Ausgleich. Der Unterschied, daß die Lastenausgleichsgesetzgebung diese Gemeinlasten denjenigen, die entsprechende Schäden nicht erlitten haben, auferlegt, während die Flüchtlings- und Kriegsopfergesetze die entstehenden Ausgaben auf den Staat übernehmen, fällt demgegenüber nicht ins Gewicht; er liegt nur darin, daß die Staatsausgaben die Bürger je nach ihrer gegenwärtigen wirtschaftlichen Leistungsfähigkeit treffen[35], während das Lastenausgleichsgesetz sich an einem festen Termin, dem 21. 6. 1948, orientiert[36]. Jedenfalls ist auch die Lastenausgleichsabgabe echte Abgabe, nicht Enteignung[37]; der Unterschied zur Flüchtlings- und Kriegsopfergesetzgebung liegt erstens darin, daß die Lasten-

[31] Gesetz über die Beschäftigung Schwerbeschädigter (Schwerbeschädigtengesetz) vom 16. 6. 1953, BGBl. I 389 in der Fassung vom 14. 8. 1961, BGBl. I 1233 (ber. BGBl. 1961 I 1348, BGBl. 1961 I 1652). Vgl. schon das Gesetz über die Beschäftigung Schwerbeschädigter vom 6. 4. 1920, RGBl. 458.

[32] Gesetz über die Unterhaltsbeihilfe für Angehörige von Kriegsgefangenen vom 13. 6. 1950, BGBl. 204, nach Änderung durch das Gesetz vom 30. 4. 1952, BGBl. I 260, neu bekanntgemacht BGBl. 1952 I 262; erneut geändert durch Art. III § 1 des Gesetzes zur Änderung und Ergänzung des Kriegsopferrechts vom 27. 6. 1960, BGBl. I 453.

[33] Gesetz über Hilfsmaßnahmen für Heimkehrer (Heimkehrergesetz) vom 19. 6. 1950, BGBl. 221; mehrfach geändert, zuletzt durch die Novelle zum Gesetz über Arbeitsvermittlung und Arbeitslosenversicherung vom 23. 12. 1956 BGBl. I 1018.

[34] Gesetz über die Entschädigung ehemaliger deutscher Kriegsgefangener (Kriegsgefangenenentschädigungsgesetz) vom 30. 1. 1954, BGBl. I 5; geändert durch Gesetz vom 12. 6. 1954, BGBl. I 143, durch das 4. Überleitungsgesetz vom 27. 4. 1955, BGBl. I 189, und durch Gesetz vom 8. 12. 1956, BGBl. I 904; neu bekanntgemacht BGBl. 1956 I 907; vgl. auch BVerfGE 5, 71 (teilweise Nichtigkeit des § 44); BVerfGE 11, 245 (§ 2 Abs. 2 Nr. 1 gültig).

[35] Das Schwerbeschädigtengesetz erlegt die entstehenden Lasten den Unternehmern, und zwar nach der Zahl der Beschäftigten, grundsätzlich also ebenfalls nach der gegenwärtigen wirtschaftlichen Leistungsfähigkeit, auf.

[36] Darauf, daß der Zensus für die Lastenausgleichsabgaben gegenüber dem Steuerzensus modifiziert ist, kommt es für die prinzipielle Überlegung nicht an.

[37] Vgl. BVerfGE 2, 237 (259 f.) zum Hypothekensicherungsgesetz.

ausgleichsabgabe zweckgebunden ist, und zweitens darin, daß teils aus Gründen sachlicher Angemessenheit, teils aus einfachen praktischen Gründen für die Lastenausgleichsabgabe ein anderer Bemessungszeitpunkt maßgebend ist.

Allerdings verfolgt das Lastenausgleichsgesetz daneben noch einen zweiten Zweck. Der Gedanke, daß diejenigen, die ihr Vermögen durch Krieg und Nachkriegszeit hindurch bewahrt haben, den Ausgleich für die durch den Krieg verursachten Vermögensverluste tragen sollen, liegt nämlich nur den Bestimmungen über die Vermögensabgabe (§§ 16—90 LAG) zugrunde; die Bestimmungen über die Hypotheken- und die Kreditgewinnabgabe (§§ 91—160 und 161—197 LAG) dagegen wollen den Gewinn abschöpfen, der dadurch entstanden ist, daß infolge der Abwertung der Hypothekenvaluta das wertbeständige Grundstück geringer belastet bzw. infolge der Umstellung von Forderungen das Vermögen des Schuldners (falls er nicht seinerseits entsprechende Währungsverluste hinzunehmen hatte) erhöht worden ist. Insoweit ergänzt das Lastenausgleichsgesetz das Umstellungsgesetz; daß die abgeschöpften Beträge gerade für den Lastenausgleich verwendet werden, ist von diesem Gesichtspunkt aus zufällig[38]. Jedoch hat diese Seite der Lastenausgleichsgesetzgebung uns erst in späterem Zusammenhang zu beschäftigen.

Das Lastenausgleichsrecht, das nach dem Dargelegten zugleich stellvertretend für die Flüchtlingsgesetzgebung und die Kriegsopfergesetzgebung stehen kann, führt tief in die Problematik des Begriffs des Maßnahmegesetzes hinein[39]. Sicherlich betrifft das Lastenausgleichsgesetz eine einmalige konkrete Lage; auch ist der Kreis der Betroffenen sowohl auf der Seite der Begünstigten wie der Belasteten zwar groß, aber auf die bei Inkrafttreten des Gesetzes Betroffenen und ihre Rechtsnachfolger begrenzt. Andererseits dient das Gesetz einem rechtlichen und nicht etwa einem nur technischen Zweck, nämlich der billigen Verteilung von Kriegslasten. Trotzdem unterscheidet es sich — ohne daß hier schon der Ort für juristische Qualifikationen wäre — in einem bedeutsamen Punkt von einem Rechtsgesetz herkömmlicher Art: Es verordnet nicht billigen Ausgleich, etwa indem es einen Rechtssatz des Inhaltes aufstellte, Schäden, die ihren Ursprung in der öffentlichen Sphäre haben,

---

[38] Ein sachlicher Zusammenhang besteht allenfalls zwischen den abgeschöpften Währungsgewinnen und der Entschädigung der Altsparer und der Sparguthaben Vertriebener, doch ist die Hypothekengewinnabgabe nicht hierfür, sondern im Wesentlichen für die Wohnraumhilfe zugunsten Vertriebener zweckgebunden (§ 323 Abs. 2 LAG n. F.). Zu der Währungsgesetzgebung vgl. im Übrigen unten S. 64 f.

[39] Zum folgenden vgl. auch unten S. 117 f.

seien Gemeinlasten[40]; es vollzieht vielmehr, ohne einen solchen allgemeinen Rechtssatz aufzustellen, billigen Ausgleich in einem konkreten Fall. Der Rechtszweck, dem das Gesetz dient, wird nicht durch sein Inkrafttreten, sondern erst durch seinen Vollzug erreicht. Diese Fragen werden uns im Zusammenhang mit dem Begriff des Maßnahmegesetzes noch zu beschäftigen haben; an dieser Stelle sollte ihre Erörterung nur dartun, daß es jedenfalls zu deskriptiven Zwecken sinnvoll ist, die Lastenausgleichs-, Flüchtlings- und Kriegsopfergesetzgebung von den Rechtsgesetzen herkömmlicher Art zu sondern und unter einen neuen Oberbegriff, den des Maßnahmegesetzes, zu stellen[41].

## § 5 Fortsetzung (Wiedergutmachungsgesetze und Normalisierungsgesetze)

Der Kreis der Kriegsfolgemaßnahmen beschränkt sich nicht auf diejenigen Fälle, in denen der Gesetzgeber auf die durch militärische Ereignisse verursachten Notlagen reagiert; der Begriff kann vielmehr sinnvoll nur so bestimmt werden, daß er alle Maßnahmen zur Überwindung von Krieg und Zusammenbruch umfaßt[1]. Er begreift daher neben dem Ausgleich für das durch den Krieg verursachte Unglück auch die Wiedergutmachung des durch den Nationalsozialismus verschuldeten Unrechts.

Anders als auf dem Gebiet des Lastenausgleichs fand der Bundesgesetzgeber auf dem Gebiet der Entschädigung der Verfolgten des Nationalsozialismus eine umfangreiche Gesetzgebung der Länder vor[2]; er faßte sie im Bundesentschädigungsgesetz vom 18. 9. 1953[3] zusammen, indem er die (zoneneinheitlichen) Entschädigungsgesetze der Länder

---

[40] Vgl. das instruktive Urteil des VG Köln vom 31. 3. 1953 in Bundesbaublatt 1954 S. 79. Daß aus der Sozialstaatsklausel und Art. 120 GG ein derartiger Rechtssatz nicht folgt, bemerkt zutreffend Scheuner bei Reinhardt-Scheuner, Verfassungsschutz des Eigentums, 1954, S. 107 f.

[41] Als Maßnahmegesetz bezeichnet das Lastenausgleichsgesetz auch Wehrhahn (siehe oben § 2 Anm. 1) S. 35.

[1] An sich würden unter diesen Begriff auch das Bewirtschaftungsnotrecht und die Gesetzgebung zur Überleitung der Staatsgewalt, soweit sie durch den Krieg verursacht worden sind, gehören; den engeren Zusammenhang haben sie jedoch mit Bewirtschaftungsnotrecht und politischen Überleitungsmaßnahmen, die nicht kriegsbedingt, sondern etwa durch Wirtschaftskrisen oder Revolutionen verursacht sind; sie werden daher gesondert behandelt.

[2] Für das Bundesentschädigungsgesetz wurde vorbildlich die gemäß dem Beschluß des Länderrats vom 26. 4. 1949 zoneneinheitliche Gesetzgebung der amerikanischen Zone: Bayerisches Gesetz vom 12. 8. 1949, GVBl. 195; bremisches Gesetz vom 16. 8. 1949, GBl. 159; hessisches Gesetz vom 18. 8. 1949, GVBl. 101; württemberg-badisches Gesetz vom 16. 8. 1949, RegBl. 187.

[3] Bundesergänzungsgesetz zur Entschädigung für Opfer der nationalsozialistischen Verfolgung vom 18. 9. 1953, BGBl. I 1387 (ber. 1485); nach Änderun-

der amerikanischen Besatzungszone in geänderter Fassung als Bundesrecht übernahm[4]. Daneben bedurften gewisse Einzelfragen bundesgesetzlicher Regelung; hierher rechnen die Gesetzgebung zugunsten der verfolgten ehemaligen Angehörigen des öffentlichen Dienstes[5] und die Gesetze über die Gewährung von Sozialleistungen an Verfolgte[6]. Schließlich gehört in diesen Zusammenhang das Bundesrückerstattungsgesetz vom 19. 7. 1957[7], das die Verpflichtungen des Reichs auf Grund der alliierten Gesetze über die Rückerstattung feststellbarer Vermögenswerte an Verfolgte regelte, also in gleicher Weise dem Bundesentschädigungsrecht und der Gesetzgebung über die Behandlung der Reichsschulden, und damit dem Komplex des Umstellungsrechts, angehört.

Der Unterschied des Bundesentschädigungsrechts zu herkömmlichen Rechtsgesetzen zeigt sich an denselben Merkmalen wie beim Lastenausgleichsrecht. Auch die Gesetzgebung zur Entschädigung der Verfolg-

---

gen durch die Gesetze vom 24. 11. 1954, BGBl. I 356, vom 10. 8. 1955, BGBl. I 506, und vom 29. 6. 1956, BGBl. I 559, in Neufassung bekanntgemacht BGBl. 1956 I 562 (ber. 637), diese Fassung geändert durch Gesetz vom 1. 7. 1957, BGBl. I 663. Gleichzeitig mit der Neufassung wurde der Titel geändert in: Bundesgesetz zur Entschädigung für Opfer der nationalsozialistischen Verfolgung (Bundesentschädigungsgesetz). Vgl. auch BVerfGE 13, 31 (Teilnichtigkeit des § 4 Abs. 1 Nr. 1 c). BVerfGE 13, 37 (Gültigkeit des § 37 Abs. 1); BVerfGE 13, 45 (Auslegung des § 6 Abs. 1 Nr. 2).

4 Daneben blieben weitergehende Entschädigungsregelungen der Länder, wie sie insbesondere die im wesentlichen übereinstimmenden Entschädigungsgesetze der Länder der französischen Zone vorsahen, in Kraft (§ 104 BEG a. F.; § 228 BEG n. F.); daraus erklärte sich auch die ursprüngliche Bezeichnung des Gesetzes als „Bundesergänzungsgesetz".

5 Gesetz zur Regelung der Wiedergutmachung nationalsozialistischen Unrechts für Angehörige des öffentlichen Dienstes vom 11. 5. 1951, BGBl. I 291 (ber. 354); nach mehrfachen Änderungen neu bekanntgemacht BGBl. 1955 I 822; nach mehrfachen weiteren Änderungen zum drittenmal bekanntgemacht BGBl. 1961 I 1627. Zur Ergänzung erging das Gesetz zur Regelung der Wiedergutmachung nationalsozialistischen Unrechts für die im Ausland lebenden Angehörigen des öffentlichen Dienstes vom 18. 3. 1952, geändert durch Gesetz vom 23. 12. 1955, BGBl. I 820.

6 Gesetz über die Behandlung der Verfolgten des Nationalsozialismus in der Sozialversicherung vom 22. 8. 1949, WiGBl. 263; betrifft die Anrechnung von Zeiten der Haft, der erzwungenen Arbeitslosigkeit und der Emigration in der Kranken- und Rentenversicherung und nähert sich damit den „Maßnahmegesetzen mit dauernder Rechtssatzwirkung" (siehe unten S. 40 f.). Vgl. auch das Gesetz zur Wiedergutmachung nationalsozialistischen Unrechts in der Kriegsopferversorgung für Berechtigte im Ausland vom 3. 8. 1953, BGBl. I 843.

7 Bundesgesetz zur Regelung der rückerstattungsrechtlichen Geldverbindlichkeiten des Deutschen Reichs und gleichgestellter Rechtsträger (Bundesrückerstattungsgesetz) vom 19. 7. 1957, BGBl. I 734 (ber. BGBl. 1958 I 84); geändert durch Gesetz vom 24. 3. 1958, BGBl. I 141, und vom 13. 1. 1959, BGBl. I 21. Das Gesetz gehört gleichzeitig in den Zusammenhang der Gesetzgebung zur Regelung der Reichsverbindlichkeiten, deren wichtigstes Teilstück das Allgemeine Kriegsfolgengesetz vom 5. 11. 1957, BGBl. I 1747 (mehrfach geändert, zuletzt durch die vierzehnte Novelle zum LAG, siehe § 4 Anm. 15) ist.

ten betrifft eine konkrete Ausnahmelage und einen abgeschlossenen Kreis von Fällen; auch sie verfolgt einen Rechtszweck, aber ebenfalls nicht durch Aufstellung eines allgemeinen Rechtssatzes, sondern im konkreten Vollzug; auch in diesem Fall wird der angestrebte Rechtszustand nicht durch das Inkrafttreten des Gesetzes, sondern erst mit seinem Außerkrafttreten erreicht. Der Unterschied zur Lastenausgleichsgesetzgebung liegt darin, daß die Entschädigungsgesetzgebung gerechte Entschädigung, nicht billigen Ausgleich erstrebt; sie ist als Wiedergutmachung erlittenen Unrechts, im Rahmen des Möglichen, Restitution der gebrochenen Rechtsordnung.

Damit leitet das Entschädigungsrecht über zu einer weiteren Gruppe von Kriegsfolgemaßnahmen, die der Normalisierung der durch Krieg und Zusammenbruch gestörten Rechtsordnung dienen. Der moderne Krieg bedingt stets die Außerkraftsetzung eines Teils der im Frieden geltenden Rechtsordnung; insbesondere während des zweiten Weltkriegs sistierte in Deutschland das bürgerliche und Verfahrensrecht, das Wirtschafts-, Arbeits- und Verwaltungsverfahrensrecht auf weite Strecken und war durch Kriegsnotrecht ersetzt. Sicherlich erwies sich nach dem Kriegsende nicht in allen Fällen die Rückkehr zum alten Rechtszustand als möglich; in anderen jedoch reichte die einfache Aufhebung des Kriegsnotrechts aus. So diente z. B. das „handelsrechtliche Bereinigungsgesetz“ vom 18. 4. 1950 im wesentlichen der Aufhebung von Notmaßnahmen der Kriegs- und Nachkriegszeit[8]; andere derartige Gesetze bezogen sich auf Bekanntmachungen in Handelssachen[9], auf die Siegelung gerichtlicher Urkunden[10], auf Vorschriften des Pachtrechts[11], des Binnenschiffahrtsrechts[12], des Gewerberechts[13] und auf die Vorschriften über Feindvermögen[14]; in einem Fall erwies sich die Auf-

---

[8] Gesetz über die Aufhebung von Vorschriften auf dem Gebiet des Handelsrechts, des Genossenschaftsrechts und des Wechsel- und Scheckrechts (Handelsrechtliches Bereinigungsgesetz) vom 18. 4. 1950, BGBl. 90. Der Gesetzgeber benutzte die Gelegenheit, um auch einige überholte Übergangsbestimmungen u. dgl. aufzuheben; der Gesamtcharakter des Gesetzes wird durch diesen Umstand nicht bestimmt.

[9] Gesetz betreffend Bekanntmachungen über Wertpapiere und in Handelssachen vom 22. 6. 1948, WiGBl. 53 (ber. 58).

[10] Gesetz zur Beseitigung von Kriegsvorschriften über die Siegelung gerichtlicher und notarischer Urkunden vom 23. 6. 1950, BGBl. 225.

[11] Gesetz über die Einwirkung von Kriegssachschäden auf Miet- und Pachtverhältnisse vom 4. 9. 1950, BGBl. 447.

[12] Gesetz zur Aufhebung einiger Verordnungen und Bestimmungen des Binnenschiffahrtsrechts vom 9. 8. 1949, WiGBl. 249.

[13] Gesetz über die Aufhebung kriegsbedingter gewerberechtlicher Vorschriften vom 9. 2. 1953, BGBl. I 19.

[14] Gesetz über die Aufhebung von Kriegsvorschriften vom 14. 6. 1951, BGBl. I 391. Dies und das nächstgenannte Gesetz hatten in Wahrheit nur deklaratorische Bedeutung.

hebung von Notvorschriften aus der Zeit der Weltwirtschaftskrise als erforderlich[15]. Ebenfalls in diesen Zusammenhang gehört das Gesetz über den Ablauf der durch Kriegs- oder Nachkriegsvorschriften gehemmten Fristen vom 28. 12. 1950[16]. In anderen Fällen, wie z. B. bei dem Gesetz zur Aufhebung des Lohnstops vom 3. 11. 1948[17] genügte die bloße Aufhebung der kriegsbedingten Vorschriften nicht, sondern wurden besondere Übergangsbestimmungen notwendig. In der überwiegenden Zahl der Fälle hat allerdings der Gesetzgeber nicht bloß Kriegsvorschriften aufgehoben, sondern bei dieser Gelegenheit gleichzeitig das wieder in Kraft tretende Recht reformiert[18]; ein solches Reformgesetz stellt in aller Regel kein bloßes Maßnahmerecht mehr dar.

Nicht in allen Fällen beruhte die Störung der gewöhnlichen Rechtsordnung auf sie verdrängenden Kriegsvorschriften des Gesetzgebers; häufig waren es die tatsächlichen Verhältnisse, Krieg und Zusammenbruch, Vertreibung und Gefangenschaft und die nationalsozialistischen Verfolgungen, schließlich auch die wirtschaftliche Notlage der Nachkriegszeit, die Anomalien hervorgerufen hatten, die bei der Wiederherstellung der gewöhnlichen Rechtsordnung besonderer Berücksichtigung bedurften. Eine große Zahl von Bundesgesetzen sind durch solche Umstände hervorgerufen. Der größere Teil von ihnen betrifft Fragen des Personenstandrechts im engeren Sinn und des sonstigen persönlichen Rechtsstatus, wie z. B. das Gesetz über die Anerkennung von Nottrauungen vom 2. 12. 1950[19], das Gesetz über die Anerkennung freier Ehen ras-

---

[15] Gesetz zur Aufhebung überholter steuerrechtlicher Vorschriften vom 23. 7. 1953, BGBl. I 689; betrifft die Aufhebung der Vorschriften über die „Reichsfluchtsteuer" in Kapitel III Abschnitt I §§ 1—13 des Siebenten Teils der 4. Verordnung des Reichspräsidenten zur Sicherung von Wirtschaft und Finanzen und zum Schutz des inneren Friedens vom 8. 12. 1931, RGBl. I 699 (731).

[16] BGBl. I 821; ergänzt bezüglich der Rechte ausländischer Gläubiger durch Gesetz vom 30. 3. 1951, BGBl. I 213. Siehe weiterhin das Gesetz über den Ablauf der durch Kriegsvorschriften gehemmten Fristen in der Sozial- und Arbeitslosenversicherung vom 13. 11. 1952, BGBl. I 737, mit Änderungsgesetz vom 26. 7. 1955, BGBl. I 457, und das Gesetz vom 20. 4. 1949 über die Bestimmung eines Zeitpunkts für das Erlöschen ruhender Arbeitsverhältnisse gemäß § 5 Abs. 2 der Verordnung über das Fortbestehen des Arbeitsverhältnisses bei Räumung oder Freimachung von gefährdeten Gebieten vom 9. 4. 1940, RGBl. I 624 (WiGBl. 1949, 64).

[17] WiGBl. 117; die Befristung der Ermächtigung zum Erlaß von Übergangsvorschriften in § 2 des Gesetzes wurde durch die Gesetze vom 20. 4. 1949, WiGBl. 63, und vom 22. 8. 1949, WiGBl. 303, bis insgesamt zum 31. 12. 1949 verlängert.

[18] Statt aller sei an das (Erste) Gesetz zur Wiederherstellung der Rechtseinheit auf dem Gebiete der Gerichtsverfassung, der bürgerlichen Rechtspflege, des Strafverfahrens und des Kostenrechts vom 12. 9. 1950, BGBl. 455, erinnert.

[19] BGBl. 778; das Gesetz, das die Nottrauungen der Zeit vom 1. 1. 1945 bis zum 1. 8. 1948 betrifft, trat an die Stelle entsprechender Maßnahmegesetze der einzelnen Länder, die in § 7 des Gesetzes aufgezählt sind.

sich und politisch Verfolgter vom 23. 6. 1950[20] und das Gesetz über die Rechtswirkungen des Ausspruchs einer nachträglichen Eheschließung vom 29. 3. 1951[21]. Daß das Gesetz zur (vorübergehenden) Erleichterung der Annahme an Kindes Statt vom 8. 8. 1950[22] einer besonders bitteren, durch den Krieg verursachten Notlage seine Entstehung verdankt, ist deutlich. Hierher rechnen weiter das Gesetz zur Änderung und Ergänzung des Personenstandsgesetzes vom 15. 1. 1951, durch das das Sonderstandesamt Arolsen für die Beurkundung der Sterbefälle in den Konzentrationslagern geschaffen wurde[23], und das Gesetz zur Änderung von Vorschriften des Verschollenheitsrechts vom selben Tage, dessen Art. II die Sondervorschriften für die Verschollenheitsfälle aus Anlaß des Krieges 1939—1945 enthält[24]. Schließlich machten die Verschleppungen während des Weltkrieges und die Einbürgerungspolitik des dritten Reichs Sonderregelungen auf staatsangehörigkeits- und fremdenrechtlichem Gebiet erforderlich; sie wurden für die am 30. 6. 1950 im Bundesgebiet ansässigen und unter der Obhut der International Refugee Organisation (IRO) stehenden Ausländer durch das Gesetz über die Rechtsstellung heimatloser Ausländer vom 25. 4. 1951 (BGBl. I 269), für Vertriebene deutscher Volkszugehörigkeit und deutsche Staatsangehörige kraft Sammeleinbürgerungen durch das Gesetz zur Regelung von Fragen der Staatsangehörigkeit vom 22. 2. 1955 (BGBl. I 65) und schließlich für österreichische Staatsangehörige durch das Zweite Gesetz zur Regelung von Fragen der Staatsangehörigkeit vom 17. 5. 1956 (BGBl. I 431) getroffen[25].

---

20 BGBl. 226; geändert durch Gesetz vom 7. 3. 1956, BGBl. I 104.

21 BGBl. I 215. Das Gesetz betrifft die Fälle der sogenannten „postmortalen Eheschließung"; zu den besonders verwickelten Rechtsfragen, die durch das Gesetz entschieden worden sind, vgl. Dölle in DRZ 1947, 39 ff.; weitere Hinweise zur Gesetzeslage bei Raape, Internationales Privatrecht, 3. Aufl. 1950, S. 170 f.; das zuvor geltende Zonen- und Landesrecht ist in § 7 des Gesetzes aufgezählt. Die Anomalie, welche das Gesetz beseitigt hat, verdankt allerdings nicht so sehr den tatsächlichen Verhältnissen, als Verwaltungsvorschriften des Dritten Reichs ihre Entstehung, deren Vereinbarkeit mit dem ordre public der Bundesrepublik umstritten (vgl. Enneccerus-Nipperdey, Der Allgemeine Teil des bürgerlichen Rechts, 15. Bearbeitung 1959, § 40 Anm. 3), obschon im Ergebnis wohl zu bejahen war (vgl. Boehmer, Grundlagen der bürgerlichen Rechtsordnung Bd. II 2, 1952, S. 196—210).

22 BGBl. 356; verlängert durch Gesetze vom 14. 2. 1953, BGBl. I 23, und vom 25. 12. 1955, BGBl. I 868.

23 BGBl. I 57. Das Gesetz ordnet außerdem einige sich aus der Änderung der Verwaltungsstruktur durch das Grundgesetz u. dgl. ergebende Änderungen des Personenstandsgesetzes vom 3. 11. 1937, RGBl. I 1146, an.

24 BGBl. I 49. Art. I des Gesetzes dagegen enthält materielle Änderungen des Verschollenheitsgesetzes vom 4. 7. 1939, RGBl. I 1186 (die zu dessen Neubekanntmachung BGBl. 1951 I 63 geführt haben); insoweit handelt es sich nicht um ein Maßnahmegesetz, sondern um ein Rechtsgesetz.

25 Das Dritte Gesetz zur Regelung von Fragen der Staatsangehörigkeit vom 19. 8. 1957, BGBl. I 1251, dagegen, das im wesentlichen die Staatsangehörigkeit der Ehefrau betrifft, ist kein Maßnahmegesetz.

Aber auch auf privatrechtlichem Gebiet erwiesen sich derartige Übergangsmaßnahmen in Einzelfällen als erforderlich. Das wichtigste Beispiel ist das Vertragshilfegesetz vom 26. 3. 1952, demzufolge vor dem 21. 6. 1948 begründete Verbindlichkeiten, falls ihre Erfüllung für den Schuldner unzumutbar war, durch den Richter herabgesetzt werden konnten[26]. In diesen Zusammenhang gehören ferner die Gesetzgebung über die Erstreckung des Rangvorrechts dinglicher Lasten in der Zwangsversteigerung und Zwangsverwaltung auf die Zinsen für die Zeit vom 1. 1. 1945 bis zum 31. 12. 1950[27]; das Gesetz über die Kraftloserklärung von Hypotheken-, Grundschuld- und Rentenschuldbriefen in besonderen Fällen vom 18. 4. 1950[28]; die Gesetzgebung betreffend die Verlängerung der Schutzfrist für vor dem 8. 5. 1945 angemeldete Patente[29]. Einen Fall der Überleitung von Notstandsfällen aus der Weltwirtschaftskrise betrifft das Gesetz zur Abwicklung der landwirtschaftlichen Entschuldung vom 25. 3. 1952[30].

An diese Gruppe der durch Krieg und Kriegsnotrecht veranlaßten Überleitungsgesetze schließen sich die Gesetze an, die durch tatsächliche

---

[26] BGBl. I 198. Auch nach dem Ersten Weltkrieg gewährte der Gesetzgeber mit dem Gesetz zum Schutze gegen die Folgen der Verkehrserschwerung gewisse Verlängerungen von Zahlungsfristen im Vertragshilfewege (vom 3. 3. 1919, RGBl. 281). Ebenfalls eine Vertragshilferegelung stellt das Schutzgesetz für die durch die Abtretung der ehemals preußischen Teilgebiete Polens betroffenen Schuldner vom 27. 6. 1922, RGBl. I 533, dar. Nach dem Zweiten Weltkrieg hatten zunächst die einzelnen Länder ein über die entsprechenden Kriegsvorschriften (insbesondere die Vertragshilfeverordnung vom 30. 11. 1939, RGBl. I 2329) hinausgehendes Vertragshilfeverfahren eingeführt: Bayerisches Vertragshilfegesetz vom 25. 4. 1946, GVBl. 197 (ber. 383); bremische Vertragshilfeverordnung vom 13. 7. 1946, GBl. 18; hessisches Vertragshilfegesetz vom 24. 8. 1946, GVBl. 170; württemberg-badisches Vertragshilfegesetz vom 2. 5. 1946, RegBl. 274, in der Fassung vom 3. 3. 1949, RegBl. 41, 88. Auch das Umstellungsgesetz sah in § 21 ein Vertragshilfeverfahren vor. Das Vertragshilfegesetz von 1952 wird ergänzt durch § 84 des Bundesvertriebenengesetzes (oben § 4 Anm. 20) sowie durch die §§ 361, 362 LAG.

[27] Gesetz über die Behandlung wiederkehrender Leistungen in der Zwangsvollstreckung in das unbewegliche Vermögen vom 4. 4. 1950, BGBl. 81, geändert durch die Gesetze vom 14. 6. 1951, BGBl. I 396, und vom 5. 4. 1952, BGBl. I 229.

[28] BGBl. 88, geändert durch die Gesetze vom 20. 12. 1952, BGBl. I 830, vom 25. 12. 1955, BGBl. I 867, und vom 29. 4. 1960, BGBl. I 297.

[29] Gesetz über die Verlängerung der Dauer bestimmter Patente vom 15. 7. 1951, BGBl. I 449, und Drittes Gesetz zur Änderung und Überleitung von Vorschriften auf dem Gebiet des gewerblichen Rechtsschutzes vom 3. 10. 1951, BGBl. I 847.

[30] BGBl. I 203, ergänzt durch Art. 10 des Gesetzes über Maßnahmen auf dem Gebiet der Zwangsvollstreckung vom 20. 8. 1953, BGBl. I 952, und durch das Gesetz über die Liquidation der Deutschen Rentenbank und über weitere Maßnahmen zur Abwicklung der landwirtschaftlichen Entschuldung vom 26. 7. 1956, BGBl. I 669; betrifft das landwirtschaftliche Entschuldungsrecht der Jahre 1933—1935 (insbesondere das Gesetz zur Regelung der landwirtschaftlichen Schuldverhältnisse vom 1. 6. 1933, RGBl. I 331).

Eingriffe der Besatzungsmächte veranlaßt sind, wie das Demontageausgleichsgesetz vom 19. 5. 1948[31], das Gesetz über die Beschränkung der Freizügigkeit für den Raum der Insel Helgoland vom 25. 3. 1952 (BGBl. I 197) und das Gesetz über die Abgeltung von Besatzungsschäden vom 1. 12. 1955 (BGBl. I 734). Ebenfalls in diesen Zusammenhang gehören die Gesetze, in denen Eingriffe der Allierten in die deutsche Rechtsordnung rückgängig gemacht wurden, nämlich neben den beiden Gesetzen zur Aufhebung von Besatzungsrecht vom 30. 5. 1956 (BGBl. I 437 und 446) das Gesetz zur vorläufigen Regelung des Rechts der Industrie- und Handelskammern vom 8. 12. 1956[32] und das Gesetz zur Aufhebung der Beschränkung der Niederlassungsbereiche von Kreditinstituten vom 24. 12. 1956[33].

Schließlich sind in diesem Zusammenhang die kriegsbedingten Amnestien zu erwähnen. Der Krieg macht in aller Regel Ausnahmestrafrecht erforderlich; die Wiederherstellung der Friedensordnung bedingt nicht nur die Aufhebung dieser Ausnahmegesetzgebung, sondern macht auch die Niederschlagung anhängiger Strafverfahren und die Amnestierung verhängter Strafen wünschenswert. Solche Erwägungen veranlaßten schon den Gesetzgeber nach dem ersten Weltkrieg zur Amnestierung von militärischen und Dienstvergehen aus der Kriegszeit; die Nationalversammlung ergänzte und erweiterte die Verordnung über eine militärische Amnestie vom 7. 12. 1918 (RGBl. 1415)[34] und stellte ihr eine Amnestie für Disziplinarvergehen an die Seite[35]. Die wirtschaftliche Notlage und der Zusammenbruch der öffentlichen Ordnung nach dem zweiten Weltkrieg dagegen hatte nicht nur in Disziplinarsachen, sondern ganz allgemein eine kriegsbedingte Kriminalität hervorgebracht,

---

[31] WiGBl. 43. Das Gesetz gewährte keine Entschädigung, sondern sollte nur die Ersatzbeschaffung erleichtern; vgl. im Einzelnen Huber, Wirtschaftsverwaltungsrecht, 2. Aufl., Bd. II S. 103 ff., sowie zur Frage des Entschädigungsanspruchs Georg Erler, Das Rechtsproblem der Bundesentschädigung für innerdeutsche Reparationsdemontagen, 1958, und Herbert Krüger, Wesen, Grund und Höhe des Reparationsentschädigungsanspruchs (gedr. Rechtsgutachten), 1953. § 3 Abs. 1 Ziff. 2 AKG behält den Entschädigungsanspruch späterer, noch nicht ergangener Regelung vor.

[32] BGBl. I 920, geändert durch Art. 22 des Gesetzes vom 13. 7. 1961, BGBl. I 981. Über die besatzungsrechtliche Regelung vgl. Huber, ebda. Bd. I, S. 213 ff.

[33] BGBl. I 1073. Über die besatzungsrechtlichen Bestimmungen und über das Großbankengesetz vom 29. 3. 1952, BGBl. I 217, vgl. Huber, ebda., Bd. I, S. 467 ff.

[34] Siehe die Verordnung zur Ergänzung und Auslegung der Verordnung über eine militärische Amnestie vom 13. 1. 1919, RGBl. 30, und das Gesetz betr. die Erweiterung der Verordnung über eine militärische Amnestie vom 6. 6. 1920, RGBl. 1143.

[35] Gesetz über die Gewährung von Straffreiheit und Strafmilderung in Disziplinarsachen vom 8. 5. 1920, RGBl. 910. In denselben Zusammenhang gehört das Gesetz über Wiederaufnahmeverfahren gegenüber Urteilen der außerordentlichen Kriegsgerichte vom 10. 5. 1920, RGBl. 962.

die eine generelle Amnestie angezeigt erscheinen ließ. Der Bundesgesetzgeber hat diesem Bedürfnis in den beiden Gesetzen über die Gewährung von Straffreiheit vom 31. 12. 1949 (BGBl. 37) und vom 17. 7. 1954[36] Rechnung getragen. Beide Gesetze gewähren generelle Amnestien, das erste für Gefängnisstrafen bis zu sechs Monaten, das zweite für solche bis zu drei Monaten. Das Straffreiheitsgesetz von 1954 spricht seinen Zweck in § 1 mit den Worten aus: „Zur Bereinigung der durch Kriegs- und Nachkriegsereignisse geschaffenen außergewöhnlichen Verhältnisse werden bei Straftaten und Ordnungswidrigkeiten, die vor dem 1. 12. 1953 begangen sind, nach den folgenden Vorschriften Strafen und Geldbußen erlassen ...". Mindestens in solchen Fällen der in Ausnahmelagen unter Zweckgesichtspunkten ergehenden Amnestie besteht die Ansicht des Bundesverfassungsgerichts[37] zu Recht, das es sich nicht um Gnadenakte, sondern um Korrektur des Rechts handelt[38]. Dieser Gesichtspunkt rechtfertigt es, auch die beiden Straffreiheitsgesetze von 1949 und 1954 unter die kriegsbedingten Übergangsmaßnahmen zu rechnen[39].

Die hier behandelten Gesetze erlauben es, einen Wesenszug der Maßnahmegesetze schärfer zu zeichnen. Der Rechtszweck von Gesetzen, die Übergangsvorschriften zur Wiederherstellung der allgemeinen Rechtsordnung treffen, liegt nicht in der getroffenen Regelung, sondern in dem angestrebten Zustand. Insofern gleichen sie dem Lastenausgleichsrecht, als ihr Zweck ebenfalls nicht schon durch ihr Inkrafttreten, sondern erst bei ihrem Außerkrafttreten erreicht ist. Doch äußern sie, wie beispielsweise die aufgezählten Sonderregelungen von Personenstandsfragen zeigen, Rechtswirkungen, die zum Bestandteil der allgemeinen Rechtsordnung werden. Da es wenig sinnvoll wäre, den Begriff des Maßnahmegesetzes so zu bestimmen, daß er aus der vorstehend behandelten Gruppe von Gesetzen nur diejenigen umfaßt, die die durch Kriegsnotrecht verursachten Anomalien beseitigen, nicht auch diejenigen, die durch Kriegsumstände bedingte Anomalien betreffen,

---

[36] Gesetz über den Erlaß von Strafen und Geldbußen und die Niederschlagung von Strafverfahren und Bußgeldverfahren (Straffreiheitsgesetz 1954) vom 17. 7. 1954, BGBl. I 203.

[37] BVerfGE 2, 213 (219) zum Straffreiheitsgesetz 1949.

[38] Als ein besonders kennzeichnendes Beispiel einer politischen Amnestie aus der Zeit der Weimarer Verfassung sei das Gesetz über die Gewährung von Straffreiheit vom 4. 8. 1920, RGBl. 1487, erwähnt, das sämtliche hochverräterischen Unternehmen gegen das Reich einerseits, die zur Abwehr eines solchen Unternehmens begangenen Straftaten andererseits amnestierte, mit Ausnahme der Anführer hochverräterischer Unternehmen sowie der Delikte des Totschlags, der schweren Körperverletzung, des schweren Raubs und der Brandstiftung.

[39] Zu dem § 8 des Straffreiheitsgesetzes von 1954, der sogenannten „lex Platow", vgl. BVerfGE 10, 234.

wird die Begriffsbildung diese Möglichkeit der dauernden Rechtssatzqualität von Maßnahmerecht zu berücksichtigen haben. Doch kann schon an dieser Stelle aus dem vorgelegten Material folgender Schluß gezogen werden: Dauernde Rechtssatzqualität haben von den aufgezählten Übergangsmaßnahmen nur die den Personenstand und die Staatsangehörigkeit betreffenden Gesetze; die Anerkennung einer Ehe, die Ermöglichung einer Adoption und die Verleihung der deutschen Staatsangehörigkeit bewirken Rechtsfolgen, die sich auf unbestimmte Zeit durch die Generationen hindurch fortpflanzen. Die auf anderen Rechtsgebieten, insbesondere im Privatrecht, ergangenen Übergangsmaßnahmen haben durchweg vorübergehenden Charakter und beschränken sich im übrigen darauf, daß die gewöhnliche Rechtsordnung wieder in Kraft tritt. Aber auch die personenstandsrechtlichen Vorschriften dienen nur der Schaffung eines zusätzlichen Anknüpfungspunktes für die gewöhnliche Rechtsordnung; die Rechtsfolgen der Legalisierung einer Nottrauung z. B. bemessen sich nach den gewöhnlichen familienrechtlichen Vorschriften. Bei den „Übergangsmaßnahmen mit dauernder Rechtssatzqualität" handelt es sich also gleichsam um die einmalige Erweiterung des Inkrafttretens der gewöhnlichen Rechtsordnung für eine begrenzte Zahl von Fällen.

## § 6 Überleitungsmaßnahmen

Die Neuerrichtung staatlicher Organisation, sei sie durch Krieg, durch Separation oder durch inneren Umsturz notwendig geworden, macht Maßnahmen in doppelter Richtung erforderlich. Einmal nimmt, insbesondere in Staaten mit demokratischem Verfassungs- und parlamentarischem Gesetzgebungsverfahren, die endgültige Regelung der Organisation eine gewisse Zeit in Anspruch; in der Zwischenzeit sind vorläufige Normen zur Regelung des staatlichen Verfahrens, der Zuständigkeit und der Rechtsstellung der staatlichen Organe erforderlich. Zum anderen bedarf es der Überleitungsmaßnahmen zur Regelung des Fortgeltens der alten Rechtsordnung, des Übergangs der bisherigen Zuständigkeiten und der Übernahme des Staatsvermögens und der Staatsschulden. Besonders anschauliche Beispiele bieten die Beschlüsse der Bundesversammlung aus den ersten Jahren des Deutschen Bundes[1]; als zu der ersten Gruppe, den vorläufigen Organisationsnormen, gehörig seien genannt: Die „Provisorische Festsetzung der Competenz des Bundestags" vom 12. 6. 1817 (CJCG II 40), die Provisorische Matrikel vom

[1] Zur Gesetzesqualität von Beschlüssen der Bundesversammlung vgl. E. R. Huber, Deutsche Verfassungsgeschichte seit 1789, Bd. I, 1957, S. 598 ff.

20. 8. 1818[2] und die Provisorische Executionsordnung vom 20. 9. 1819[3]. Als Beispiele für die zweite Gruppe, die Überleitungsmaßnahmen, können dienen der Bundesbeschluß über die Reichskammergerichtliche Sustentationsangelegenheit vom 14. 7. 1817 (CJCG II 51) betr. die laufenden Pensionen für die Beamten des Reichskammergerichts und die beiden Beschlüsse vom 18. 8. 1825 und vom 24. 11. 1831 (ebda. S. 176 und S. 239) über die rückständigen Pensionen für diese Beamten (die also 25 Jahre nach dem Ende des Reichs erst, dazu noch mit einem Abzug von etwa 15 %, endgültig befriedigt wurden); die beiden Beschlüsse über die „Transrhenanische Sustentationsangelegenheit" vom 14. 8. 1817 und vom 10. 6. 1824 (ebda. S. 56 und S. 155) betr. die Regulierung der durch den Reichsdeputationshauptschluß geschaffenen Sustentations-Casse für die überrheinische Geistlichkeit; die beiden Beschlüsse über die Befriedigung von Privatforderungen an die ehemalige Reichs-Operations-Casse vom 5. 8. 1820 und vom 2. 9. 1830 (ebda. S. 116 und S. 215); und schließlich die beiden Beschlüsse zur Liquidation des Reichskammergerichts, der eine (vom 25. 1. 1821, CJCG II 127) über die Auflösung des Reichskammergerichts-Archivs, der andere (vom 17. 1. 1825, ebda. S. 168) über die Verwendung der noch vorhandenen, vor dem Jahre 1694 beim Reichskammergericht deponierten Gelder[4].

Unter moderneren Verhältnissen wird ein Teil der vorläufigen Organisationsnormen vom vorverfassungsmäßigen Gesetzgeber erlassen werden, insbesondere das Wahlgesetz zur verfassunggebenden Versammlung[5]; bei der Errichtung der Bundesrepublik ist das Wahlgesetz als gemeinsames Landesrecht in Kraft gesetzt worden[6]. Wo, wie es die Regel ist, die verfassunggebende Versammlung zugleich die Aufgaben des obersten Staatsorgans wahrnimmt, wird sie auch die vorläufigen Organisationsnormen erlassen; als Beispiele seien aus der Gesetzgebung der Verfassunggebenden Nationalversammlung von Weimar das Gesetz über die vorläufige Reichsgewalt vom 10. 2. 1919[7], das Gesetz über die

---

[2] CJCG II 68, verlängert durch Beschluß vom 12. 7. 1823, ebda. 149.

[3] CJCG II 95; ersetzt durch die endgültige Executionsordnung vom 3. 8. 1820, ebda. 113.

[4] Mehrere vorhergehende und nachfolgende Beschlüsse der Bundesversammlung in beiden Angelegenheiten CJCG II 331, 383, 387, 407, 166 ff. und 348 ff.

[5] Vgl. die sich selbst als Reichswahl*gesetz* bezeichnende und sich Gesetzeskraft ausdrücklich zulegende Verordnung des Rats der Volksbeauftragten über die Wahlen zur verfassunggebenden Nationalversammlung vom 30. 11. 1918, RGBl. 1345.

[6] Als Beispiel siehe das rheinland-pfälzische Gesetz über den parlamentarischen Rat vom 16. 8. 1948, GVBl. 299, abgedruckt bei E. R. Huber, Quellen zum Staatsrecht der Neuzeit Bd. II, 1951, S. 206.

[7] Gesetz über die vorläufige Reichsgewalt vom 10. 2. 1919, RGBl. 169; auch bei Huber ebda. S. 23.

Bildung einer vorläufigen Reichswehr vom 6. 3. 1919 und das Gesetz über die Bildung einer vorläufigen Reichsmarine vom 16. 4. 1919[8] genannt[9]. Der Bonner parlamentarische Rat hatte zu solcher Gesetzgebung keine Kompetenz, seine Zuständigkeit beschränkte sich vielmehr auf die Ausarbeitung der Verfassungsurkunde; einzig das Wahlgesetz zum ersten Deutschen Bundestag und zur ersten Bundesversammlung der Bundesrepublik Deutschland vom 15. 6. 1949[10] ist hier zu nennen, das allerdings nicht in der vom Parlamentarischen Rat beschlossenen, sondern in einer von den Militärregierungen geänderten Fassung von den Ministerpräsidenten verkündet wurde[11].

Die „Überleitungsmaßnahmen", die die Fortgeltung alten Rechts, die Nachfolge in die bisherigen Zuständigkeiten und den Übergang des Staatsvermögens regeln, werden meist in der geschriebenen Verfassung getroffen; es genügt, auf die Artikel 170 (Post- und Telegraphenverwaltungen), 171 (Eisenbahnen und Wasserstraßen) und 179 (Übergang von Zuständigkeiten) der Weimarer Reichsverfassung oder auf die Artikel 123 bis 125 (altes Recht), 134 (Reichsvermögen) und 135 (Landesvermögen) des Bonner Grundgesetzes zu verweisen. Unter Umständen wird auch die verfassunggebende Versammlung im Wege einfacher Gesetzgebung derartige Anordnungen treffen, wie das Beispiel des „Übergangsgesetzes" vom 4. 3. 1919 über die Fortgeltung des Reichsrechts einschließlich der Verordnungen des Rats der Volksbeauftragten[12] lehrt. In jedem Fall bleibt, insbesondere bezüglich der Nachfolge in das Vermögen der öffentlichen Hand, eine Fülle von Einzelfragen, die speziel-

---

[8] Gesetz über die Bildung einer vorläufigen Reichswehr vom 6. 3. 1919, RGBl. 295; Gesetz über die Bildung einer vorläufigen Reichsmarine vom 16. 4. 1919, RGBl. 431; Verlängerungsgesetz vom 31. 3. 1920, RGBl. 850.

[9] Aus der Gesetzgebung der Frankfurter Nationalversammlung vgl. das Reichsgesetz über die Einführung einer provisorischen Zentralgewalt für Deutschland vom 28. 6. 1848, RGBl. 3; abgedruckt bei E. R. Huber, Dokumente zur deutschen Verfassungsgeschichte seit 1789 Bd. I, 1960, Nr. 82.

[10] BGBl. 21, geändert durch Gesetze vom 5. 8. 1949, BGBl. 25; vom 15. 1. 1952, BGBl. I 21; vom 20. 12. 1952, BGBl. I 831; und vom 8. 1. 1953, BGBl. I 2.

[11] So jedenfalls umschreibt der Vorspruch des Gesetzes den Tatbestand; in Wahrheit hatte die Konferenz der Ministerpräsidenten den Militärgouverneuren die Änderungen vorgeschlagen und diese hatten keinen Einspruch erhoben; vgl. BVerfGE 3, 19 (25), betr. das Wahlgesetz zum zweiten Deutschen Bundestag vom 8. 7. 1953. Das Gesetz zur Änderung und Ergänzung des Wahlgesetzes vom 5. 8. 1949, BGBl. 25, bezeichnet sich als auf Grund „Ermächtigung durch die Militärgouverneure" „verkündet" durch die Ministerpräsidenten, nennt also gar keinen Gesetzgeber. Eine ergänzende Regelung, diesmal zweifelsfrei besatzungsrechtlichen Ursprungs, betreffend Inkompatibilitäten im ersten Bundestag, trafen übereinstimmend das Gesetz Nr. 20 der amerikanischen Militärregierung, das Gesetz Nr. 20 der britischen Militärregierung und die Verordnung Nr. 216 des französischen Oberkommandierenden, jeweils vom 2. 6. 1949, WiGBl. 1949 Beilage Nr. 5.

[12] RGBl. 285; vgl. die endgültige Regelung in Art. 178 Abs. 2 Satz 1 WRV.

ler Regelung bedürfen. Sind mehrere Nachfolgestaaten beteiligt, so wird die Vermögensauseinandersetzung des Vertrages bedürfen; klassisches Beispiel dafür sind die Auseinandersetzungen um die „Centrallasten" des ehemaligen Königreichs Westfalen, die erst 1842 durch einen Vertrag der beteiligten deutschen Einzelstaaten beendigt wurden[13]. Auch im Bundesstaat kann sich dieser Weg für die Vermögensauseinandersetzung zwischen Zentralstaat und Gliedstaaten empfehlen; er wurde z. B. durch die Artikel 170 und 171 der Weimarer Reichsverfassung für den Übergang des Post- und Telegraphenwesens[14], der Staatseisenbahnen[15] und der Wasserstraßen[16] auf das Reich angeordnet. In den anderen Fällen ist die Regelung durch Gesetz erforderlich.

Zum Erlaß vorläufiger Organisationsnormen sah sich in besonders großem Maße der Wirtschaftsrat des Vereinigten Wirtschaftsgebiets veranlaßt; die ihn konstituierenden besatzungsrechtlichen Bestimmungen[17] beschränkten sich auf die notdürftigsten Bestimmungen, andererseits erlaubte die Ungewißheit der politischen Lage kaum endgültige Regelungen. Als die wichtigsten seiner diesbezüglichen Gesetze seien genannt das Erste Überleitungsgesetz vom 9. 8. 1947[18], das Zweite Über-

---

[13] Vertrag zwischen Preußen, Hannover, Kurhessen und Braunschweig, die Regulierung der Centralangelegenheiten des vormaligen Königreichs Westfalen betreffend, vom 29. 7. 1842, CJCG II 411.

[14] Siehe Art. 88 Abs. 1 WRV und dazu den Staatsvertrag zwischen dem Reich und Bayern über den Übergang der Post- und Telegrafenverwaltung auf das Reich vom 29./31. 3. 1920, RGBl. 644, sowie das Gesetz über den Übergang der Postverwaltung auf das Reich vom 27. 4. 1920, RGBl. 643.

[15] Siehe Art. 89 Abs. 1 WRV und dazu den Staatsvertrag zwischen dem Reich und den Staatseisenbahnen besitzenden Ländern vom 30. 4. 1920, RGBl. 773, und das Gesetz über den Übergang der Eisenbahnen auf das Reich vom selben Tage ebda.

[16] Siehe Art. 97 Abs. 1 WRV und dazu den Staatsvertrag betreffend den Übergang der Wasserstraßen auf das Reich, genehmigt durch Reichsgesetz vom 29. 7. 1921, RGBl. 961, mit Nachtrag vom 18. 2. 1922, ebda. 222.

[17] Abkommen der Oberbefehlshaber der amerikanischen und der britischen Besatzungszone vom 29. 5. 1947, in Kraft gesetzt und durch Bestimmungen über die Rechtswirkungen von Gesetzen des Wirtschaftsrats sowie Übergangsvorschriften ergänzt durch Proklamation Nr. 5 der amerikanischen Militärregierung vom 10. 6. 1947 (WiGBl. 1947, Beilage Nr. 1; auch bei Huber, Quellen, wie oben Anm. 6, Band II S. 172); geändert durch Proklamation Nr. 6 der amerikanischen Militärregierung / VO Nr. 182 der britischen Militärregierung vom 7. 8. 1947 (WiGBl. 1947, Beilage Nr. 1); ersetzt durch die Proklamation Nr. 7 der amerikanischen Militärregierung / VO Nr. 126 der britischen Militärregierung vom 9. 2. 1948 (WiGBl. 1948, Beilage Nr. 4; auch bei Huber, a. a. O., S. 176).

[18] Gesetz über den vorläufigen Aufbau der Wirtschaftsverwaltung des Vereinigten Wirtschaftsgebiets (Überleitungsgesetz) vom 9. 8. 1947, WiGBl. 1, nach Änderung durch das Gesetz vom 28. 7. 1948, WiGBl. 93, neu bekanntgemacht WiGBl. 1948, 94.

leitungsgesetz vom 19. 1. 1949[19], das „Vorläufige Rechnungsprüfungsgesetz“ vom 21. 9. 1947[20] und das „Übergangsgesetz über die Rechtsstellung der Verwaltungsangehörigen des Vereinigten Wirtschaftsgebiets“ vom 23. 6. 1948[21]. In dieser Beziehung war die Lage des Bundesgesetzgebers günstiger, da das Grundgesetz eine umfassende endgültige Regelung der Organisation der Bundesrepublik enthielt. Nur auf dem Gebiet des Beamtenrechts sah auch er sich zu vorläufigen Organisationsnormen gezwungen, da einerseits die Ausarbeitung eines Bundesbeamtengesetzes sich nicht in kurzer Frist bewerkstelligen ließ, andererseits zum Zwecke der Ablösung des britisch-amerikanischen Militärregierungsgesetzes Nr. 15[22] eine rasche Regelung wünschenswert war; der Bundesgesetzgeber genügte diesem Bedürfnis durch den Erlaß des Gesetzes zur vorläufigen Regelung der Rechtsverhältnisse der im Dienst des Bundes stehenden Personen vom 17. 5. 1950[23]. Denselben Weg beschritt er mit dem Gesetz zur vorläufigen Regelung der Rechtsverhältnisse der Polizeivollzugsbeamten des Bundes vom 6. 8. 1953[24]. Bei einigen anderen derartigen Gesetzen ist es weniger deutlich, daß sie durch die besonderen Verhältnisse in der Zeit der Staatsumbildung veranlaßt worden sind. So ist auch beim Ablauf der Legislaturperiode des ersten Bundestags nicht das endgültige Bundeswahlgesetz, sondern ein Sondergesetz für die Wahl des zweiten Bundestages erlassen worden[25]; erst der dritte Bundestag wurde nach den Vorschriften eines

[19] Zweites Gesetz über den vorläufigen Aufbau der Verwaltung des Vereinigten Wirtschaftsgebiets (Zweites Überleitungsgesetz) vom 19. 1. 1949, WiGBl. 9. Das Gesetz erreichte die von ihm beabsichtigte Änderung des Verwaltungsaufbaus ausschließlich auf dem Weg der Änderung bereits bestehender sachlicher Kompetenznormen, vor allem in den Bewirtschaftungsgesetzen.

[20] WiGBl. 1948, 2. Vgl. das endgültige „Gesetz über die Errichtung eines Rechnungshofes für das Vereinigte Wirtschaftsgebiet“ vom 3. 11. 1948, WiGBl. 115.

[21] WiGBl. 54. An seine Stelle trat das Gesetz Nr. 15 der amerikanischen und britischen Militärregierung, das am 15. 3. 1949 in Kraft trat, WiGBl. 1949 Beilage Nr. 2, und mit Wirkung vom 20. 5. 1949 nochmals geändert wurde, WiGBl. 1949 Beilage Nr. 4; Text auch bei Huber, Quellen, wie oben Anm. 6, Bd. II S. 186.

[22] Siehe die vorige Anmerkung.

[23] BGBl. 207, verlängert durch die Gesetze vom 5. 1. 1951, BGBl. I 46, und vom 21. 7. 1951, BGBl. I 470. Dazu Bekanntmachung der Neufassung des Deutschen Beamtengesetzes vom 30. 6. 1950, BGBl. 279, und der Reichsdienststrafordnung vom selben Tag BGBl. 306.

[24] BGBl. I 899, verlängert durch die Gesetze vom 12. 8. 1955, BGBl. I 530, und vom 23. 9. 1957, BGBl. I 1387.

[25] Wahlgesetz zum zweiten Bundestag und zur Bundesversammlung vom 8. 7. 1953, BGBl. I 470; vgl. auch BVerfGE 3, 19 (Nichtigkeit des § 26 Abs. 1). Bezüglich der Wahl der Bundesversammlung und des Bundespräsidenten ist das Gesetz endgültig.

Bundeswahlgesetzes gewählt[26]. Als Übergangsgesetz bis zur endgültigen Errichtung der staatlichen Organisation kann man allenfalls noch die beiden Gesetze über die Dienstaltersgrenze von Richtern an den oberen Bundesgerichten und Mitgliedern des Bundesrechnungshofes vom 19. 12. 1952 und vom 26. 12. 1954 bezeichnen, die die Besetzung der oberen Bundesgerichte in der Anfangszeit erleichtern sollten[27]; von Errichtungsschwierigkeiten unabhängig ist dagegen das Gesetz über die im September 1955 fällige Wahl von Richtern des Bundesverfassungsgerichts (BGBl. I 473), das vielmehr der vorübergehenden Verstärkung der Zahl der Mitglieder des Bundesverfassungsgerichts zur leichteren Bewältigung des Arbeitsanfalls dient[28] und damit in die Nähe des Gesetzes zur Entlastung des Reichsgerichtes vom 21. 12. 1925[29] rückt, das den Kreis der revisibeln Normen der ZPO vorübergehend einschränkte.

Umgekehrt wie bei den vorläufigen Organisationsmaßnahmen übertrifft auf dem Gebiet der Überleitungsmaßnahmen die einschlägige Gesetzgebung der Bundesrepublik diejenige des Vereinigten Wirtschaftsgebiets bei weitem. Der Wirtschaftsrat hatte weder über die Fortgeltung alten Rechts noch über das Schicksal des Vermögens des Deutschen Reichs zu befinden; einzig zum Zweck der Überleitung von Verwaltungszuständigkeiten ist er tätig geworden[30]. Die Frage der Fortgeltung alten Rechts war auch für den Bundesgesetzgeber endgültig entschieden durch die Vorschriften der Artikel 123 bis 126 des Grundgesetzes. Auch die Überleitung der Verwaltungskompetenzen bedurfte seines Eingreifens nicht, da das Grundgesetz die Verwaltung überwiegend zur Angelegenheit der Länder erklärt hatte und im Bereich der Bun-

---

[26] Bundeswahlgesetz vom 7. 5. 1956, BGBl. I 383; geändert bisher nur durch § 14 des Gesetzes zur Eingliederung des Saarlandes vom 23. 12. 1956, BGBl. I 1011.

[27] BGBl. 1952 I 806 und 1954 I 502; das erste, bis zum 31. 12. 1954 befristete Gesetz ermöglichte den Bundesrichtern die Tätigkeit bis zum vollendeten 72., das zweite, bis zum 31. 12. 1956 befristete Gesetz bis zum vollendeten 70. Lebensjahr. Die endgültige Regelung (Pensionierung mit dem vollendeten 68. Lebensjahr) traf das Dritte Gesetz über die Altersgrenze von Richtern an den oberen Bundesgerichten und Mitgliedern des Rechnungshofs vom 28. 11. 1956, BGBl. I 884, inzwischen aufgehoben durch § 96 des Deutschen Richtergesetzes vom 8. 9. 1961, BGBl. I 1665.

[28] Vgl. auch Art. 2 des Gesetzes zur Änderung des Gesetzes über das Bundesverfassungsgericht vom 21. 7. 1956, BGBl. 662.

[29] RGBl. I 475; verlängert durch Gesetz vom 17. 12. 1926, RGBl. I 503. Das Gesetz bestimmte, daß die Revision vorübergehend nicht auf die Verletzung der §§ 139, 286 und 287 ZPO gestützt werden konnte. Vgl. das bis 31. 3. 1965 befristete Gesetz über die Beschränkung der Berufung im verwaltungsgerichtlichen Verfahren vom 21. 1. 1960, BGBl. I 44.

[30] Gesetz zur Überleitung von Befugnissen auf den Gebieten der Ernährung, Landwirtschaft und Fischerei vom 7. 9. 1948, WiGBl. 91. In denselben Zusammenhang gehört das Gesetz über die Auflösung des Reichsnährstandes im Vereinigten Wirtschaftsgebiet vom 21. 1. 1948, WiGBl. 21.

desverwaltung Zweifelsfragen nicht auftraten. Aus dem Gebiet der Überleitung von Zuständigkeiten blieb nur eine, allerdings wichtige, Einzelfrage, nämlich die Regelung der Nachfolge in die Zuständigkeit der Gerichte, an deren Sitz deutsche Gerichtsbarkeit nicht mehr ausgeübt wird. Auch dieses Problem beschäftigte nicht zum erstenmal einen deutschen Gesetzgeber; es genügt, auf die Beispiele aus der Zeit nach dem ersten Weltkrieg hinzuweisen, etwa auf das Gesetz betreffend die Überleitung von Rechtsangelegenheiten der Konsulargerichtsbarkeit vom 1. 7. 1921 (RGBl. 805), das Gesetz zur Überleitung von Rechtsangelegenheiten der Schutzgebiete vom 9. 7. 1922 (RGBl. I 571) und das Gesetz betreffend elsaß-lothringische Rechtsangelegenheiten vom 1. 4. 1922 (RGBl. I 327). Der Bundesgesetzgeber regelte diese Fragen durch das „Zuständigkeitsergänzungsgesetz“ vom 7. 8. 1952[31].

Die größte Gruppe stellen die Gesetze über das ehemalige Reichsvermögen dar. Der Vorbereitung von Einzelregelungen nach den Artikeln 134 Abs. 4 und 135 Abs. 5 und 6 diente das Gesetz zur vorläufigen Regelung der Rechtsverhältnisse des Reichsvermögens und der preußischen Beteiligungen vom 21. 7. 1951 (BGBl. I 467). Einzelne Vermögenskomplexe betrafen die beiden Gesetze vom 2. 3. 1951 über die vermögensrechtlichen Verhältnisse der Deutschen Bundesbahn (BGBl. I 155) und über die vermögensrechtlichen Verhältnisse der Bundesautobahnen und sonstigen Bundesstraßen des Fernverkehrs (ebda. S. 157). In denselben Zusammenhang gehören das Gesetz betreffend die Treuhandverwaltung über das Vermögen der Deutschen Reichsbank vom 6. 8. 1954 (BGBl. I 241) und das Gesetz zur Überleitung der Beteiligung des ehemaligen Landes Preußen am Grundkapital der Deutschen Pfandbriefanstalt auf den Bund vom 16. 12. 1954 (BGBl. I 439). Schließlich ist hier das Gesetz zur Abwicklung und Entflechtung des ehemaligen reichseigenen Filmvermögens vom 5. 6. 1953 (BGBl. I 276) zu nennen, das allerdings neben seinem Überleitungscharakter auch wirtschaftspolitische Züge trägt.

Der Maßnahmecharakter aller dieser Regelungen ergibt sich — immer nur deskriptiv, nicht normativ gesehen — aus dem Vergleich mit den in den vorhergehenden Abschnitten erörterten Gesetzen. Insbesondere stehen die „Überleitungsgesetze“ aus Gelegenheit der Neuerrichtung staatlicher Organisation den „Übergangsgesetzen“ aus Gelegenheit der Rückkehr vom Kriegsnotrecht zur gewöhnlichen Rechtsordnung nahe. Der Unterschied, daß die Übergangsgesetze den Schritt von einer außergewöhnlichen zur gewöhnlichen Lage, die Überleitungsgesetze gemein-

[31] Gesetz zur Ergänzung von Zuständigkeiten auf dem Gebiet des Bürgerlichen Rechts, des Handelsrechts und des Strafrechts (Zuständigkeitsergänzungsgesetz) vom 7. 8. 1952, BGBl. I 407.

hin — nicht etwa immer — den Schritt von einer alten „Normallage“ zu einer neuen vollziehen, fällt nicht ins Gewicht; die Errichtung einer neuen Staatsordnung stempelt immer die alte Lage zu der zu überwindenden und insofern „außergewöhnlichen“ und erklärt die angestrebte neue Ordnung zu der einzig „normalen“. Aus dem selben Grund sind auch die vorläufigen Organisationsnormen Maßnahmen; sie schaffen die angestrebte endgültige Organisation nicht selbst, sondern sind Übergangsregelungen zu ihr.

## § 7 Fortsetzung (Überleitung der Beamtenverhältnisse)

Der Kreis der Überleitungsmaßnahmen ist mit den bisher aufgezählten typischen Regelungen keineswegs geschlossen. So haben wir zum Beispiel unter den vorläufigen Organisationsgesetzen auch die der einstweiligen Regelung der Rechtsstellung der Beamten dienenden genannt; ebenso sind aber zu den Überleitungsmaßnahmen auch die der Überleitung der bisherigen Beamtenverhältnisse dienenden Gesetze zu rechnen. Es ist keineswegs selbstverständlich, daß die Beamtenverhältnisse einen staatlichen Umbruch und die Neuordnung des staatlichen Gefüges überdauern; weder hat der Deutsche Bund die Beamten des alten Deutschen Reichs, noch hat der Norddeutsche Bund die Beamten des Deutschen Bundes übernommen. Daß es in diesen beiden Fällen an der staatlichen Kontinuität gefehlt habe, ist allenfalls eine Umschreibung, keine Begründung dieser Tatsache; nach dem Ende des Alten Reiches übernahm der Deutsche Bund[1], nach dem Ende des Deutschen Bundes übernahmen seine Mitgliedstaaten[2] die Versorgung der Beamten des untergegangenen Staatswesens, und ebenso wäre — trotz fehlender Kontinuität — die Übernahme der Beamtenverhältnisse als solcher denkbar gewesen. Die Frage, ob die Beamtenverhältnisse den Staatsumbruch überdauern, läßt sich vielmehr nicht nach allgemeinen Rechtsgrundsätzen generell entscheiden; sie bedarf in jedem einzelnen Fall der konkreten Beantwortung durch (implizite oder explizite) rechtliche Regelung[3].

Auf ein reines Entweder-Oder ließ sich die Frage der Fortdauer der Beamtenverhältnisse allenfalls im 19. Jh. reduzieren; in modernen Verwaltungsstaaten wird nach einem Umsturz das neue Regime weder in

---

[1] Vgl. die oben S. 35 f. aufgeführten Bundesbeschlüsse.

[2] Siehe Art. IX des Prager Friedensvertrages vom 23. 8. 1866, CJCG III 668.

[3] Hierzu sowie zu der folgenden Erörterung des Gesetzes zu Art. 131 GG ist zu vergleichen H. Zwirner, Politische Treupflicht des Beamten (Diss. iur. Göttingen 1956, mschr.) S. 145—166.

der Lage sein, auf die gesamte bisherige Beamtenschaft zu verzichten, noch auch ohne Unterscheidung in alle Beamtenverhältnisse als Dienstherr einzutreten. So sah sich zum Beispiel die Weimarer Republik, obwohl sie von dem Grundsatz der Kontinuität der Beamtenverhältnisse ausging, an der Übernahme der Beamten en bloc schon durch die Gebietsabtretungen infolge des verlorenen Krieges verhindert; insbesondere für die Rechtsverhältnisse der Beamten des ehemaligen Reichslandes Elsaß-Lothringen erwies sich eine Sonderregelung als erforderlich[4]. Die politischen Verhältnisse verboten weiterhin die Übernahme der Berufssoldaten (der „Kapitulanten") und der Berufsoffiziere der kaiserlichen Wehrmacht; zwar betrachtete man das Dienstverhältnis der in die neugebildete Reichswehr übernommenen Offiziere, Unteroffiziere und Beamten ungeachtet ihrer erneuten Vereidigung[5] als Fortsetzung des bisherigen Dienstverhältnisses[6], doch bestand diese Übernahmemöglichkeit nur bei einem geringen Teil der bisherigen Berufsoffiziere. Die Rechtsverhältnisse der ausgeschiedenen Offiziere und Mannschaften wurden durch das Offiziersentschädigungs- und das Kapitulantenentschädigungsgesetz, beide vom 13. 9. 1919[7], geregelt. Schließlich sah die Nationalversammlung sich für verpflichtet an, wenigstens den mit der Wahrnehmung politischer Aufgaben betraut gewesenen Beamten aus Anlaß der Umgestaltung des Staatswesens auf ihren Antrag die vorzeitige Pensionierung zu gewähren[8].

---

[4] Gesetz betreffend die Rechtsverhältnisse der ehemaligen elsaß-lothringenschen Beamten vom 11. 1. 1922, RGBl. 29.

[5] Siehe Art. 176 WRV in Verbindung mit der Verordnung des Reichspräsidenten über die Vereidigung der öffentlichen Beamten vom 14. 8. 1919, RGBl. 1419 (auch bei Huber, Quellen, wie oben § 6 Anm. 6, S. 55), und vorher bereits § 11 der Ausführungsverordnung des Reichspräsidenten zu dem Gesetz über die Bildung einer vorläufigen Reichswehr (oben § 6 Anm. 8) vom 6. 3. 1919, RGBl. 296.

[6] Vgl. § 10 Satz 2 der Verordnung vom 6. 3. 1919 (siehe vorige Anmerkung).

[7] Gesetz über die Entschädigung der infolge der Verminderung der Wehrmacht aus dem Heere, der Marine und den Schutztruppen ausscheidenden Offiziere und Deckoffiziere (Offiziersentschädigungsgesetz) vom 13. 9. 1919, RGBl. 1654, und Gesetz über die Entschädigung der infolge der Verminderung der Wehrmacht aus dem Heere, der Marine und den Schutztruppen ausscheidenden Kapitulanten (Kapitulantenentschädigungsgesetz) vom selben Tag, RGBl. 1659. Vgl. auch Gesetz zur Ergänzung des Mannschaftsversorgungsgesetzes vom 31. 5. 1906, des Offizierspensionsgesetzes vom 31. 5. 1906 und des Militärhinterbliebenengesetzes vom 17. 5. 1907, vom 4. 10. 1919, RGBl. 1787 (betrifft die während des Ersten Weltkriegs außerordentlicherweise zum Offizier beförderten Kapitulanten, die auf Antrag Kapitulantenversorgung erhalten).

[8] Gesetz betreffend die Pensionierung von Reichsbeamten infolge der Umgestaltung des Staatswesens vom 12. 9. 1919, RGBl. 1654.

Das Grundgesetz traf eine klare Entscheidung in der Frage nach der Fortdauer der Beamtenverhältnisse nicht[9]. Verzichtete es schon darauf, die in Art. 129 Abs. I Satz 3 WRV enthaltene Garantie der wohlerworbenen Rechte der Beamten ausdrücklich zu wiederholen[10], so ließ sich überdies Art. 131 GG mindestens dahin deuten, daß die Kompetenz zur Entscheidung der Frage insgesamt dem einfachen Bundesgesetzgeber übertragen sei[11]; da auch dieser sich einer ausdrücklichen Stellungnahme zur Kontinuität der Beamtenverhältnisse enthielt, wurde es möglich, daß die Frage zwar nicht de jure, aber de facto vom Bundesverfassungsgericht entschieden wurde[12].

Die Gesetzgebung zur Ausführung des Artikels 131 GG, zu der neben dem Gesetz nach Art. 131 GG[13], seinen Novellen[14] und den Ausführungsgesetzen der Länder[15] noch das Gesetz über Sofortmaßnahmen

---

[9] Eine Auseinandersetzung mit der Judikatur des Bundesverfassungsgerichts zu dem Gesetz zu Art. 131 GG (siehe vor allem BVerfGE 3, 58 und 6, 132) ist nicht Aufgabe der gegenwärtigen Arbeit. Aus dem umfangreichen Schrifttum (Nachweise BVerfGE 6, 132 ff.) vgl., neben der oben Anm. 3 angeführten Arbeit von Zwirner, etwa die Aufsätze von Forsthoff, „Das Bundesverfassungsgericht und das Berufsbeamtentum“, DVBl. 1954, S. 69—72; Schneider, „Die Verbindlichkeit von Entscheidungen des Bundesverfassungsgerichts“, ebda. 184—187; Krüger, „Das Bundesverfassungsgericht und der moderne Staat“, ZfBR 1954, S. 33—37; Bachof, „Das Bundesverfassungsgericht und die Beamtenverhältnisse“ DÖV 1954, S. 33—38. Die angeführten Aufsätze sind wieder abgedruckt in dem Sammelband „Die Wissenschaft zum Spruch von Karlsruhe“ (Schriftenreihe des Deutschen Beamtenbundes, Sonderheft, o. J.).

[10] Zu der Frage, ob diese Garantie in Art. 33 Abs. 5 enthalten ist, vgl. Krüger, „Die hergebrachten Grundsätze des Berufsbeamtentums“ Der Beamtenbund 1950, 36 ff. und die Schrifttumsangaben bei von Mangoldt und Klein, Das Bonner Grundgesetz, 2. Aufl. seit 1957, zu Art. 33.

[11] Vgl. insbesondere Zwirner, a. a. O., (oben Anm. 3).

[12] Siehe oben Anm. 9.

[13] Gesetz zur Regelung der Rechtsverhältnisse der unter Art. 131 GG fallenden Personen vom 11. 5. 1951, BGBl. I 307, nach Änderungsgesetzen vom 19. 8. 1953, BGBl. I 980, und vom 11. 9. 1957, BGBl. I 1257, jeweils neu bekanntgemacht am 1. 9. 1953, BGBl. I 1287, und am 11. 9. 1957, BGBl. I 1296 (ber. 1785); letztmals geändert durch Gesetz vom 21. 8. 1961, BGBl. I 1557 und zum viertenmal bekanntgemacht BGBl. 1961 I 1578.

[14] Erstes Gesetz zur Änderung des Gesetzes zur Regelung der Rechtsverhältnisse der unter Art. 131 GG fallenden Personen vom 19. 8. 1953, BGBl. I 980; Zweites Gesetz gleichen Titels vom 11. 9. 1957, BGBl. I 1275; Drittes Gesetz gleichen Titels vom 21. 8. 1961, BGBl. I 1557. Außerdem ist das Gesetz unter anderem geändert worden durch das Bundesbeamtengesetz vom 14. 7. 1953, BGBl. I 551; die Anlage A zu § 2 des Gesetzes hat mehrfache Änderungen im Verordnungswege erfahren.

[15] Bayern: Gesetz vom 31. 7. 1952, GVBl. 235; Berlin: Gesetz vom 13. 12. 1951, GVBl. 1149, und Ausführungsgesetz hierzu vom selben Tage GVBl. 1162; Hessen: Gesetz vom 18. 3. 1952, GVBl. 81; Niedersachsen: Gesetz vom 24. 12. 1951, GVBl. 233; Rheinland-Pfalz: Gesetz vom 31. 5. 1952, GVBl. 91; Württemberg-Hohenzollern: Gesetz vom 5. 2. 1952, RegBl. 5; Nordrhein-Westfalen: Gesetz vom 15. 12. 1952, GVBl. 423.

zur Sicherung der Unterbringung der unter Art. 131 GG fallenden Personen[16] gehört[17], betrifft drei Gruppen von Beamten[18], nämlich diejenigen deutschen Beamten, denen die Ausübung ihres Amts durch die Gebietsverluste infolge des Krieges unmöglich wurde, diejenigen deutschen Beamten, die ihres Amts durch Entnazifizierungsmaßnahmen verlustig gegangen sind, und schließlich vertriebene außerdeutsche Beamte deutscher Volkszugehörigkeit. Das Gesetz nach Art. 131 GG behandelt diese Gruppen grundsätzlich untereinander gleich; in versorgungsrechtlicher Hinsicht wurde überdies durch die Programmvorschrift des § 78, derzufolge nach dem Inkrafttreten des Bundesbeamtengesetzes der darin enthaltenen Regelung auch das Gesetz nach Art. 131 GG angepaßt werden sollte[19], der Grundsatz der Gleichstellung mit den Bundesbeamten ausgesprochen. Neben die Versorgungsmaßnahmen des Gesetzes traten die Unterbringungsmaßnahmen; den öffentlichen Dienstherren wurde die Pflicht zur Unterbringung verdrängter Beamten auferlegt, ohne daß allerdings dem einzelnen Beamten ein Rechtsanspruch auf Unterbringung eingeräumt worden wäre[20]. Von Versorgung und Unterbringung ausgeschlossen blieben diejenigen Beamten, die durch rechtskräftigen Entnazifizierungsbescheid ihrer Beamtenverhältnisse verlustig gegangen waren (§ 3 Ziff. 2 und 3) oder die während des Dritten Reichs gegen die „Grundsätze der

---

[16] Vom 14. 3. 1951, BGBl. I 186.

[17] Zu dieser Gesetzgebung gehören weiterhin einige vor Inkrafttreten des Bundesgesetzes zu Art. 131 GG erlassene Landesgesetze, wie das hessische Gesetz über Zahlungen eines Unterhaltsbeitrages an aus politischen Gründen entlassene Beamte vom 2. 6. 1948, GVBl. 73 (aufgehoben durch das Versorgungsanpassungsgesetz vom 18. 3. 1952, BGBl. I 84) oder das Berliner Gesetz über Ansprüche aus ehemaligen öffentlichen Dienstverhältnissen vom 7. 12. 1949, GVBl. 1950, 17 (aufgehoben durch das Berliner Gesetz vom 13. 12. 1951, GVBl. 1149, vgl. oben Anm. 15), und weiterhin die Bundesgesetzgebung über die Verteilung der Lasten zwischen Bund und Ländern (§ 1 Abs. 1 Ziff. 7 des Ersten Überleitungsgesetzes vom 28. 11. 1950, BGBl. 773). In der Zeit vom 1. 4. 1950 bis zum Inkrafttreten des Gesetzes zu Art. 131 am 1. 4. 1951 gewährte der Bund den verdrängten Beamten „Überbrückungsbeihilfen“ ohne gesetzliche Grundlage; die erforderlichen Mittel waren durch Bundestagsbeschluß vom 31. 3. 1950 bewilligt worden (Röttgen-Lenz, Das Recht der unter Art. 131 GG fallenden Personen, 2. Aufl. 1954, S. 11).

[18] § 1 des Gesetzes nach Art. 131 GG geht von den Beamten aus; für die Angestellten und Arbeiter des öffentlichen Dienstes (§§ 52—52b), für die Berufssoldaten (§§ 53—54b) und für die berufsmäßigen Angehörigen des ehemaligen Reichsarbeitsdienstes (§§ 55) trifft das Gesetz Regelungen durch modifizierten Verweis auf die für die Beamten geltenden Vorschriften. Was im Text von den Beamten gesagt ist, gilt grundsätzlich auch für die anderen Angehörigen des öffentlichen Dienstes.

[19] Das Programm wurde erfüllt durch § 192 des Bundesbeamtengesetzes (oben Anm. 14).

[20] Das geht schon aus der Formulierung des § 19 Abs. 1 Satz 1 des Gesetzes nach Art. 131 hervor.

Menschlichkeit oder Rechtsstaatlichkeit" verstoßen hatten (§ 3 Ziff. 3 a)[21] sowie die ehemaligen Angehörigen der Gestapo (§ 3 Ziff. 4)[22]. Ernennungen oder Beförderungen „wegen enger Verbindung zum Nationalsozialismus" bleiben für die Unterbringung wie für die Versorgung unberücksichtigt (§ 7).

Dieser Überblick über einige Grundzüge des Gesetzes nach Art. 131 GG war erforderlich, um darzutun, weshalb das Gesetz nicht unter die Kriegsfolgemaßnahmen, sondern unter die politischen Maßnahmen einzureihen ist. Sicherlich dienen die versorgungsrechtlichen Bestimmungen des Gesetzes, ebenso wie übrigens die Einbeziehung der vertriebenen ehemaligen Beamten fremder Staaten[23], in erster Linie der Unterstützung eines durch den Krieg in Not geratenen Personenkreises. Doch erfolgt diese Unterstützung in Übernahme einer Rechtspflicht des ehemaligen Dienstherrn; sie ist ein Teil der Herstellung der Kontinuität zwischen der Bundesrepublik und dem Deutschen Reich. Die Unterbringungsvorschriften dagegen dienen nur zum Teil Versorgungszwecken; sie sind zugleich Teil der Konstituierung des neuen Staatswesens. Die Regeln schließlich, nach denen ein Teil der Beamten von den Vergünstigungen des Gesetzes ausgeschlossen wird, sind als Kriegsfolgemaßnahmen nicht mehr zu rechtfertigen; sie dienen der Distanzierung des neuen von dem untergegangenen Staatswesen und sind insofern „Überleitungsmaßnahmen", politische Maßnahmen allerersten Ranges.

## § 8 Fortsetzung (Überleitung der Steuer- und Haushaltsordnung)

Hat das Gesetz zu Art. 131 GG Doppelcharakter insofern, als es zugleich versorgungsrechtliche Kriegsfolgemaßnahme und politische Überleitungsmaßnahme ist, so trägt eine weitere Gruppe von Maßnahmegesetzen, die Gruppe nämlich der Gesetze zur Überführung der Steuer- und Haushaltsordnung, Doppelcharakter deshalb, weil es sich zugleich um wirtschaftliches Kriegsfolgerecht und um politisches Maßnahmerecht handelt. Das Steuerwesen gehört zu den empfindlichsten Teilen des öffentlichen Gesamtzustandes; vom Zusammenbruch des Gemeinwesens

---

[21] Diese wegen ihrer Unbestimmtheit nicht unbedenkliche Formulierung ist erst durch die zweite Novelle (oben Anm. 14) in das Gesetz eingefügt worden. Der Beschluß BVerfGE 12, 254 setzt sich mit den Bedenken nicht ganz erschöpfend auseinander.

[22] Die bezüglich dieser Gruppe angeordnete Ausnahme ist BVerfGE 6, 132 in ihrer Verfassungsmäßigkeit bestätigt worden.

[23] § 1 Abs. 1 Ziff. 1 d) des Gesetzes nach Art. 131.

wird es daher notwendigerweise besonders berührt. Es ist nahezu ausgeschlossen, daß die Wiedererrichtung der öffentlichen Ordnung ohne gesetzliche Eingriffe auf dem Gebiet des Steuerrechts auskommt; zugleich aber wird das Mittel der steuerlichen Intervention in solchen Lagen stets auch dem Wiederaufbau der Wirtschaftsordnung dienen. Dieses Nachkriegssteuerrecht kann hier um so weniger eine Darstellung finden, als es auf das Wesen des Maßnahmegesetzes keine zusätzlichen Hinweise gibt; immerhin seien aus der Zeit nach dem Ersten Weltkrieg erwähnt die am 15. 4. 1919 vorgenommene Änderung des Kriegssteuergesetzes[1], das Gesetz über eine außerordentliche Kriegsabgabe für das Rechnungsjahr 1919[2], das Gesetz über eine Kriegsabgabe vom Vermögenszuwachse[3] und das Gesetz über das Reichsnotopfer[4]. Aus der Zeit nach dem Zweiten Weltkrieg seien genannt das Zweite Gesetz zur vorläufigen Neuordnung von Steuern vom 20. 4. 1949[5], das Gesetz zur Erhebung von Abschlagszahlungen auf die Einkommen- und Körperschaftsteuer vom 18. 2. 1949[6] und die Sondergesetzgebung über die Veranlagungen für das zweite Halbjahr 1948 und das Jahr 1949[7]. In denselben Zusammenhang gehören die kriegsbedingten vorübergehenden Maßnahmen zur Aufrechterhaltung der staatlichen Zahlungsfähigkeit, wie z. B. das Gesetz betreffend die vorübergehende Verstärkung der

---

[1] Gesetz vom 15. 4. 1919, RGBl. 397, betreffend Änderung des Kriegssteuergesetzes vom 21. 6. 1916, RGBl. 561. Das Gesetz erweitert die Zweckbestimmung der Kriegssteuer dahin, daß dieselbe auch zur Abdeckung von Fehlbeträgen der Rechnungsjahre 1916, 1917 und 1918 verwendet werden darf.

[2] Vom 10. 9. 1919, RGBl. 1567. Die Abgabe wurde vom „Mehreinkommen", d. h. dem Unterschied von Kriegs- und Friedenseinkommen berechnet, das Gesetz hat also eine ähnliche Tendenz wie etwa das Lastenausgleichsgesetz.

[3] Vom 10. 9. 1919, RGBl. 1579. Das Gesetz besteuert den Vermögenszuwachs in den Jahren 1913—1919 und ergänzt damit das in der letzten Anmerkung genannte Gesetz. Vgl. auch die folgende Anmerkung.

[4] Vom 31. 12. 1919, RGBl. 2189; geändert, zusammen mit dem Gesetz über die Vermögenszuwachs-Steuer (siehe die vorige Anmerkung), durch Gesetz vom 6. 7. 1921, RGBl. 838.

[5] Vom 20. 4. 1949, WiGBl. 69; das „Erste Gesetz zur vorläufigen Neuordnung von Steuern" ist das Gesetz Nr. 64 der amerikanischen und britischen Militärregierung WiGBl. 1949, Beilage 4. Äußerlich scheinen beide Gesetze unbefristete Änderungen des geltenden Steuerrechts anzuordnen; doch bringen sie schon im Titel zum Ausdruck, daß die von ihnen festgelegten extremen Steuersätze nur für eine vorübergehende Notzeit gedacht waren.

[6] WiGBl. 15. Vgl. auch das Gesetz zur Erhebung von Abschlagszahlungen auf die Einkommensteuer und Körperschaftsteuer 1950 vom 9. 2. 1950, BGBl. 29.

[7] Gesetz über die Vermögensteuer-Veranlagung für die Zeit ab 1. 1. 1949 und die Vermögensteuer für das 2. Kalenderhalbjahr 1948 vom 3. 6. 1949, WiGBl. 83; Gesetz zur Durchführung der Einkommensteuer- und Körperschaftsteuerveranlagungen für die Veranlagungszeiträume vom 21. 6. 1948 bis 31. 12. 1948 und das Kalenderjahr 1949 vom 23. 3. 1950, BGBl. 48; Gesetz über den Lohnsteuer-Jahresausgleich für das Kalenderjahr 1949 vom 23. 3. 1950, BGBl. 45.

ordentlichen Betriebsmittel der Reichshauptkasse für das Rechnungsjahr 1919 vom 17. 8. 1919 (RGBl. 1437); nach dem Zweiten Weltkrieg sind solche Sofortmaßnahmen insbesondere erforderlich geworden, um den finanziellen Ruin einzelner Länder infolge der ungleichmäßigen Verteilung der Kriegsfolgelasten zu verhindern[8].

Ein besonderes Augenmerk verlangen in diesem Zusammenhang die vorläufigen Haushaltsregelungen. Der kriegsbedingte Zusammenbruch der öffentlichen Finanzwirtschaft macht es unmöglich, im vorhinein verbindliche Haushaltsvoranschläge vorzulegen; derselbe Fall tritt aber auch ein, wenn an die Stelle der alten eine neue politische Organisation des Staatswesens tritt. In diesen Fällen gehört es zu den wichtigsten Überleitungsaufgaben der neuen politischen Autorität, durch vorläufige Haushaltspläne einem sonst eintretenden Chaos vorzubeugen und den Übergang zu geordneten Verhältnissen zu ermöglichen. So ist der Gesetzgeber sowohl nach dem Ersten[9] wie nach dem Zweiten Weltkrieg[10] vorgegangen. Der Rechtscharakter dieser vorläufigen Haushaltsgesetze ist verschieden: Zum Teil autorisieren sie die Verwaltung nur, „die notwendigen Ausgaben zu leisten", haben also reinen Ermächtigungscharakter[11]; zum Teil enthalten sie einen genauen Voranschlag der Ausgaben und Einnahmen und unterscheiden sich insofern von einem gewöhnlichen Haushaltsplan nicht. Im ersten Fall liegt ihr Maßnahmecharakter auf der Hand; eine solche Ermächtigung ist nichts als ein Verzicht der Legislative auf ihre verfassungsmäßigen Rechte. Vom streng rechtsstaatlichen Standpunkt her ist ein solcher Verzicht unzulässig und ändert nichts daran, daß die Verwaltung mit ihren budgetlosen Ausgaben rechtlos handelt; erst mit der nachträglichen Billigung des endgültigen Haushalts durch die Legislative erhält sie Indemnität. Das

---

[8] Gesetz zur vorläufigen Regelung der Kriegsfolgelasten im Rechnungsjahr 1949 vom 6. 8. 1949, WiGBl. 235; Gesetz zur Regelung von Kriegsfolgelasten im 2. Rechnungshalbjahr 1949 vom 21. 3. 1950, BGBl. 43.

[9] Es mag genügen, die Beispiele aus dem Jahr 1920 anzuführen: Gesetz betreffend die vorläufige Regelung des Reichshaushalts für das Rechnungsjahr 1920 vom 31. 3. 1920, RGBl. 425; Gesetz betreffend die weitere vorläufige Regelung des Reichshaushalts für das Rechnungsjahr 1920 vom 6. 7. 1920, RGBl. 1385, mit Ergänzungsgesetz vom 6. 8. 1920, RGBl. 1495; Gesetz betreffend die weitere vorläufige Regelung des Reichshaushalts für das Rechnungsjahr 1920 vom 30. 10. 1920, RGBl. 1847.

[10] Gesetz über die vorläufige Haushaltsführung der Verwaltung des Vereinigten Wirtschaftsgebiets im Rechnungsjahr 1948 vom 18. 4. 1948, WiGBl. 33, mit Änderungen vom 12. 7. 1948, WiBGl. 70, und vom 9. 9. 1948, WiGBl. 90; Gesetz über die vorläufige Haushaltsführung der Verwaltung des Vereinigten Wirtschaftsgebiets im Rechnungsjahr 1949 vom 20. 4. 1949, WiGBl. 63; Gesetz über die vorläufige Haushaltsführung der Bundesverwaltung im Rechnungsjahr 1950 vom 23. 6. 1950, BGBl. 219, mit Änderung vom 2. 12. 1950, BGBl. 778.

[11] So zum Beispiel § 1 des vorläufigen Haushaltsgesetzes des Vereinigten Wirtschaftsgebiets für das Rechnungsjahr 1948 (siehe vorige Anmerkung).

Ermächtigungsgesetz ist eine außerverfassungsmäßige Notstandsmaßnahme, genauer gesagt, es ist die Zustimmungserklärung der Legislative zu außerverfassungsmäßigen Notstandsmaßnahmen der Verwaltung und hat selbst nur deklaratorische Bedeutung. Im zweiten Fall dagegen liegt an sich die ordnungsgemäße Autorisation der Verwaltung zu den vorläufig festgestellten Ausgaben vor; der Unterschied zum gewöhnlichen Haushaltsgesetz liegt darin, daß das Parlament die Ausgaben selbst für nur „vorläufig festgestellt" erklärt, also selber annimmt, die ordnungsmäßige Führung der Staatsgeschäfte sei zu diesen Ansätzen nicht möglich. Es ist deutlich, daß hierin ebenfalls die Ermächtigung liegt, die erforderlichen Ausgaben auch über das Budget hinaus vorzunehmen; die einzige Frage ist, ob die Verwaltung zu diesen überetatmäßigen Ausgaben nur nach Änderung des vorläufigen Etats autorisiert ist oder nicht. Die bisherige Praxis hat diese Frage verschieden gelöst[12]. Fällt die Entscheidung im ersteren Sinn, so ist rechtlich die Lage von dem Fall, daß das Parlament die Verwaltung ohne weitere Einschränkung zu den „erforderlichen Ausgaben" ermächtigt, nicht verschieden. Nimmt man dagegen an, die Verwaltung bedürfe zu jeder überetatmäßigen Ausgabe der vorherigen Zustimmung des Parlaments[13], so ist der Grundsatz der Universalität des Haushaltsplans gewahrt. Trotzdem bleibt auch in diesem Fall ein Unterschied des vorläufigen zum gewöhnlichen Haushaltsplan bestehen: Der Zweck des Haushaltsplans ist nämlich nicht nur die Kontrolle der Exekutive durch die Legislative, ist nicht nur demokratischer Art; der Haushaltsplan hat vielmehr auch eine rechtsstaatliche Funktion, er soll gewährleisten, daß der Umfang der Inanspruchnahme des Einzelnen durch den Staat und die Art und Weise des Einsatzes der staatlichen Mittel im vorhinein bestimmt und berechenbar ist. Was man zu Unrecht einen „juristischen Trick"[14] genannt hat, daß nämlich der Haushaltsplan, obwohl seinem Inhalt nach ohne Normqualität, in der Form des Gesetzes erlassen wird, dient also nicht nur der Verschiebung der Kompetenz auf die Legislative; diesem Zweck würde es genügen, wenn man die Feststellung durch

---

[12] Zu der ganzen Frage des sogenannten Interimsgesetzes siehe Heckel in HStR II 372, mit weiterem, insbesondere historischem Material. Über die Frage, ob „Nothaushaltsgesetze" unter dem Grundgesetz noch zulässig sind oder ob Art. 111 GG eine erschöpfende Regelung bildet, vgl. F. K. Vialon, Haushaltsrecht, 1953, S. 59 und 197.

[13] Also nicht nur der nachträglichen Indemnität, obwohl durch Indemnität auch die zustimmungslose überetatmäßige Ausgabe geheilt werden kann. Zur Indemnität vgl. Vialon, a. a. O., S. 399 f.; Wawerla-Ambrosius, Das Haushaltsrecht, 2. Aufl., 1958, S. 313.

[14] Vgl. zur rein technischen Bedeutung des Gesetzesbegriffs nach der klassischen Lehre, soweit es das Haushaltsgesetz betrifft, Carl Schmitt, Verfassungslehre, 1928, S. 143.

*Beschluß* des Parlaments vorschriebe[15]. Daß der Haushaltsplan *Gesetz* ist, besagt darüber hinaus, daß er, wenn auch nur für einen bestimmten Zeitabschnitt geltend, dennoch für diesen Zeitabschnitt endgültige Regelung ist. Vom Gesetz mit Normqualität unterscheidet ihn nicht die Geltungsweise, sondern der Geltungsinhalt[16].

Diese zweite, rechtsstaatliche Funktion erfüllt der vorläufige Haushaltsplan nicht. Gerade weil angesichts der Unübersehbarkeit der staatlichen Aufgaben in Notzeiten die Art und Weise des Einsatzes der staatlichen Mittel nicht im vorhinein übersehbar ist, verzichtet der Gesetzgeber vielmehr in solchen Fällen auf die endgültige Festlegung; der endgültige Haushaltsplan ergeht nach Beendigung des Rechnungsjahrs[17] und hat nur noch die Bedeutung, daß der Verwaltung für die geleisteten Ausgaben Entlastung erteilt wird, erfüllt also nur noch den demokratischen Sinn des Instituts. Der vorläufige Haushaltsplan ist ein von der Not erzwungenes Abweichen von dem vorgeschriebenen Verfahren und eben deshalb Maßnahme und nicht im rechtsstaatlichen Sinne Gesetz; für ihn, und nicht für den gewöhnlichen Haushaltsplan, wäre, vom klassischen rechtsstaatlichen Standpunkt her, die Kennzeichnung richtig, daß er „Gesetz nur im formellen Sinne" ist[18].

Die beiden letzten Beispiele für Maßnahmegesetze politischen Charakters, die Notsteuer und der vorläufige Haushaltsplan, zeigen zugleich, daß diese Form keineswegs auf kriegsbedingte Ausnahmelagen beschränkt ist. Der Fall, daß eine außergewöhnliche Belastung die Deckung des staatlichen Bedarfs durch die gewöhnlichen Finanzierungsmittel unmöglich macht, kann vielmehr auch sonst eintreten; es genügt, an die außerordentliche Abgabe aus Anlaß der Ruhrbesetzung[19] oder an die Abgabe „Notopfer Berlin"[20] zu erinnern. Auch vorläu-

---

[15] Wie es zum Beispiel Menger VStR 15, 12 f. (siehe oben § 1 Anm. 27) fordert.

[16] Die Frage mündet damit in diejenige nach dem Begriff des Gesetzes „im nur formellen Sinn" überhaupt. Die kritischen Bemerkungen von Hermann Heller, „Der Begriff des Gesetzes in der Reichsverfassung" VStR 4, 1929, 98 bis 135 zu diesem Thema scheinen mir noch nicht überholt zu sein.

[17] So ist zum Beispiel das Gesetz über die Feststellung des Haushaltsplans der Verwaltung des Vereinigten Wirtschaftsgebiets für das Rechnungsjahr 1947 am 5. 6. 1948 ergangen, WiGBl. 29.

[18] Daß auch das reine Indemnitätsgesetz eine erhebliche politische Bedeutung hat — es genügt an das den preußischen Heereskonflikt beilegende Indemnitätsgesetz vom 3. 9. 1866 zu erinnern — soll damit nicht bestritten werden.

[19] Gesetz vom 11. 8. 1923, RGBl. 774.

[20] Gesetz zur Erhebung einer Abgabe „Notopfer Berlin" vom 8. 11. 1948, WiGBl. 118; mehrfach verlängert, geändert und neu verkündet; ersetzt durch das Gesetz zur Erhebung einer Abgabe „Notopfer Berlin" (Notopfergesetz 1955) vom 16. 12. 1954, BGBl. I 422; dieses nach mehreren Änderungen außer Kraft gesetzt durch Gesetz vom 18. 7. 1958, BGBl. I 473.

fige Haushaltspläne sind keineswegs nur in der Zeit der Zerrüttung der öffentlichen Finanzen in der unmittelbaren Nachkriegszeit erlassen worden; sie begegnen schon in der Zeit Bismarcks[21], bleiben allerdings auf echte Ausnahmelagen beschränkt, seitdem für den Fall der nicht rechtzeitigen Verabschiedung des endgültigen Haushalts anderweitige Vorsorge getroffen ist[22].

## § 9 Wirtschaftliches Maßnahmerecht

Die größte Gruppe der Kriegsfolgemaßnahmen stellen die Bewirtschaftungsgesetze dar. Zugleich ist dies auffallenderweise die Gruppe, in der sich am wenigsten Vorbilder aus früheren Zeiten, die vor ähnliche Probleme gestellt waren, finden lassen. Schon während des Ersten Weltkriegs sind die Regelungen über die Kriegswirtschaft nahezu ausschließlich im Verordnungswege erfolgt[1]; auch die wirtschaftliche Notlage nach der Niederlage führte zu umfassenden Ermächtigungen an den Verordnungsgeber[2]. Die Kriegswirtschaftsvorschriften während des Zweiten Weltkriegs sind in den verschiedensten Rechtsformen, nie jedoch in Gesetzesform ergangen[3]. Erst die Bewältigung der wirtschaftlichen Notlage nach dem zweiten Weltkrieg trug man dem Gesetzgeber auf; der Wirtschaftsrat des Vereinigten Wirtschaftsgebietes hatte auf diesem Gebiet seine wichtigste, fast seine einzige Aufgabe[4]. Aus der Fülle der von ihm erlassenen Gesetze können hier nur einige genannt werden: Kernstück seiner Gesetzgebung waren das Bewirtschaftungsnotgesetz vom 30. 10. 1947[5] und das Preisgesetz[6], beides befristete Ge-

---

[21] Gesetz betreffend die vorläufige Erstreckung des Haushaltsetats des Deutschen Reichs für das Vierteljahr vom 1. 1. 1877 bis 31. 3. 1877 auf den Monat April 1877 vom 26. 3. 1877, RGBl. 407.

[22] Siehe Art. 111 GG.

[1] Die Grundlage bildete das kriegswirtschaftliche Ermächtigungsgesetz vom 4. 8. 1914, RGBl. 327.

[2] Vgl. das Gesetz über die vereinfachte Form der Gesetzgebung für die Zwecke der Übergangswirtschaft vom 3. 8. 1920, RGBl. 1493.

[3] Zu den auftretenden Rechtsfragen vgl. Werner Weber, Die Verkündung von Rechtsverordnungen, 1942.

[4] Siehe oben § 6 Anm. 17.

[5] Gesetz über Notmaßnahmen auf dem Gebiete der Wirtschaft, der Ernährung und des Verkehrs (Bewirtschaftungsnotgesetz) vom 30. 10. 1947, WiGBl. 3; mehrfach geändert und verlängert, zuletzt durch die Gesetze vom 14. 7. 1950, BGBl. 326, vom 9. 10. 1950, BGBl. 689, und vom 9. 1. 1951, BGBl. I 45. Durch Zeitablauf mit dem 31. 3. 1951 außer Kraft getreten.

[6] Übergangsgesetz über Preisbildung und Preisüberwachung (Preisgesetz) vom 10. 4. 1948, WiGBl. 27, mehrfach geändert und verlängert, zuletzt durch Gesetz vom 29. 3. 1951, BGBl. I 223 (siehe auch § 37 des Investitionshilfegesetzes vom 7. 1. 1952, BGBl. I 7).

setze, die im wesentlichen aus Ermächtigungen zum Erlaß von Verordnungen und zu Verwaltungseingriffen bestanden[7]. Sondergesetze erwiesen sich als erforderlich z. B. für die Energieversorgung[8] und für die Düngemittel- und Saatgutversorgung[9]; für das Erntejahr 1947/48 wurden noch weitergehende Eingriffe zur Sicherung der Lebensmittelversorgung notwendig[10]. Daneben stand eine ganze Reihe von Gesetzen, die die Befolgung der Bewirtschaftungsgesetze zu sichern bestimmt waren oder das Bewirtschaftungsverfahren regelten, wie die Preistreibereigesetze[11], das Gesetz gegen Kompensationen[12] und das Wirtschaftsstrafgesetz[13], oder das Gesetz zur Deckung der Kosten für den Umsatz ernährungswirtschaftlicher Waren[14].

Die umfassende Tätigkeit des Wirtschaftsrats ersparte es dem Bundesgesetzgeber, auf dem Gebiet der Bewirtschaftung neue Vorschriften zu erlassen. Er konnte sich darauf beschränken, die Gesetze des Wirtschaftsrats auf die Länder der französischen Zone zu erstrecken und sie zu verlängern[15]. Als seine eigentliche Aufgabe erwies sich die

---

[7] Über die Frage der Gültigkeit des Preisgesetzes siehe vor allem den Vorlagebeschluß BVerwGE 4, 29 (verneinend) und BVerfGE 8, 274 (für die zur Entscheidung stehenden Teile des § 2 bejahend).

[8] Gesetz über Notmaßnahmen auf dem Gebiet der Elektrizitäts- und Gasversorgung (Zentrallastverteilungsgesetz) vom 21. 11. 1947, WiGBl. 1948 1; Gesetz über Notmaßnahmen auf dem Gebiet der Elektrizitäts- und Gasversorgung (Energienotgesetz) vom 10. 6. 1949, WiGBl. 87, mehrfach verlängert, zuletzt durch Gesetz vom 23. 4. 1955, BGBl. I 181 bis zum 31. 3. 1956.

[9] Gesetz zur Sicherung der Düngemittel- und Saatgutversorgung vom 19. 1. 1949, WiGBl. 8; bis auf weiteres verlängert durch Gesetz vom 30. 7. 1951, BGBl. I 476.

[10] Nothilfegesetz zur Ermittlung, Erfassung und Verteilung von Lebensmittelbeständen vom 23. 1. 1948, WiGBl. 11; Gesetz zur Sicherung der Kartoffelversorgung im Wirtschaftsjahr 1947/48 vom 3. 10. 1947, WiGBl. 3; Gesetz zur Sicherung der Fleischversorgung im Wirtschaftsjahr 1947/48 vom 3. 10. 1947, WiGBl. 5; Gesetz zur Sicherung der Erfassung von Milch und Milcherzeugnissen für das Jahr 1948 vom 18. 12. 1947, WiGBl. 9.

[11] Gesetz gegen Preistreiberei vom 7. 10. 1948, WiGBl. 99, und Gesetz gegen Preistreiberei vom 28. 1. 1949, WiGBl. 11; vgl. § 103 des Wirtschaftsstrafgesetzes vom 26. 7. 1949, WiGBl. 193.

[12] Vom 3. 11. 1948, WiGBl. 116.

[13] Vom 26. 7. 1949, WiGBl. 193, jeweils in etwa Jahresabstand verlängert, zuletzt durch Gesetz vom 17. 12. 1952, BGBl. I 805 (letzte Fassung verkündet BGBl. 1952 I 189); ersetzt durch das Gesetz zur weiteren Vereinfachung des Wirtschaftsstrafrechts (Wirtschaftsstrafgesetz 1954) vom 9. 7. 1954, BGBl. I 175, bisher verlängert durch die Gesetze vom 25. 12. 1955, BGBl. I 869, vom 19. 12. 1956, BGBl. I 924, und vom 21. 12. 1958, BGBl. I 949.

[14] Vom 3. 11. 1948, WiGBl. 117; vgl. auch das Gesetz über die Erhebung von Abgaben auf dem Gebiet der Ernährungswirtschaft vom 28. 7. 1950, BGBl. 340.

[15] Vgl. Art. 127 GG und im übrigen die in den Anmerkungen 5 bis 14 aufgezählten Verlängerungsgesetze.

schrittweise Normalisierung der Bewirtschaftungsgesetzgebung[16]. Nur in zwei Fällen hat der Bundesgesetzgeber umfassende Bewirtschaftungsgesetze neu erlassen: Das Gesetz für Sicherungsmaßnahmen auf einzelnen Gebieten der gewerblichen Wirtschaft sollte für einen plötzlichen Notfall einen vorübergehenden Ersatz bilden für die schrittweise reduzierten Kompetenzen aus dem Bewirtschaftungsnotgesetz[17]; das Gesetz über die Sicherstellung von Leistungen auf dem Gebiet der gewerblichen Wirtschaft sollte eine Bewirtschaftungskompetenz bereitstellen für den Fall, daß es im Zusammenhang mit der Suezkrise in der Bundesrepublik zu wirtschaftlichen Schwierigkeiten kommen würde[18]. Mindestens das letztgenannte ist daher keine Kriegsfolgemaßnahme mehr. Aber auch abgesehen von diesen umfassenden gesetzlichen Regelungen hat der Gesetzgeber mehrfach zur Abwendung vorübergehender Notlagen in einzelnen Wirtschaftszweigen eingegriffen. Das bekannteste Beispiel ist das Investitionshilfegesetz vom 7. 1. 1952[19]; weitere Beispiele sind die Gesetzgebung zugunsten der deutschen Hochseefischerei[20] und der Eierwirtschaft[21], die Steuervergünstigungen für Tabak-Kleinpflanzer[22] und die Krisengesetzgebung für das Mühlengewerbe[23]. Soziale Zwecke verbinden sich mit den wirtschaftspoliti-

---

[16] Besonders typisch ist der Kampf zwischen Parlament und Regierung um die Verlängerung des Preisgesetzes (Hinweise in der Entscheidung BVerfGE 8, 274); auch die Textänderungen des Bewirtschaftungsnotgesetzes (oben Anmerkung 5) machen die Entwicklung deutlich.

[17] Vom 9. 3. 1951, BGBl. I 163; mehrfach verlängert, zuletzt durch Gesetz vom 28. 5. 1953, BGBl. I 265, bis zum 30. 9. 1954.

[18] Gesetz über die Sicherstellung von Leistungen auf dem Gebiet der gewerblichen Wirtschaft vom 24. 12. 1956, BGBl. I 1070. Das bis zum 31. 12. 1957 befristete Gesetz wurde nicht verlängert, aber erneuert durch das bis zum 30. 6. 1962 befristete Gesetz gleichen Titels vom 22. 12. 1959, BGBl. I 785. Von den Ermächtigungen ist bisher kein Gebrauch gemacht worden.

[19] Gesetz über die Investitionshilfe der gewerblichen Wirtschaft vom 7. 1. 1952, BGBl. I 7, geändert durch Gesetze vom 22. 8. 1952, BGBl. I 585; 30. 3. 1953, BGBl. I 107; Art. 8 des Gesetzes vom 24. 6. 1953, BGBl. I 413; vom 15. 5. 1953, BGBl. I 190; vom 19. 12. 1954, BGBl. 437. Vgl. auch das Investitionshilfe-Schlußgesetz vom 24. 2. 1955, BGBl. I 69.

[20] Notgesetz für die deutsche Hochseefischerei vom 16. 3. 1950, BGBl. 44, verl. durch Gesetz vom 15. 11. 1950, BGBl. 733.

[21] Gesetz zur Förderung der deutschen Eierwirtschaft vom 31. 3. 1956, BGBl. I 239, geändert durch Gesetz vom 27. 7. 1961, BGBl. I 1081.

[22] Gesetze zur Regelung der Besteuerung des Kleinpflanzertabaks im Erntejahr 1949 vom 22. 8. 1949, WiGBl. 265, im Erntejahr 1950 vom 2. 3. 1951, BGBl. I 158, im Erntejahr 1951 vom 7. 8. 1951, BGBl. I 491, im Erntejahr 1952 vom 25. 7. 1952, BGBl. I 389; vgl. auch das Gesetz über Tabaksteuervergünstigungen für gewerbliche Tabakpflanzer im Erntejahr 1950 vom 16. 12. 1950, BGBl. 783.

[23] Gesetz über die Errichtung, Inbetriebnahme, Erweiterung und Finanzierung der Stillegung von Mühlen vom 27. 6. 1957, BGBl. I 664. Geändert durch Gesetze vom 2. 6. 1959, BGBl. I 277 (neu bekanntgemacht 282) und vom 3. 7. 1961, BGBl. I 865.

schen bei der Gesetzgebung zur Förderung des Bergarbeiterwohnungsbaus[24] und der Gesetzgebung zur Förderung der landwirtschaftlichen Siedlung[25]. Rein wirtschaftliche Ziele verfolgt die Gesetzgebung zur Ausfuhrförderung[26], doch dient sie nicht nur der Begünstigung der Interessenten, sondern ist zugleich unmittelbar im Gemeininteresse ergangen; wirtschaftliche Ziele verbinden sich mit im engeren Sinne politischen bei der Gesetzgebung zur Förderung der Wirtschaft Berlins[27]. Schließlich gehört in diesen Zusammenhang die kaum noch übersehbare Gesetzgebung zur Förderung des Wohnungsbaus[28]. Inwieweit diese Gesetze Kriegsfolgemaßnahmen darstellen, ist im Einzelfall schwer zu entscheiden. Die Gesetze zur Förderung des Wohnungsbaus sind offenkundig kriegsbedingt; die Gesetze zugunsten der Eierwirtschaft oder zur Ausfuhrförderung beruhen auf wirtschaftlichen Ausnahmelagen, die auch unabhängig von kriegerischen Ereignissen eintreten können. Daß die Förderung der landwirtschaftlichen Siedlung keine kriegsbedingte Aufgabe ist, ergibt sich schon daraus, daß der Nachkriegsgesetzgeber mit seinen Maßnahmen hier in einer alten Tradition steht[29].

---

[24] Gesetz zur Förderung des Bergarbeiterwohnungsbaus im Kohlenbergbau vom 23. 10. 1951, BGBl. II 865, geändert durch das Gesetz vom 29. 10. 1954, BGBl. I 297 (neu bekanntgemacht BGBl. 1954 I 358) und durch das Gesetz vom 4. 5. 1957, BGBl. I 416 (neu bekanntgemacht BGBl. 1957 I 418).

[25] Gesetz zur Förderung der landwirtschaftlichen Siedlung vom 15. 5. 1953, BGBl. I 224.

[26] Vgl. z. B. die beiden Gesetze über die Übernahme von Sicherheitsleistungen und Gewährleistungen im Ausfuhrgeschäft vom 26. 8. 1949, WiGBl. 303, und vom 20. 4. 1951, BGBl. I 255, sowie das Gesetz über steuerliche Maßnahmen zur Förderung der Ausfuhr vom 28. 6. 1951, BGBl. I 405, Neufassung BGBl. 1953 I 1378, erneut geändert durch das Gesetz zur Neuordnung von Steuern vom 16. 12. 1954, BGBl. I 373, und durch die 11. Novelle zum Umsatzsteuergesetz vom 16. 8. 1961, BGBl. 1330.

[27] Gesetz zur Förderung der Wirtschaft von Groß-Berlin (West) vom 7. 3. 1950, BGBl. 41, ergänzt durch das Zweite Gesetz gleichen Titels vom 16. 2. 1951, BGBl. I 123 und geändert durch die Gesetze vom 21. 7. 1951, BGBl. I 462, vom 20. 3. 1952, BGBl. I 138, vom 30. 7. 1952, BGBl. I 389 (Neubekanntmachung unter dem Titel „Gesetz zur Förderung der Wirtschaft von Berlin (West)“ BGBl. 1952 I 621), vom 15. 4. 1953, BGBl. I 117, vom 19. 12. 1954, BGBl. I 439, vom 24. 12. 1955 BGBl. I 849, vom 27. 4. 1957, BGBl. I 400 und vom 25. 3. 1959, BGBl. I 160.

[28] Als die wichtigsten Vorschriften seien genannt: Das Erste Wohnungsbaugesetz vom 24. 4. 1950, BGBl. 83, mit Änderungsgesetz vom 25. 8. 1953, BGBl. I 1037 (Neubekanntmachung des Ersten Wohnungsbaugesetzes BGBl. 1953 I 1047); das Zweite Wohnungsbaugesetz vom 27. 6. 1956, BGBl. I 523; das Gesetz zur Änderung des Ersten Wohnungsbaugesetzes und des Zweiten Wohnungsbaugesetzes vom 26. 9. 1957, BGBl. I 1393 (beide Wohnungsbaugesetze sind erneut geändert worden durch das Gesetz über den Abbau der Wohnungszwangswirtschaft und über ein soziales Miet- und Wohnrecht vom 23. 6. 1960, BGBl. I 389, Art. V und Art. VII § 14, das Zweite Wohnungsbaugesetz auch durch § 172 des Bundesbaugesetzes vom 23. 6. 1960, BGBl. I 341); Gesetz über die Gewährung von Prämien für Wohnbausparer (Wohnungsbau-Prämiengesetz) vom 17. 3. 1952, BGBl. I 319, geändert durch Gesetz vom 16. 12.

Von den Bewirtschaftungsgesetzen der unmittelbaren Nachkriegszeit unterscheiden sich diese Gesetze, gleichgültig ob sie nun im Einzelfall durch eine Kriegsfolge veranlaßt sind oder nicht, dadurch, daß sie nicht eine gemeine Gefahr, einen Notstand im herkömmlichen Sinn betreffen, sondern auf begrenzte Disproportionalitäten im wirtschaftlichen Gefüge reagieren, seien sie durch politische Ereignisse veranlaßt, wie die Schwierigkeiten der Berliner Wirtschaft, oder durch Überkapazitäten, durch ein plötzliches Fallen der Weltmarktpreise und dergleichen. Sie teilen mit den umfassenden Bewirtschaftungsgesetzen jedoch einen entscheidenden Zug: Auch sie setzen nicht, wie z. B. die Marktordnungsgesetze[30], dauerndes Sonderrecht für den von ihnen betroffenen Wirtschaftszweig, sondern schaffen nur Abhilfe für die Dauer der Krise. Auch bei ihnen ist es nicht die gesetzliche Regelung selbst, die dem Gesetzgeber als Normallage vor Augen steht: Er will eine *hinter* der gesetzlichen Regelung liegende Situation herbeiführen; das Gesetz erreicht seinen Rechtszweck, ebenso wie es etwa beim Lastenausgleich der Fall ist[31], erst im Vollzug. Markantestes Beispiel ist die Investitionshilfe; aber auch wenn der Gesetzgeber überschüssige Kapazitäten stillegt[32], vorübergehend die Futtermittel subventioniert[33] oder die Bunkerkohle künstlich verbilligt[34], hat sein Gesetz diese Struktur, ist nicht Norm, sondern Maßnahme. Es mag vorkommen, daß die zunächst als vorübergehend angesehene Störung sich später als strukturell bedingt erweist; in diesem Fall mag aus der Maßnahme eine endgültige Sonderregelung werden. Meist wird dieser Wandel sich daran zeigen, daß das zunächst befristet erlassene Gesetz später ohne Befristung verlängert wird; ein Beispiel bietet die Gesetzgebung zum Schutze der

---

1954, BGBl. I 373 (neu bekanntgemacht BGBl. 1954, I 482), durch § 119 des Zweiten Wohnungsbaugesetzes, durch Gesetz vom 24. 7. 1958, BGBl. I 539, durch Art. 6 des Steueränderungsgesetzes 1960 vom 30. 7. 1960, BGBl. I 616 (Neubekanntmachung des Wohnungsbau-Prämiengesetzes BGBl. 1960 I 713).

[29] Vgl. z. B. das Gesetz betreffend die Ermöglichung der Kapitalkreditbeschaffung für landwirtschaftliche Pächter vom 9. 7. 1926, RGBl. I 399.

[30] Vor allem die vier Marktordnungsgesetzes der Ernährungswirtschaft: Das Getreidegesetz vom 4. 11. 1950, BGBl. I 721, in der Fassung vom 24. 11. 1951, BGBl. I 900, seitdem geändert durch Gesetz vom 22. 12. 1959, BGBl. I 784, durch Gesetz vom 27. 6. 1960, BGBl. I 479, durch Gesetz vom 23. 2. 1961, BGBl. I 117, und durch Gesetz vom 2. 8. 1961, BGBl. I 1168; das Zuckergesetz vom 5. 1. 1951, BGBl. I 47, geändert durch Gesetze vom 3. 10. 1951, BGBl. I 852, und vom 9. 8. 1954, BGBl. I 255; das Milch- und Fettgesetz vom 28. 2. 1951, BGBl. I 135, in der Fassung vom 10. 12. 1952, BGBl. I 811, seitdem geändert durch Gesetz vom 4. 8. 1960, BGBl. I 649, und durch Gesetz vom 27. 7. 1961, BGBl. I 1104; das Vieh- und Fleischgesetz vom 25. 4. 1951, BGBl. I 272.

[31] Siehe oben S. 26.

[32] Wie beim Mühlengesetz, oben Anm. 23.

[33] Wie beim Eierwirtschaftsgesetz, oben Anm. 21.

[34] Wie beim Notgesetz für die Hochseefischerei, oben Anm. 20.

Düngemittel-Lieferanten[35]. Diese Entwicklung begegnet auch auf anderen Gebieten als dem des Wirtschaftsrechts[36]; so war zum Beispiel die Wohnraumbewirtschaftung ursprünglich auch als Abhilfe in einer vorübergehenden, kriegsbedingten Notlage gedacht[37], ist aber in den vergangenen vierzig Jahren institutionalisierte Sonderordnung geworden[38].

Die wirtschaftlichen Maßnahmen außerhalb des kriegsbedingten Bewirtschaftungsnotrechts bieten für die wissenschaftliche Betrachtung ein besonderes Interesse, und zwar aus einem doppelten Grunde. Der Anlaß und der Zweck eines Gesetzes lassen sich auf wenigen Gebieten der staatlichen Aktivität mit solcher Genauigkeit angeben wie auf dem der Wirtschaftspolitik; unabhängig von den geäußerten oder verschwiegenen Meinungen der Gesetzesinitiatoren lassen sich die Notwendigkeit und die Auswirkung des Gesetzes allgemein zugänglichen wirtschaftlichen Daten entnehmen. Zum zweiten sind die wirtschaftlichen Einzelmaßnahmen veranlaßt durch Situationen, die im modernen Industriestaat alltäglich auftreten können; während man für das Kriegsfolgerecht dem Satz: „Außergewöhnliche Aufgaben erfordern außergewöhnliche Mittel" ein gewisses Recht zuzugestehen geneigt ist, lehrt das nicht kriegsbedingte Maßnahmerecht, daß wir mit der Maßnahme in Gesetzesform als einem Bestandteil unserer Verfassungsordnung auch außerhalb von Notzeiten zu rechnen haben.

## § 10 Fortsetzung (Einzelinterventionen)

Wir schließen diesen Überblick über die Gebiete, auf denen Maßnahmerecht in Gesetzesform in Deutschland eine Rolle spielt, ab mit einigen ergänzenden Hinweisen zum wirtschaftlichen Maßnahmerecht. Es ist bekannt, in wie vielfältiger Weise der moderne Gesetzgeber heute zu Mitteln der „indirekten Intervention" ins wirtschaftliche Leben

---

[35] Oben Anm. 9.

[36] Es handelt sich dann meistens um Kompromißentscheidungen; ein Beispiel liefert die provisorische Matrikel des Deutschen Bundes (oben § 6 Anm. 2).

[37] Siehe die Verordnung zur Behebung der dringendsten Wohnungsnot vom 15. 1. 1919, RGBl. 69, in der Fassung vom 9. 12. 1919, RGBl. 1968, die erst durch § 186 Abs. 1 Nr. 1 des Bundesbaugesetzes vom 23. 6. 1960, BGBl. I 341 aufgehoben worden ist.

[38] Vgl. Menger, VStR 15, 23, der mir jedenfalls insoweit Zustimmung zu verdienen scheint.

greift[1]; mit Steuervergünstigungen[2], Prämien[3], Subventionen[4], Darlehen[5] und Bürgschaften[6] bemüht er sich um die Steuerung der Investitionen in einem gesamtwirtschaftlich erwünschten Sinn[7], um die Sanierung gefährdeter Wirtschaftszweige[8], um die Unterstützung sozial schwacher Schichten[9], um die sachgerechte Wahl privatrechtlicher Gestaltungsformen[10] und um viele andere Zwecke mehr. Diese Eingriffe sind keineswegs immer Maßnahmegesetze; um Maßnahmerecht handelt es sich vielmehr nur dann, wenn der Eingriff nicht bestimmt ist, zum dauernden Bestandteil der Rechtsordnung zu werden, sondern ein vorübergehendes Mittel ist, um den erwünschten Dauerzustand vorzubereiten und herbeizuführen. So ist zum Beispiel die unter dem Stichwort des „Grünen Plans" bekannt gewordene Gesetzgebung zur Unterstützung der Landwirtschaft nicht, oder jedenfalls nicht ausschließlich, als vorübergehende Maßnahme gedacht; der Gesetzgeber hat vielmehr den wirtschaftlichen Rückstand der Landwirtschaft gegenüber der Industrie als strukturell bedingt und die Abhilfe als eine dauernde staatliche Aufgabe angesehen[11]. Ebenso sind im Natur- und Landschaftsschutz staatliche Entschädigungen und Beihilfen vorgesehen, die subventionären Charakter haben, ohne daß diese Regelungen deshalb Maßnahmerecht wären. Es ist denkbar, ist sogar nicht ohne gute Gründe

---

[1] Ein großer Teil dieser Interventionen erfolgt im Verwaltungsweg, nicht im Weg der Gesetzgebung; ein reiches Material bietet Hans Peter Ipsen, Öffentliche Subventionierung Privater, 1956.

[2] Vgl. oben § 9 Anm. 22; es genügt im Übrigen, an die ehemaligen §§ 7 c und 7 d des Einkommensteuergesetzes zu erinnern.

[3] Praktisch stellen die Vergünstigungen zur Ausfuhrförderung solche Prämien dar. Vgl. oben § 9 Anm. 26.

[4] Vgl. als Beispiel das Gesetz über die verstärkte Förderung von Arbeitsbeschaffungen aus Mitteln der Bundesanstalt für Arbeitsvermittlung und Arbeitslosenversicherung vom 4. 8. 1953, BGBl. I 719.

[5] In der gegenwärtigen Subventionspraxis tritt die unmittelbare Darlehensgewährung zurück zugunsten der Bürgschaftsübernahme oder der Einschaltung öffentlicher Kreditinstitute; immerhin wurde z. B. die ERP-Hilfe regelmäßig als unmittelbares Darlehen vergeben (siehe § 5 Abs. 2 des Gesetzes über die Verwaltung des ERP-Sondervermögens vom 31. 8. 1953, BGBl. I 1312).

[6] Vgl. die beiden Gesetze über Sicherheitsleistungen im Ausfuhrgeschäft oben § 9 Anm. 26.

[7] Im Wege der unmittelbaren Intervention dient diesem Zweck das Investitionshilfegesetz, oben § 9 Anm. 19.

[8] Vgl. die Gesetzgebung zur Sanierung des Mühlengewerbes, oben § 9 Anm. 23.

[9] Etwa bei der Gesetzgebung zur Förderung der landwirtschaftlichen Siedlung, oben § 9 Anm. 25.

[10] Gesetz über Steuererleichterungen bei der Umwandlung von Kapitalgesellschaften und bergrechtlichen Gewerkschaften (Umwandlungssteuergesetz) vom 11. 10. 1957, BGBl. I 1713.

[11] Landwirtschaftsgesetz vom 5. 9. 1955, BGBl. I 565.

bereits gefordert worden, daß es auf anderen Gebieten, in denen der Einzelne im Gemeininteresse wirtschaftliche Opfer auf sich zu nehmen haben wird, z. B. in der Lärmbekämpfung, der Luftreinhaltung und dem Gewässerschutz, zu ähnlichen Regelungen kommen wird[12].

Anstelle der Aufzählung des kaum noch übersehbaren wirtschaftlichen Maßnahmerechts sei hier nur noch auf zwei besonders markante Gruppen von kriegsfolgebedingten Wirtschaftsmaßnahmen hingewiesen. Es handelt sich um das Recht der Währungsreform und die Regelung der Auslandsschulden. Die Währungsreform ist zwar durchgeführt worden auf Grund alliierter Gesetze[13]; doch blieben dem deutschen Gesetzgeber eine Fülle von ergänzenden Einzelregelungen überlassen. Wir haben bereits darauf hingewiesen, daß die Lastenausgleichsgesetzgebung, insofern sie die Abschöpfung der durch die Währungsreform entstandenen Kredit- und Hypothekengewinne anordnet, eine solche Ergänzung des Rechts der Währungsreform darstellt[14]. Eine zweite Gruppe derartiger Ergänzungen stellt die Gesetzgebung über die D-Mark-Eröffnungsbilanz dar[15]. Mit der in den Gesetzen über die D-Mark-Eröffnungsbilanz angeordneten Umstellung der Mitgliedschaften verbriefenden Rechte hängt eng zusammen die Gesetzgebung über die Wertpapierbereinigung[16]; als zweiten Zweck verfolgt sie die Klärung

---

[12] Vgl. z. B. Harry Westermann, Welche gesetzlichen Maßnahmen zur Luftreinhaltung und zur Verbesserung des Nachbarrechts sind erforderlich? (Wissenschaftl. Abhandlungen der Arbeitsgemeinschaft für Forschung des Landes Nordrhein-Westfalen, Bd. 9), 1958, insbes. S. 42 ff.

[13] Die drei Gesetze zur Neuordnung des Geldwesens, das Währungsgesetz, das Emissionsgesetz und das Umstellungsgesetz vom 20. 6. 1948 (Gesetze Nr. 61—63 der amerikanischen und britischen Militärregierung; Verordnungen Nr. 158—160 des französischen Oberkommandierenden) sind veröffentlicht im WiGBl. 1948, Beilage Nr. 5. Das Umstellungsgesetz ist geändert, das Emissionsgesetz aufgehoben durch § 43 des Gesetzes über die Deutsche Bundesbank vom 26. 7. 1957, BGBl. I 745. Das Umstellungsgesetz erfuhr eine erneute Änderung durch das Gesetz zur Abwicklung der Kriegsgesellschaften vom 9. 5. 1960, BGBl. I 303.

[14] Oben S. 32.

[15] Gesetz über die Eröffnungsbilanz in Deutscher Mark und die Kapitalfestsetzung (D-Markbilanzgesetz) vom 21. 8. 1949, WiGBl. 279, geändert durch § 225 LAG; Gesetz zur Änderung und Ergänzung des D-Markbilanzgesetzes (D-Markbilanzergänzungsgesetz) vom 28. 12. 1950, BGBl. 811; Gesetz über weitere Ergänzungen und Änderungen des D-Markbilanzgesetzes sowie über Ausgabe von Aktien in Deutscher Mark (2. D-Markbilanzergänzungsgesetz) vom 20. 12. 1952, BGBl. I 824; Gesetz über weitere Ergänzungen und Änderungen des D-Markbilanzgesetzes und über Ergänzungen des Altbankenbilanzgesetzes (3. D-Markbilanzergänzungsgesetz) vom 21. 6. 1955, BGBl. I 297, ergänzt durch Gesetz vom 28. 3. 1956, BGBl. I 161; viertes D-Markbilanzergänzungsgesetz vom 7. 4. 1961, BGBl. I 413.

[16] Gesetz zur Bereinigung des Wertpapierwesens (Wertpapierbereinigungsgesetz) vom 19. 8. 1949, WiGBl. 295, geändert und ergänzt durch Gesetze vom 29. 3. 1951, BGBl. I 211, vom 20. 8. 1953, BGBl. I 940, und vom 16. 11. 1956, BGBl. I 850; Gesetz über die Ausübung von Mitgliedschaftsrechten aus

der durch die Kriegsereignisse und die Rückerstattungsverfahren zweifelhaft gewordenen Beteiligungsverhältnisse. Eine ganze Reihe von Einzelergänzungen zum Umstellungsgesetz enthalten die beiden Umstellungsergänzungsgesetze[17]; in denselben Zusammenhang gehören das Gesetz über den Erlaß von Rechtsverordnungen auf dem Gebiet der Neuordnung des Geldwesens[18] und das Gesetz über die Tilgung von Ausgleichsforderungen[19]. Sonderfragen betreffen das Gesetz über Leistungen aus vor der Währungsreform eingegangenen Renten- und Pensionsversicherungen vom 11. 6. 1951[20] und das Gesetz über den Ausschluß des Umtausches und der Bareinlösung (aus Anlaß der Währungsreform) außer Umlauf gesetzter Postwertzeichen vom 22. 8. 1950 (BGBl. 367). Von besonderer Bedeutung sind schließlich die Sonderregelungen für besondere Gruppen von Forderungen, nämlich die Gesetzgebung über die deutschen Auslandsschulden[21] und über die Reichsmarkverbindlichkeiten der öffentlichen Hand[22]; auch sie greifen allerdings über den Bereich des Umstellungsrechts hinaus.

---

Aktien während der Wertpapierbereinigung vom 9. 10. 1950, BGBl. 690; Gesetz zur Bereinigung von deutschen Schuldverschreibungen, die auf ausländische Währung lauten, vom 25. 8. 1952, BGBl. I 553; Gesetz über die Börsenzulassung zulässig umgestellter Wertpapiere vom 27. 12. 1951, BGBl. I 1004; Gesetz zur Bereinigung der auf Reichsmark lautenden Wertpapiere der Konversionskasse für deutsche Auslandsschulden vom 5. 3. 1955, BGBl. I 86. Die Aufgabe ist nur der Intensität, nicht der Art nach neu; vgl. das Gesetz betr. die Umwandlung von Aktien in Reichswährung vom 16. 12. 1875, RGBl. 317.

[17] Vom 21. 9. 1953, BGBl. I 1439, und vom 23. 3. 1957, BGBl. I 285.

[18] Vom 21. 4. 1953, BGBl. I 127.

[19] Vom 14. 6. 1956, BGBl. I 507; wegen Verstoßes gegen Art. 120 GG für nichtig erklärt BVerfGE 9, 305.

[20] BGBl. I 379; vgl. das Gesetz zur Regelung von Ansprüchen aus Lebens- und Rentenversicherungen vom 5. 8. 1955, BGBl. I 474.

[21] Gesetz zur Ausführung des Abkommens vom 27. 2. 1953 über die deutschen Auslandsschulden vom 24. 8. 1953, BGBl. I 1003; Gesetz über die innerdeutsche Regelung von Vorkriegsrembourverbindlichkeiten vom 20. 8. 1953, BGBl. I 999; Gesetz über die Verjährung von deutschen Auslandsschulden und ähnlichen Schulden vom 19. 12. 1956, BGBl. I 915; Ergänzungsgesetze zu dem Ausführungsgesetz zum Auslandsschuldenabkommen vom 9. 2. 1955, BGBl. I 57, vom 5. 3. 1956, BGBl. I 99, und vom 23. 8. 1956, BGBl. I 758. Aus der Gesetzgebung nach dem Ersten Weltkrieg vgl. etwa das Gesetz über den Wiederbeginn und den Ablauf von Fristen vom 3. 4. 1920, RGBl. 445, ergänzt durch Gesetz vom 12. 8. 1920, RGBl. 1571; das Reichsausgleichsgesetz vom 24. 4. 1920, RGBl. 593 (ber. 1472); das Reichsentlastungsgesetz vom 4. 6. 1923, RGBl. 305.

[22] Siehe, neben einer Vielzahl von Spezialregelungen, vor allem das Gesetz über Reichsmarkverbindlichkeiten zwischen Gebietskörperschaften vom 15. 8. 1950, BGBl. 365; Gesetz zur Einführung eines Art. 135 a in das Grundgesetz vom 22. 10. 1957, BGBl. I 1745; Gesetz zur allgemeinen Regelung durch den Krieg und den Zusammenbruch des Reichs entstandener Schäden (Allgemeines Kriegsfolgengesetz) vom 5. 11. 1957, BGBl. I 1747; vgl. auch oben § 5 Anm. 7.

Auch die Gesetzgebung über die Währungsreform ist Maßnahmerecht. Man könnte einwenden, daß die Währungsreform unser wirtschaftliches Leben bis heute bestimmt und also Dauerwirkung besitze; doch würde dieser Einwand den entscheidenden Gesichtspunkt verfehlen. Sicherlich hatte die 1948 geschaffene Stabilität der Währung Dauerwirkung bis heute. Doch ist diese durch die Währungsreform geschaffene „Normallage" nicht der Inhalt, sondern die Folge der gesetzlichen Regelung; das Umstellungsgesetz hat die Stabilität der Währung nicht *verordnet*, sondern durch einen einmaligen Eingriff *geschaffen*, es ist in der Tat, nach Forsthoffs Terminologie, „actio", nicht „constitutio". Von ihm gilt, was wir jetzt mehrfach bemerkt haben, daß es die angestrebte Ordnung nicht durch eine Rechtsregel anordnet, sondern in seinem Vollzug schafft[23]. Das Umstellungsgesetz hat sich mit dem 21. Juni 1948, dem Tag seines Inkrafttretens[24], in seiner rechtlichen Wirkung erschöpft; seine bis heute reichende Dauerwirkung liegt auf ausschließlich faktischem Gebiet.

Im übrigen ist zwischen den einzelnen Bestandteilen der Gesetzgebung zur Währungsreform hinsichtlich ihrer Maßnahmequalität zu unterscheiden. Das Währungsgesetz[25] enthält einige echte Rechtssätze mit rechtlicher, nicht faktischer Dauerwirkung; es genügt, an das Verbot der Währungssicherungsklauseln zu erinnern[26]. Auch die Bestimmungen des Allgemeinen Kriegsfolgengesetzes, die den Großteil der Verbindlichkeiten des Reichs zum Erlöschen bringen, haben rechtliche Dauerwirkung; sie schaffen eine peremtorische Einwendung des Reichs und seiner Rechtsnachfolger gegenüber Forderungen aus der Zeit vor dem 8. Mai 1945[27]. Im Falle des Währungsgesetzes handelt es sich insoweit um echte Rechtsnormen, nicht um Maßnahmen; das Währungsgesetz enthält die Grundlagen des fortdauernden allgemeinen Währungsrechts der Bundesrepublik. Im Falle des Kriegsfolgengesetzes dagegen ändert die Dauerwirkung der gesetzlichen Vorschriften nichts an ihrem Maßnahmecharakter. Es liegt vielmehr ein Fall dessen vor, was wir oben[28]

---

[23] Siehe oben S. 33 und 40.

[24] § 26 des Währungsgesetzes (oben Anm. 13) ordnet das Inkrafttreten des Gesetzes am 20. 6. 1948 an; nach § 1 entfaltete es jedoch erst vom 21. 6. 1948 an Rechtswirkungen. Das Umstellungsgesetz (ebda) trat nach § 35 am 27. 6. 1948 in Kraft, weil die Ablieferung des Altgeldes nach § 10 des Währungsgesetzes erst am 26. 6. 1948 beendet war; die eigentlich umstellungsrechtlichen Vorschriften des Gesetzes besaßen jedoch Rechtswirkung auf den 21. 6. 1948.

[25] Siehe oben Anm. 13.

[26] § 3 des Währungsgesetzes.

[27] Vgl. Féaux de la Croix, Allgemeines Kriegsfolgengesetz, 1959, Anm. 2 zu § 1 AKG.

[28] Oben S. 40 f.

als „Maßnahmerecht mit dauernder Rechtssatzqualität" bezeichnet haben, nur daß es sich nicht, wie bei den dort behandelten personenstandsrechtlichen Vorschriften, um die Schaffung eines zusätzlichen Anknüpfungspunktes für die gewöhnliche Rechtsordnung handelt, sondern im Gegenteil um die Vernichtung eines vorhandenen derartigen Anknüpfungspunktes. Nur insoweit, als das Kriegsfolgegesetz bestehende Forderungen für erloschen erklärt hat, nur als Wirkung seines einmaligen Eingriffs also, äußert es rechtliche Dauerwirkungen; seine fortdauernde Rechtssatzqualität ist, ebenso wie bei den personenstandsrechtlichen Übergangsmaßnahmen, abgeleiteter Art.

Wirft man einen Blick auf die Gesetzgebung zur Währungsreform im ganzen, so zeigt sich, daß sie, so vielfältig sie im einzelnen in rein wirtschaftliche Tatbestände eingreift, doch den Charakter einer wirtschaftlichen Kriegsfolgemaßnahme weit übersteigt. Die Währungsreform war ein Akt nicht nur von wirtschaftlichen, sondern von den eminentesten politischen und sozialen Folgen[29]. Der Neuaufbau des Staatswesens setzte die Neuordnung des wirtschaftlichen Lebens mindestens in ihren Anfängen voraus; ohne die Gesundung der Wirtschaft war öffentliches Leben schlechthin unmöglich. Die Grundsätze, nach denen der wirtschaftliche Wiederaufbau sich vollzog, mußten auch den politischen Wiederaufbau weithin bestimmen. Ebenso wie, wie wir gesehen haben, das Gesetz zur Ausführung des Art. 131 GG mehr als nur eine Maßnahme zur Überwindung der Kriegsfolgen war, sondern als „Überleitungsmaßnahme" zur Überführung des alten politischen Zustandes in einen neuen zugleich über das Wesen dieses neuen Zustandes entschied[30], so ist die Gesetzgebung zur Währungsreform Überleitungsmaßnahme, die die ersten Richtlinien für den Übergang von der alten zur neuen Wirtschafts- und Sozialpolitik gegeben hat. Übrigens zeigt sich auch hierin der Zusammenhang der Gesetzgebung zur Währungsreform mit der Lastenausgleichsgesetzgebung. Unter dem hier erörterten Gesichtspunkt der sozial- und wirtschaftspolitischen „Überleitung" bilden die beiden Gruppen gesetzlicher Regelungen ein Ganzes; die Mischung freiheitlicher und sozialstaatlicher Züge, die die Verfassungswirklichkeit der Bundesrepublik kennzeichnet, erweist sich erst dann als in den großen Überleitungsmaßnahmen der Jahre 1948 bis 1951 angelegt, wenn man beide Gruppen als sich ergänzende Regelungen zusammennimmt.

---

[29] Insofern liegen die Dinge ähnlich wie beim Lastenausgleichsgesetz; vgl. auch unten S. 117.

[30] Siehe oben S. 52.

## § 11 Verordnungen in Gesetzesform

Wir schließen an die materielle Typologie des Maßnahmegesetzes, an die Untersuchung seiner Erscheinungsformen je nach den Gebieten, auf denen es auftritt, und nach den sachlichen Zwecken, denen es dient, den Versuch einer formalen Typologie an, der Darstellung von Gruppen, die nicht ihr Gegenstand, sondern eine Eigenart ihrer formalen Struktur verbindet. Noch weniger als in der materiellen Typologie kann in diesem Punkt Vollständigkeit angestrebt werden. Unser einziger Zweck ist, zur Erleichterung der späteren Untersuchung einige besonders häufige formale Typen von Maßnahmegesetzen zusammenzustellen und sie auf ihren Maßnahmecharakter hin, wiederum vorläufig nur unter deskriptiven Gesichtspunkten, zu erörtern.

Die erste und umfangreichste dieser Gruppen fällt durch die formale Gleichartigkeit ihres *Zweckes* ins Auge; es handelt sich um die Gesetze zur vorläufigen Ausfüllung einer Rechtslücke. Die Schwerfälligkeit des parlamentarischen Gesetzgebungsverfahrens, aber auch die sachlichen Schwierigkeiten, die einer gesetzlichen Regelung vornehmlich technisch und wirtschaftlich komplexer Materien entgegenstehen, bringen mit sich, daß häufig die rechtzeitige Erfüllung dringender gesetzgeberischer Aufgaben im normalen Gesetzgebungsverfahren nicht möglich ist. Die Schwierigkeit wächst, indem mit der Dichte der staatlichen Eingriffe und mit der Interdependenz des öffentlichen, insbesondere des wirtschaftlichen Lebens die Fälle zunehmen, in welchen das sofortige Tätigwerden des Gesetzgebers erforderlich wird. Überdies kann, man denke etwa an den Fall beabsichtigter Zollerhöhungen, die mit dem parlamentarischen Verfahren verbundene vorzeitige Publizität zu höchst unerwünschten Manipulationen führen. Aus allen diesen Gründen erweist es sich häufig als notwendig, vor der parlamentarischen Beratung des endgültigen Gesetzes in einer Art vereinfachten Gesetzgebungsverfahrens eine vorläufige Regelung zu erlassen, die die Frist bis zum Inkrafttreten des endgültigen Gesetzes überbrückt. Werden diese vorläufigen Regelungen vom ordentlichen Gesetzgeber getroffen, so bieten sie der hergebrachten juristischen Betrachtungsweise keine Besonderheiten; sie haben Normqualität ebenso wie die entsprechende endgültige Regelung, mit dem einzigen Unterschied allenfalls, daß sie meist Zeitgesetze sein werden[1].

---

[1] Allerdings ist der Fall nicht selten, daß derartige Gesetze nicht auf bestimmte, sondern auf unbestimmte Zeit, nämlich „bis zum Inkrafttreten des endgültigen Gesetzes", erlassen werden, wie das Preisgesetz, vgl. § 9 Anm. 16. In manchen Fällen geht auch, daß es als befristet gedacht ist, aus dem Gesetz selbst nicht hervor. Ein interessantes Beipiel bildet der durch das Gesetz zur Sicherung des Straßenverkehrs vom 19. 12. 1952, BGBl. I 832, eingefügte § 22 des Straßenverkehrsgesetzes betr. die gebührenpflichtige Verwarnung. Die

Im einzelnen sind die verschiedenartigsten Fallgestaltungen denkbar. Aufgetreten ist das sich hier stellende Problem schon früh in dem eben erwähnten Fall der beabsichtigten Zollerhöhung; bereits das Kaiserreich sah sich gezwungen, aus solchen Anlässen zur Aushilfe des vorläufigen Gesetzes zu greifen[2]. Die Staatsrechtslehre der Weimarer Republik nahm an, in diesen Fällen bestehe eine ungeschriebene Befugnis der Exekutive, die erforderlichen vorläufigen Vorschriften in Kraft zu setzen[3]; sie hielt diese Befugnis also für eine Art der „Verwaltungszuständigkeit kraft der Natur der Sache", allerdings ohne sich dadurch veranlaßt zu sehen, ihre Position, die in ganz analogen Akten des Gesetzgebers Gesetze im rechtsstaatlichen Sinn sah, zu überprüfen. Angesichts des Umfangs, den derartige vorläufige Regelungen heute angenommen haben, ist der Ausweg, die Befugnis zu ihrem Erlaß der Regierung zuzuweisen, ungangbar geworden.

Eine zweite Fallgruppe, in der der Gesetzgeber seit langem zu vorläufigen Regelungen greift, sind die Vorschußleistungen in der Sozialversicherung. Häufig erscheint wegen des Steigens der Lebenshaltungskosten oder wegen der allgemeinen Hebung des Lebensstandards oder auch nur aus Rücksicht auf eine ins Gewicht fallende Wählerschicht die rasche Erhöhung der Rentenleistungen in der Sozialversicherung oder in der Kriegsopferversorgung wünschenswert; die Novellierung der wegen der kasuistischen Berücksichtigung von Ausnahmefällen kaum noch übersehbaren Sozialversicherungs- und Versorgungsgesetze erfordert jedoch erfahrungsgemäß eine erhebliche Zeitspanne. Der Gesetzgeber hat sich daher in solchen Fällen fast regelmäßig mit der Gewährung von Vorschüssen auf die zu erwartende Anpassung geholfen. Schon im Beginn der Inflation wurden derartige „Teuerungsmaßnah-

---

amtliche Begründung bemerkte dazu (Bundestagsdrucksachen, 1. Wahlperiode, Nr. 2674): „§ 22 KFG ist als vorläufige Regelung gedacht. Mit dem Gesetz über Ordnungswidrigkeiten ... soll die Einrichtung der gebührenpflichtigen Verwarnung für alle Ordnungswidrigkeiten von geringer Bedeutung eingeführt werden. Nach Inkrafttreten des Gesetzes über Ordnungswidrigkeiten ... wird § 22 wieder aufzuheben sein." Allerdings wurde dieses Programm nicht erfüllt; § 22 des Straßenverkehrsgesetzes gilt — mit einer hier nicht interessierenden Änderung — noch heute in der Fassung des Straßenverkehrssicherungsgesetzes von 1952.

[2] Gesetz betreffend die vorläufige Einführung von Änderungen des Zolltarifs vom 30. 5. 1879, RGBl. 149. Bei einer im Jahre 1883 notwendig werdenden Änderung des Zolltarifs dagegen setzte der Reichskanzler die geplanten neuen Zollsätze durch Bekanntmachung vom 9. 8. 1883 vorläufig in Kraft und der Reichstag erteilte durch Gesetz vom 10. 9. 1883, RGBl. 303, für dieses Vorgehen Indemnität.

[3] Vgl. Grau HStR II 276 über derartige „traditionelle Vorgriffe der Exekutive gegenüber der ordentlichen Gesetzgebung"; Grau selbst will allerdings die Kompetenz der Exekutive auf Art. 48 Abs. 2 WRV stützen.

men" getroffen[4]; zu demselben Mittel griff der Gesetzgeber des Vereinigten Wirtschaftsgebiets 1949 mit dem Sozialversicherungs-Anpassungsgesetz[5]. Der Bundesgesetzgeber bereitete die „kleine" Rentenreform von 1951 durch das Rentenzulagengesetz von 1951[6] und die „große" Rentenreform von 1956 durch das Vorschußgesetz von 1956[7] vor. Ähnlichen Charakter hat das Gesetz zur vorläufigen Änderung des Gesetzes über die Altersversorgung für das Deutsche Handwerk vom 27. 8. 1956 (BGBl. I 755).

Im Übrigen kann sich der Erlaß des endgültigen Gesetzes aus mannigfachen Gründen verzögern, und ebenso kann die Erforderlichkeit der vorläufigen Regelung auf den verschiedensten Ursachen beruhen. Im Folgenden können nur einige Beispiele gegeben werden. Artikel 48 Abs. 1 des Truppenvertrages[8] verpflichtete die Bundesrepublik, die gesetzlichen Grundlagen zu schaffen, um den Sach- und Dienstleistungsbedarf der Stationierungskräfte notfalls im Weg der zwangsweisen Inanspruchnahme sicherstellen zu können; für eine Übergangszeit von einem Jahr ordnete Art. 48 Abs. 2 des Vertrages die vorläufige Fortgeltung der bestehenden Requisitionen an. Da beim Ablauf dieser Frist, am 5. 5. 1956, das Bundesleistungsgesetz noch nicht beschlossen war, verfügte der Bundesgesetzgeber durch das Fortgeltungsgesetz vom 3. 7. 1956[9] rückwirkend die weitere Fortgeltung der Requisitionen bis zum Inkrafttreten des Bundesleistungsgesetzes[10], längstens jedoch bis zum 31. 12. 1956. Das am 1. 1. 1957 in Kraft tretende Bundesleistungs-

---

[4] Siehe z. B. das Gesetz über Notstandsmaßnahmen zur Unterstützung von Rentenempfängern der Invalidenversicherung und der Angestelltenversicherung vom 7. 12. 1921, RGBl. I 1533; Gesetz über Teuerungsmaßnahmen für Militärrentner vom 21. 7. 1922, RGBl. I 650.

[5] Gesetz über die Anpassung von Leistungen der Sozialversicherung an das veränderte Lohn- und Preisgefüge und über ihre finanzielle Sicherstellung vom 17. 6. 1949, WiGBl. 99.

[6] Gesetz über die Gewährung von Zulagen in der gesetzlichen Rentenversicherung und über Änderungen des Gemeinlastverfahrens (Rentenzulagengesetz) vom 10. 8. 1951, BGBl. I 505; Gesetz über die einstweilige Gewährung einer Teuerungszulage zur Abgeltung von Preiserhöhungen bei Grundnahrungsmitteln (Teuerungszulagengesetz) vom 10. 8. 1951, BGBl. I 507 (betrifft die Kranken- und Arbeitslosenversicherung, die Arbeitslosenfürsorge und die Soforthilferenten).

[7] Gesetz über die Gewährung einer Vorschußzahlung in den gesetzlichen Rentenversicherungen vom 23. 12. 1956, BGBl. I 1072.

[8] Vom 26. 5. 1952 / 23. 10. 1954, BGBl. II 321.

[9] Gesetz über die vorläufige Fortgeltung der Inanspruchnahme von Gegenständen für Zwecke der ausländischen Streitkräfte und ihrer Mitglieder vom 3. 7. 1956, BGBl. 639.

[10] Genauer gesagt: Bis zum Inkrafttreten des Bundesleistungsgesetzes (ergangen am 19. 10. 1956, BGBl. I 815), des Schutzbereichsgesetzes (ergangen am 7. 12. 1956, BGBl. I 899) und des Landbeschaffungsgesetzes (ergangen am 23. 2. 1957, BGBl. I 134).

gesetz ermöglichte in § 85 nochmals eine Anschlußinanspruchnahme auf zwei Jahre[11] ohne die Beschränkungen der §§ 3 Abs. 5 und 4 Abs. 2 Satz 2 und 3 BLG, trug also insoweit den Charakter einer nochmaligen vorläufigen Regelung.

Machten in diesem Fall völkerrechtliche Verpflichtungen der Bundesrepublik die einstweilige Regelung erforderlich, so waren in anderen Fällen ausdrückliche Verfassungsvorschriften die Veranlassung. Das bekannteste Beispiel bildet Art. 107 GG, der dem Gesetzgeber die endgültige Verteilung der Steuererträge zwischen Bund und Ländern auftrug; die in Art. 107 enthaltene Fristsetzung mußte mehrfach durch Änderung der Verfassung hinausgeschoben werden[12]. Ähnlich steht es mit der Übergangsgesetzgebung über die Bank deutscher Länder[13]; sie wurde erforderlich, weil der Gesetzgeber dem Verfassungsauftrag, ein Bundesnotenbankgesetz zu erlassen, nicht rechtzeitig nachkam[14].

Die Dringlichkeit der einstweiligen Regelung kann aber auch aus bloßen Zweckmäßigkeitserwägungen gefolgert werden; dies war der Fall beim „Apothekenstoppgesetz"[15]. Im Hinblick auf die geplante einheitliche bundesrechtliche Regelung erwies es sich als wünschenswert, Vorsorge zu treffen, daß nicht die Länder durch eigene gesetzliche Regelungen während der Dauer der Gesetzgebungsarbeiten den ohnehin unübersichtlichen Gesetzeszustand weiter zersplitterten und Verhältnisse schufen, deren Beseitigung der Bundesapothekenordnung aus praktischen Gründen schwer möglich gewesen wäre. Der Bundestag entschloß

---

[11] Bei Wohnungen nur auf neun Monate.

[12] Gesetz zur Änderung des Artikels 107 GG vom 20. 4. 1953, BGBl. I 130; Zweites Gesetz gleichen Titels vom 25. 12. 1954, BGBl. I 517.

[13] Übergangsgesetz zur Änderung des Gesetzes über die Errichtung der Bank deutscher Länder vom 10. 8. 1951, BGBl. I 509; Drittes Gesetz zur Änderung des Gesetzes über die Errichtung der Bank deutscher Länder vom 7. 9. 1953, BGBl. I 1317; Viertes Gesetz gleichen Titels vom 6. 8. 1954, BGBl. I 240; Gesetz über die Verteilung des erzielten Reingewinns der Bank deutscher Länder in den Geschäftsjahren 1950 und 1951 vom 10. 8. 1951, BGBl. I 510; Gesetz über die Verteilung des Reingewinns der Bank deutscher Länder im Geschäftsjahr 1952 und in den folgenden Geschäftsjahren vom 7. 9. 1953, BGBl. I 1318, geändert durch Gesetz vom 16. 6. 1956, BGBl. I 507; Gesetz zur Änderung der Gesetze über die Landeszentralbanken vom 3. 11. 1952, BGBl. I 729; Zweites Gesetz gleichen Titels vom 7. 9. 1953, BGBl. I 1319; vgl. auch § 13 des Gesetzes über die Tilgung von Ausgleichsforderungen vom 14. 6. 1956, BGBl. I 507. Eine interessante Parallele bieten die Gesetze über die Besteuerung der Reichsbank für das Jahr 1918 vom 27. 3. 1919, RGBl. 353, und für das Jahr 1919 vom 31. 3. 1920, RGBl. 475.

[14] Siehe Art. 88 GG; inzwischen erfüllt durch das Gesetz über die Deutsche Bundesbank vom 26. 7. 1957, BGBl. I 745.

[15] Gesetz über die vorläufige Regelung der Errichtung neuer Apotheken vom 13. 1. 1953, BGBl. I 9, verlängert durch die Gesetze vom 4. 7. 1953, BGBl. I 469, und vom 10. 8. 1954, BGBl. I 256; Zweites Gesetz gleichen Titels vom 23. 12. 1955, BGBl. I 840.

sich daher zur vorläufigen bundesrechtlichen Regelung des Apothekenrechts mit der Folge, daß die Länder zum Erlaß eigener Gesetze mit sofortiger Wirkung nicht mehr befugt waren[16]; zu diesem Zweck rezipierte er das in den einzelnen Ländern geltende Recht als (vorläufiges) Bundesrecht[17].

Einen komplizierten Einzelfall stellt die Gesetzgebung zur Sistierung des § 8 Abs. 4 Satz 1 des Genossenschaftsgesetzes dar[18]. Mit der Einfügung dieser Bestimmung hatte man den freien Einzelhandel gegen die Konkurrenz der Konsumgenossenschaften schützen wollen, indem man den letzteren den Verkauf von Waren an Nichtmitglieder untersagte. Die Berechtigung dieser Bestimmung war stets umstritten; nach dem zweiten Weltkrieg setzten sich insbesondere die Gewerkschaften für ihre Aufhebung ein. Der Gesetzgeber des Vereinigten Wirtschaftsgebiets, der sich zur endgültigen Entscheidung der Frage nicht als kompetent ansah, setzte die Anwendung der Bestimmung bis zum 1. 1. 1952 aus; wegen der widerstreitenden wirtschaftlichen Interessen traf auch der Bundesgesetzgeber zunächst eine derartige vorläufige Regelung[19].

In einigen Fällen ergeht die vorläufige Regelung nicht vor dem Erlaß des endgültigen Gesetzes, sondern gleichzeitig mit oder gar erst nach demselben. So hob z. B. das Betriebsverfassungsgesetz vom 11. 10. 1952 (BGBl. I 681) die Betriebsrätegesetze der Länder auf, so daß auf deren Grundlage Neuwahlen nicht mehr vorgenommen werden konnten; andererseits waren Neuwahlen auf Grund des Betriebsverfassungsgesetzes unmöglich, solange die Erste Durchführungsverordnung zum Betriebsverfassungsgesetz nicht ergangen war. In den Betrieben, in denen die Wahlperiode des Betriebsrates unmittelbar nach dem Inkrafttreten des Gesetzes endete, trat daher ein Zustand ohne Vertretung der Arbeitnehmer ein. Der Gesetzgeber schuf Abhilfe, indem er die Wahlperiode

---

[16] Die Sperrwirkung entfiel, indem das Bundesverfassungsgericht die Apothekenstoppgesetze für verfassungswidrig erklärte (BVerfGE 5, 25).

[17] Eine ähnliche Technik hat der Bundesgesetzgeber bei dem Gesetz zur Regelung von Fragen des Hebammenwesens vom 4. 1. 1954, BGBl. I 1, angewendet, in diesem Fall allerdings zum Zwecke endgültiger, nicht vorläufiger Regelung.

[18] Die Bestimmung wurde in das Genossenschaftsgesetz eingefügt durch die Novelle vom 1. 5. 1889, RGBl. 55, die damit zugleich das „Deklarationsgesetz" zum Genossenschaftsgesetz vom 19. 5. 1871, RGBl. 101, welches den Genossenschaften den Verkauf an Nichtmitglieder gestattet hatte, insoweit abänderte. Vgl. hierzu und zum folgenden Meyer-Meulenbergh, Genossenschaftsgesetz, 8. Aufl. 1956, Anm. 8 a zu § 8.

[19] Siehe dazu das Gesetz zur Änderung des Gesetzes betreffend die Erwerb- und Wirtschaftsgenossenschaften vom 3. 10. 1947, WiGBl. 14; Gesetz über die einstweilige Außerkraftsetzung von Vorschriften des Gesetzes betreffend die Erwerb- und Wirtschaftsgenossenschaften vom 27. 12. 1951, BGBl. I 1003, verlängert durch Gesetz vom 8. 1. 1954, BGBl. I 2. Die endgültige Regelung erfolgte durch Gesetz vom 21. 7. 1954, BGBl. I 212.

dieser Betriebsräte rückwirkend verlängerte[20]. Aus ähnlichen Erwägungen wurden 1953 vor Inkrafttreten des Personalvertretungsgesetzes die Wahlperiode der Personalvertretungen und 1954 vor Inkrafttreten des Finanzgerichtsgesetzes die Wahlperiode der ehrenamtlichen Mitglieder der Finanzgerichte verlängert[21]. Diese Gesetze stehen den Übergangsvorschriften nahe, die beim Inkrafttreten eines neuen Gesetzes Friktionen zwischen dem alten und dem neuen Rechtszustand verhüten sollen; soweit diese Übergangsvorschriften von der Anwendung des neuen Rechts dispensieren, handelt es sich auch bei ihnen um Maßnahmerecht. Der Unterschied zu den hier behandelten Gesetzen liegt darin, daß die einen Ausnahmen von der an sich bestehenden Normalregelung ermöglichen, die anderen vorübergehende Ausfüllung einer Rechtslücke im Vorgriff auf eine erst geplante Normalregelung sind.

Ein besonderes Interesse bieten die Fälle, in denen die auszufüllende Rechtslücke durch ein gerichtliches Erkenntnis verursacht worden ist. In der Gesetzgebung der Bundesrepublik ist das bisher einzige Beispiel das „Gesetz zur Änderung steuerrechtlicher Vorschriften" vom 26. 7. 1957[22]. Hier war Ursache der Rechtslücke das Urteil des Bundesverfassungsgerichts zur steuerlichen Zusammenveranlagung von Ehegatten[23]; die Nichtigerklärung des bisherigen § 26 des Einkommensteuergesetzes machte eine Übergangsregelung bis zum Erlaß einer endgültigen Novelle zum Einkommensteuergesetz notwendig. Aus der Gesetzgebung der Länder ist das hamburgische Hundesteuergesetz vom 9. 11. 1950[24] zu nennen. Die hamburgischen Steuerbehörden hatten seit 1946 begonnen, für die Aushändigung der Hundesteuerzeichen eine Gebühr von 3 Mark zu erheben; das Oberverwaltungsgericht erblickte darin eine Erhöhung der Hundesteuer, die ohne gesetzliche Grundlage unzulässig sei. Das Hundesteuergesetz von 1950, das diese gesetzliche Grundlage

---

[20] Gesetz über die Verlängerung der Wahlperiode der Betriebsräte vom 8. 1. 1953, BGBl. I 1. Vgl. zur verfassungsrechtlichen Problematik derartiger Regelungen die Entscheidung BayVerfGE 12, 37.

[21] Gesetz über die Verlängerung der Wahlperiode der Betriebsräte (Personalvertretungen) in den öffentlichen Verwaltungen und Betrieben des Bundes und der bundesunmittelbaren Körperschaften des öffentlichen Rechts vom 30. 3. 1953, BGBl. I 108; Zweites Gesetz gleichen Titels vom 29. 3. 1954, BGBl. I 47, mit Verlängerungsgesetzen vom 25. 12. 1954, BGBl. I 507, und vom 28. 6. 1955, BGBl. I 365. Gesetz über die Ermächtigung der Landesregierungen zur Verlängerung der Wahlperiode der ehrenamtlichen Mitglieder der Finanzgerichte vom 21. 7. 1954, BGBl. I 213.

[22] BGBl. I 848. Das Gesetz trifft auch noch andere Regelungen; die hier interessierenden Bestimmungen finden sich vor allem in Art. 1 Ziff. 4 (Einfügung der neuen §§ 26—26 e des Einkommensteuergesetzes).

[23] BVerfGE 6, 55.

[24] GVBl. I 203. Zum folgenden vgl. den Tatbestand der Entscheidung BVerfGE 7, 89, welche das hamburgische Gesetz für mit dem Bundesrecht vereinbar erklärte.

schuf, traf gleichzeitig eine Regelung für die zurückliegende Zeit. Gleichsam der umgekehrte Fall ist in der badischen Gesetzgebung zur Reblausbekämpfung aufgetreten[25]. Die Verfassungsmäßigkeit der durch das Reblausgesetz von 1949 eingeführten Abgabe war lebhaft umstritten; die Behörden sistierten daher ihre Erhebung bis zur gerichtlichen Entscheidung. Nachdem der badische Verwaltungsgerichtshof die Verfassungsmäßigkeit bestätigt hatte, schien die rückwirkende Erhebung dennoch unbillig; der inzwischen zuständige baden-württembergische Gesetzgeber schlug die Abgaben durch Gesetz vom 3. 5. 1954 (GBl. 64) daher im wesentlichen nieder.

Die Besonderheit, daß in diesen Fällen der Beseitigung des durch Gerichtsurteil eingetretenen rechtlosen Zustandes die Rechtslücke in der Vergangenheit liegt, schafft an sich keinen Unterschied, wirft jedoch das zusätzliche Problem der Zulässigkeit rückwirkender Gesetze auf. Wegen dieser Schwierigkeit hat die Frage mehrfach gesetzliche Regelung erfahren. So läßt § 70 a des preußischen Kommunalabgabengesetzes[26] rückwirkende Abgabensatzungen ausnahmsweise zu, wenn dies wegen der gerichtlichen Ungültigerklärung der früheren Satzung erforderlich ist. Die österreichische Verfassung dagegen hat die Kompetenz, die erforderlichen Regelungen zu treffen, dem Verfassungsgerichtshof zugewiesen[27], eine Lösung, die de lege ferenda auch in ihrer technischen Ausgestaltung durchaus einleuchtend erscheint. Mangels einer solchen Regelung wird man allerdings de lege lata auch das rückwirkende Gesetz für zulässig zu halten haben[28].

In den Kreis der hier erörterten Gesetze gehören schließlich auch einige der bereits früher aufgezählten Maßnahmegesetze. Insbesondere fällt darunter der größte Teil der „politischen Übergangsmaßnahmen"[29], derjenigen Gesetze also, durch die der Gesetzgeber die Organisation einer neuen politischen Ordnung für die Zeit ihres Aufbaus vorläufig

---

[25] Badisches Reblausgesetz vom 19. 10. 1949, GVBl. 472. Vgl. hierzu den Sachverhalt des Beschlusses des Bundesverfassungsgerichts vom 4. 2. 1958, BVerfGE 7, 244, welcher das Gesetz wegen Verstoßes gegen die Vorschriften des Grundgesetzes über die Verteilung der Steuerkompetenz zwischen Bund und Ländern für nichtig erklärte.

[26] Eingefügt durch Gesetz vom 26. 8. 1921, GS 495.

[27] Art. 101 der österreichischen Verfassung von 1920.

[28] Das Bundesverfassungsgericht hat die Verfassungsmäßigkeit sowohl des hamburgischen Hundesteuergesetzes von 1950 (oben Anm. 24) als auch des § 26 Abs. 5 des Einkommensteuergesetzes 1957 (BVerfGE 8, 194) bestätigt. Die Verfassungsmäßigkeit des baden-württembergischen Gesetzes zur Änderung des badischen Landesgesetzes über die Aufbringung von Mitteln zur Reblausbekämpfung vom 3. 5. 1954 stand an sich außer Zweifel, da seine rückwirkenden Bestimmungen lediglich begünstigenden Charakters waren; allerdings wurde es von der Nichtigkeit des badischen Landesgesetzes mit ergriffen.

[29] Vgl. oben S. 41 ff.

regelt. Ein besonders markantes Beispiel stellt das vorläufige Beamtengesetz der Bundesrepublik dar[30], das ausdrücklich „bis zum Inkrafttreten des Bundesbeamtengesetzes" befristet war. In diesen Fällen ist die Rechtslücke, die es vorübergehend auszufüllen gilt, durch den Umbruch der politischen Ordnung des Gemeinwesens verursacht. Eine solche Rechtslücke muß aber nicht notwendig auf derart tiefgreifenden politischen Wandlungen beruhen; sie ist z. B. auch entstanden beim Aufbau der Bundeswehr und hat das vorläufige Freiwilligengesetz[31] erforderlich gemacht[32]. Von den schon früher behandelten Gesetzen gehören schließlich hierher die vorläufigen Haushaltsgesetze; auch bei ihnen handelt es sich um Vorschriften, die nicht die vorgesehene endgültige Regelung darstellen, sondern im Vorgriff auf die endgültige Regelung, deren Erlaß aus zwingenden äußeren Umständen noch nicht möglich ist, einstweilen an deren Stelle treten[33]. Ihnen nahe verwandt sind die einstweiligen Regelungen des Finanzausgleichs unter den Ländern aus den Jahren nach 1949[34]; da die endgültige Belastung der einzelnen Länder noch nicht zu übersehen, insbesondere die Umsiedlung der Flüchtlinge noch nicht abgeschlossen war, war die endgültige Regelung des Finanzausgleichs noch nicht möglich[35], während andererseits eine vorläufige Regelung dringend erforderlich war[36]. Für das Rechnungsjahr 1951 kam sogar diese vorläufige Regelung zu spät[37]; da die Zahlungsfähigkeit des Landes Schleswig-Holstein gefährdet war, mußte durch Sondergesetz dem Land ein Überbrückungskredit im Vorgriff auf den Finanzausgleich gewährt werden[38], eine vorläufige Regelung in gleichsam potenziertem Maß.

---

[30] Siehe oben § 6 Anm. 23.

[31] Gesetz über die vorläufige Rechtsstellung der Freiwilligen in den Streitkräften (Freiwilligengesetz) vom 23. 7. 1955, BGBl. I 449.

[32] In denselben Zusammenhang gehört das Zweite Gesetz über den Bundesgrenzschutz vom 30. 5. 1956, BGBl. I 435, das die Heranziehung des Bundesgrenzschutzes zum Aufbau der Bundeswehr betrifft.

[33] Siehe oben S. 54 ff.

[34] Gesetz über den Finanzausgleich unter den Ländern in den Rechnungsjahren 1951 und 1952 vom 8. 10. 1952, BGBl. I 665; Gesetz über den Finanzausgleich unter den Ländern in den Rechnungsjahren 1953 und 1954 vom 26. 6. 1953, BGBl. I 445; Gesetz über den Finanzausgleich unter den Ländern im Rechnungsjahr 1950 vom 16. 3. 1951, BGBl. I 198, vgl. dazu BVerfGE 1, 117.

[35] Sie ist erst erfolgt durch das Gesetz über den Finanzausgleich unter den Ländern vom 27. 4. 1955, BGBl. I 199 (ersetzt durch das Gesetz vom 5. 3. 1959, BGBl. I 73, nach mehrfacher Änderung neu bekanntgemacht BGBl. 1961 I 869).

[36] Für das wichtigste Teilgebiet, die dann durch das Erste Überleitungsgesetz vom 28. 11. 1950, BGBl. 773, geregelte Verteilung der Kriegsfolgelasten, war bereits vorher das Gesetz zur Regelung von Kriegsfolgelasten im 2. Rechnungshalbjahr 1949 vom 21. 3. 1950, BGBl. 43, ergangen.

[37] Nämlich erst am 8. 10. 1952, siehe oben Anm. 34.

[38] Gesetz über eine Finanzhilfe für das Land Schleswig-Holstein vom 29. 3. 1951, BGBl. I 217.

In einigen Fällen sind Gesetze, die wir in früherem Zusammenhang als Maßnahmegesetze kennengelernt haben, erst im Lauf der Entwicklung zu derartigen vorläufigen Regelungen geworden. Seit etwa 1952 drängte nämlich der Bundestag in zunehmendem Maße auf den Abbau der Bewirtschaftungsgesetzgebung; die Bundesregierung dagegen glaubte, auf die der Verwaltung durch die Bewirtschaftungsnotgesetze eingeräumten Kompetenzen noch nicht verzichten zu können, und zögerte daher, Vorlagen zur Ersetzung der bisherigen Normen vor das Parlament zu bringen. Der Bundestag versuchte daraufhin, die Verwaltung unter Druck zu setzen, indem er die Bewirtschaftungsgesetze nur noch für kurze Zeiten verlängerte und sie überdies bis zum Inkrafttreten einer Neuregelung befristete[39]; dadurch wurden diese Gesetze Übergangslösungen im Vorgriff auf die geplante Ersatzregelung[40].

Alle diese Regelungen, so verschieden die Mittel sind, mit denen sie einen rechtlosen oder sonst rechtspolitisch unerwünschten Zustand vorläufig ordnen wollen, stimmen in einem Wesenszug überein: Sie schaffen selbst die rechtlich gebotene Ordnung nicht, bekunden vielmehr ausdrücklich, daß diese an sich gebotene Ordnung erst später, mit ihrem Außerkrafttreten nämlich, geschaffen sein wird. Sie statuieren also, entschiedener gesagt, eine Zwischenordnung, die der vom Rechte her erwünschten widerspricht; denn wäre es anders, so bedürfte es der Vorläufigkeit dieser Regelungen nicht, sie könnten selbst als die endgültigen erlassen werden. Ihre Legitimation liegt nicht in der Gerechtigkeit ihres normativen Inhalts; ihre Legitimation liegt in der Rechtssicherheit, welche fordert, daß einstweilen überhaupt eine Regelung erlassen werde[41]. Darin liegt der Charakter derartiger Regelungen als Aktion begründet, so sehr sie einer formalen Betrachtung auch als Normen erscheinen mögen — obwohl sie in ebendem Maß wie die endgültigen Regelungen, welche sie vorbereiten, „Gesetz im materiellen Sinne" sind, stellen sie ihrer Intention nach doch nicht Normen, sondern Abhilfe, Eingriff, diskretionäre Pazifizierung dar. Sie sind aus diesem Grunde durchweg Maßnahmegesetze, mit denen sie auch den

---

[39] Vgl. z. B. die Hinweise oben § 9 Anm. 16.

[40] Der Gesichtspunkt ist unberücksichtigt geblieben in der Entscheidung BVerfGE 8, 274.

[41] Trotzdem stehen die unselbständigen Maßnahmegesetze nicht etwa den Fällen gleich, in denen die Rechtssicherheit eine bestimmte Festlegung, vor allem etwa eine quantitative Grenzziehung fordert, deren Bemessung im Belieben des Gesetzgebers steht (wie offenbar Zeidler annimmt, vgl. oben § 2 bei Anm. 33). Denn in derartigen Fällen sind unter Rechtsgesichtspunkten überhaupt keine Maßstäbe, oder doch sehr unbestimmte, zu finden, nach denen sich der Gesetzgeber richten könnte; beim unselbständigen Maßnahmegesetz dagegen läßt sich häufig eine gerechtere Lösung angeben, aber vorläufig nicht verwirklichen.

Grundzug teilen, daß die eigentliche erstrebte rechtliche Ordnung nicht in ihrem Inhalt, sondern in der Tatsache ihres Vollzuges liegt.

Doch unterscheiden sie sich von dem größten Teil der bisher behandelten Maßnahmegesetze dadurch, daß diese eigentlich erstrebte rechtliche Ordnung zwar zeitlich mit ihrem Außerkrafttreten, aber nicht instrumental durch ihren Vollzug erreicht wird. Während das Lastenausgleichsgesetz die intendierte rechtlich-soziale Ordnung selbst zu schaffen bestimmt ist, setzen die vorläufigen Regelungen voraus, daß durch erneutes Tätigwerden des Gesetzgebers die endgültige Normierung an ihre Stelle treten wird. Wir bezeichnen sie aus diesem Grunde als „unselbständige Maßnahmegesetze", unselbständig deshalb, weil sie erst im Hinblick auf eine andere, erst geplante gesetzliche Regelung sinnvoll werden und Legitimität erhalten[42]. Das neunzehnte Jahrhundert hätte die Regelung derartiger Sachverhalte als Gegenstand des selbständigen Verordnungsrechts[43] angesehen; in der konstitutionellen Monarchie wären sie in die Kompetenz der Exekutive gefallen. Es handelt sich um Fälle, in denen der Sinn eines Gesetzes nur verwirklicht werden kann, wenn in einem Punkt von untergeordneter Bedeutung vorübergehend von den Einzelbestimmungen des Gesetzes abgewichen wird; dogmatisch gesprochen liegen hier „gesetzesanpassende Verordnungen in Gesetzesform" vor. Der dogmatische Gesichtspunkt rechtfertigt es, hier eine weitere Gruppe von „atypischen Gesetzen" anzuschließen, die, ohne Maßnahmegesetze zu sein, doch mit den „unselbständigen Maßnahmegesetzen" nahe verwandt sind. Gemeint sind die Fälle, in denen der Gesetzgeber sein eigenes, regelmäßiges, genau umrissenes Eingreifen vorschreibt, sich selbst die Ausführung seines Gesetzes vorbehält. Zu nennen sind als Beispiele aus der Praxis des Bundesgesetzgebers das jährliche Gesetz zur Festlegung der Getreidepreise[44] und das jährliche Gesetz zur Bestimmung der Schlüsselzahl für die Erhöhung der sogenannten „Altrenten" in der Sozialversicherung[45]. Die Entwicklung dürfte damit kaum abgeschlossen sein. Erstmals im Jahre 1960 hat der Bundesgesetzgeber begonnen, die erfahrungsgemäß kurzfristigen Änderungen der Steuergesetze in einem Jahressteuergesetz zusam-

---

[42] Vgl. auch unten S. 122.

[43] Jedenfalls insoweit, als die konstitutionelle Staatsrechtslehre das selbständige Verordnungsrecht der Exekutive annahm (vgl. dazu unten § 26 bei Anm. 8).

[44] Vorgeschrieben durch § 10 Abs. 1 des Getreidegesetzes in der Fassung vom 24. 11. 1951 BGBl. I 900.

[45] Die Einzelheiten finden sich in den §§ 1272—1275 RVO in der Fassung des Gesetzes zur Neuregelung des Rechts der Rentenversicherung der Arbeiter vom 23. 2. 1957, BGBl. I 45, und in den §§ 49—52 des Angestelltenversicherungsgesetzes in der Fassung des Gesetzes zur Neuregelung des Rechts der Rentenversicherung der Angestellten vom selben Tag, BGBl. I 88.

menzufassen[46]; falls gesetzlich festgelegt würde, welche Teile der Steuergesetzgebung dieser jährlichen Änderung unterworfen sind, läge auch hier ein gesetzesausführendes Gesetz, gleichsam ein „Verwaltungshandeln in Gesetzesform" vor. Um Maßnahmegesetze handelt es sich bei diesen Akten der Legislative deshalb nicht, weil sie nicht auf eine spätere rechtliche Ordnung hinwirken, sondern selbst Bestandteil der endgültigen und für die Dauer vorgesehenen rechtlichen Ordnung sind. Nicht weil in einer konkreten Notlage die Getreidepreise dem Spiel von Angebot und Nachfrage nicht ausgeantwortet werden dürften, sondern weil er ein für allemal ihre Reglementierung für erforderlich hält, setzt der Gesetzgeber sie Jahr für Jahr wiederkehrend fest. Den Maßnahmegesetzen verwandt sind diese Akte auf der anderen Seite darin, daß sie ihre Legitimation nicht in sich selbst tragen, sondern von dem Gesetz herleiten, dessen Ausführung sie dienen; ihre Legitimität wird ihnen durch eine vor- und übergeordnete rechtliche Ordnung, wie das Getreidegesetz oder die Reichsversicherungsordnung, vermittelt. Sind die unselbständigen Maßnahmegesetze gesetzesanpassender Natur, so handelt es sich hier um „gesetzesausführende Verordnungen in Gesetzesform".

## § 12 Maßnahme-Rahmengesetze

Oft wird die Situation, die den Erlaß eines Maßnahmegesetzes erforderlich macht, Aufgaben stellen, die unmittelbar mit der gesetzlichen Regelung nicht zu bewältigen sind. Der wichtigste und vor allem auf dem Gebiet des wirtschaftlichen Maßnahmerechts häufige Fall ist der, daß eine schwer übersehbare oder sich ständig verändernde Lage es ausschließt, die erforderlichen Einzelmaßnahmen im Wege der Gesetzgebung zu treffen, und der Gesetzgeber sich darauf beschränken muß, die Verwaltung zu ermächtigen, die gebotenen Vorkehrungen im Verordnungswege zu treffen. Von dieser Struktur sind die wichtigsten Bewirtschaftungsgesetze der Zeit nach dem zweiten Weltkrieg, das Bewirtschaftungsnotgesetz[1] ebenso wie das Preisgesetz[2] und die Sicherstellungsgesetze von 1951[3] und von 1956[4]. Aber auch Bewirtschaftungsmaßnahmen auf einzelnen Gebieten der Wirtschaft ordnet der Gesetzgeber in der Regel nicht selbst an, sondern ermächtigt den Verordnungs-

---

[46] Steueränderungsgesetz 1960 vom 30. 7. 1960, BGBl. I 616; Steueränderungsgesetz 1961 vom 13. 7. 1961, BGBl. I 981 (berichtigt BGBl. I 1379).

[1] Oben § 9 Anm. 5.

[2] Oben § 9 Anm. 6.

[3] Oben § 9 Anm. 17.

[4] Oben § 9 Anm. 18.

geber, sie zu erlassen; als Beispiele mögen das Energienotgesetz[5], das Zentrallastverteilungsgesetz[6] und das Brotpreisgesetz von 1950[7] genügen.

In der Weimarer Republik ist der Gesetzgeber noch weiter gegangen; anstatt zum Erlaß von Verordnungen zu ermächtigen, hat er die gesamte Gesetzgebungsgewalt in die Hand der Regierung gegeben. Das erste Mal griff er zu diesem Mittel mit dem Gesetz über die vereinfachte Form der Gesetzgebung für die Zwecke der Übergangswirtschaft[8], das die Reichsregierung ermächtigte, „die Maßnahmen anzuordnen, die zur Regelung des Übergangs von der Kriegs- in die Friedenswirtschaft als notwendig und dringend erachtet werden". Der Unterschied zur Verordnungsermächtigung liegt, abgesehen von der noch unbestimmteren Umschreibung des Umfangs der Vollmacht, vor allem darin, daß die Anordnungen der Reichsregierung Gesetzesrang hatten, das bestehende Kriegswirtschaftsrecht also auch insoweit abzuändern vermochten, als es Gesetzesform besaß. Eine gleich weit gehende Ermächtigung hat der Reichstag der Reichsregierung 1923 zur Überwindung der Inflationsschwierigkeiten erteilt[9]; in der Wirtschaftskrise seit 1930 dagegen wurden die erforderlichen Maßnahmen durchweg unter Berufung auf Art. 48 Abs. 2 WRV ohne gesetzliche Ermächtigung getroffen.

Eine dritte Gruppe von Gesetzen, die in diesen Zusammenhang gehören, stellen diejenigen Gesetze dar, die die Exekutive nicht zu Verordnungen, sondern zu Verwaltungsakten ermächtigen, für welche die gewöhnliche Rechtsordnung keine gesetzliche Grundlage bietet. Die häufigsten Fälle sind Ermächtigungen zu außergewöhnlichen Polizeieingriffen, der Anordnung von Schutzhaft, von Versammlungsverboten u. dgl.; die wichtigsten Beispiele finden sich in der Republikschutz-Gesetzgebung der Weimarer Zeit[10].

Selbstverständlich sind Mischfälle denkbar, in denen dasselbe Gesetz zu Maßnahmen ermächtigt und gleichzeitig selbst Maßnahmen trifft[11];

---

[5] Oben § 9 Anm. 8.

[6] Oben § 9 Anm. 8.

[7] Gesetz über die Festsetzung von Brotpreisen vom 12. 9. 1950, BGBl. 678.

[8] Gesetz über eine vereinfachte Gesetzgebung für die Zwecke der Übergangswirtschaft vom 17. 4. 1919, RGBl. 394; Gesetz über die vereinfachte Form der Gesetzgebung für die Zwecke der Übergangswirtschaft vom 3. 8. 1920, RGBl. 1493.

[9] Ermächtigungsgesetz vom 13. 10. 1923, RGBl. I 943.

[10] Gesetz zum Schutze der Republik vom 21. 7. 1922, RGBl. I 585, geändert durch Gesetz vom 31. 3. 1926, RGBl. I 190, und durch Gesetz vom 8. 7. 1926, RGBl. I 397, verlängert durch Gesetz vom 2. 6. 1927, RGBl. I 125; Gesetz zum Schutze der Republik vom 25. 3. 1930, RGBl. I 91. Beide Gesetze waren keine bloßen Ermächtigungsgesetze, enthielten vielmehr ausführliche Strafbestimmungen und Vorschriften über das gerichtliche Verfahren.

[11] Ein instruktives Beispiel stellt das Gesetz zur Sicherung der Fleischversorgung im Wirtschaftsjahr 1947/48 (oben § 9 Anm. 10) dar.

in der Regel beschränken sich derartige Gesetze (und so auch alle bisher angeführten) darauf, zu Maßnahmen zu ermächtigen[12]. Außer den Ermächtigungen werden nur Verfahrensvorschriften und Strafnormen angeführt[13]. Wir betrachten daher auch im folgenden nur diesen Fall des sich auf die Ermächtigung beschränkenden Gesetzes.

Zum Beweis dafür, daß die angeführten Ermächtigungsgesetze Maßnahmegesetze sind, genügt nicht der Hinweis, daß sie zu Maßnahmen ermächtigen. Ein Gesetz, das als Dauerregelung eine institutionelle Maßnahmekompetenz schaffen würde, wäre selbst noch kein Maßnahmegesetz; es wäre in seinem Charakter nicht verschieden von einem Gesetz, daß eine beliebige sonstige Kompetenz schüfe. So hat das preußische Belagerungszustandsgesetz[14] zu Maßregeln ermächtigt, ohne darum selbst eine Maßnahme zu sein. Wenn dagegen in einer konkreten, mit den gewöhnlichen Mitteln nicht mehr zu bewältigenden Situation außerordentliche Vollmachten erteilt werden, so stellt die Ermächtigung selbst einen Teil der durch die Situation geforderten und ihr angepaßten Maßnahmen dar. Deshalb ist das außerordentliche Ermächtigungsgesetz Maßnahmegesetz auch dann, wenn von den erteilten Vollmachten kein Gebrauch gemacht wird, wenn also zum Beispiel, wie es beim Sicherstellungsgesetz von 1956 der Fall war, angesichts einer drohenden Gefahr die außerordentlichen Vollmachten, ihr zu begegnen, gleichsam „auf Vorrat" erteilt worden sind und die Notwendigkeit, von ihnen Gebrauch zu machen, dann nicht eintrat. Ebenso wären die beiden Gesetze über ein vereinfachtes Gesetzgebungsverfahren von 1920 und 1923 auch dann Maßnahmegesetze geblieben, wenn die Regierung in einem Einzelfall die ihr eingeräumte umfassende Vollmacht benutzt hätte, um eine Anordnung ohne Maßnahmecharakter zu treffen. Der Maßnahmecharakter des Ermächtigungsgesetzes ist aus ihm selbst heraus zu bestimmen; er beruht darin, daß zur Überwindung einer außergewöhnlichen Lage außerordentliche Vollmachten erteilt werden, nicht darin, ob und in welchem Sinn von den Vollmachten Gebrauch gemacht wird.

Das außerordentliche Ermächtigungsgesetz ist eines der heikelsten Instrumente, über das der Gesetzgeber im Rechtsstaat verfügt. Der Gesetzgeber greift zu ihm, weil eine Notlage so unübersichtlich gewor-

---

[12] Eine interessante Frage zu den Grenzen derartiger Ermächtigungen behandelt Bullinger, Die Selbstermächtigung zum Erlaß von Rechtsverordnungen, 1958.

[13] Ihren Grund hat diese Tatsache in dem Vorbehalt des Gesetzes für Strafvorschriften und in der Garantie des gesetzlichen Richters, in einigen Fällen auch in dem Vorbehalt des Gesetzes für die Änderung der Verwaltungszuständigkeitsverteilung zwischen Bund und Ländern.

[14] Vom 4. 6. 1851, GS 451, auch bei Huber, Dokumente (oben § 6 Anm. 9) Bd. 1, Nr. 169.

den oder so in stetem Fluß begriffen ist, daß er selbst zu ihrer Meisterung nicht mehr imstande ist. Eben dieser Umstand zwingt ihn, der erteilten Vollmacht, damit sie auch unvorhergesehenen Aufgaben gegenüber ausreicht, Weite und Flexibilität zu geben. Die Erfahrung lehrt, daß die Exekutive auf diese Weise Befugnisse von verfassungsgefährdendem Ausmaß erhalten kann; es entsteht eine „kommissarische Diktatur“[15]. Der Gesetzgeber hat daher häufig nach Möglichkeiten der Kontrolle gesucht. Bei den Gesetzen über das vereinfachte Gesetzgebungsverfahren von 1919/20 und 1923 hat man die Anordnungen von der Zustimmung nicht nur des Reichsrats, sondern überdies eines eigens gebildeten Ausschusses des Reichstags abhängig gemacht[16]; ebenso wurden die Bewirtschaftungsverordnungen nach dem Zweiten Weltkrieg mehrfach an die Zustimmung des Parlaments geknüpft[17]. Die Sicherstellungsgesetze von 1953 und 1956 dagegen haben auf solche Kautelen verzichtet[18]. Weniger weit, wenn auch in die gleiche Richtung, gehen die Vorschriften, daß dem Parlament die getroffenen Anordnungen anzuzeigen[19] und daß sie auf Verlangen des Parlaments aufzuheben sind[20]. Alle diese Vorkehrungen vermögen jedoch nur das Bedenken, das die außerordentliche Vollmacht unter dem Gesichtspunkt der Gewaltenteilung hervorruft, auszuräumen; ein anderes Bedenken bleibt bestehen. Die Ermächtigung ist nämlich nicht nur Änderung der gewöhnlichen Kompetenzverteilung, Ermächtigung der Exekutive gegenüber der Legislative; sie ist vielmehr Änderung der gewöhnlichen Rechtsordnung, indem sie die Exekutive gegenüber dem Einzelnen zu außergewöhnlichen Eingriffen autorisiert, und insofern bedeutet die Mitwirkung eines Parlamentausschusses einen geringen Schutz. Die Gesetzgebung hat seit dem Zweiten Weltkrieg den Ausweg des „Richtlinien-

---

[15] Der Begriff stammt von Carl Schmitt, Die Diktatur, 2. Aufl. 1928, S. 3 ff.

[16] Siehe oben Anm. 8 und 9.

[17] Vgl. § 1 Satz 2 und 3 des Preisgesetzes (oben § 9 Anm. 6) und dazu BVerfGE 8, 274 (319 f.).

[18] Das Sicherstellungsgesetz von 1951 (oben § 9 Anm. 17) enthält in § 1 Abs. 2 eine Subsidiaritätsklausel (von der Ermächtigung darf kein Gebrauch gemacht werden, „wenn die Deckung des volkswirtschaftlich wichtigen Bedarfs durch andere Maßnahmen im Rahmen der Wettbewerbswirtschaft sichergestellt werden kann“). Das Sicherstellungsgesetz von 1956 (oben § 9 Anm. 18) wiederholt diese Klausel in § 1 Abs. 2 Satz 1 und ergänzt sie durch die Bestimmung, daß in „die wirtschaftliche Entschließungsfreiheit der am Markte Beteiligten so wenig wie möglich eingegriffen werden dürfe“ (§ 1 Abs. 3 Satz 2). Der praktische Wert beider Klauseln dürfte gering sein.

[19] Vgl. unten Anm. 27.

[20] Diese Kompetenz des Reichstags war gewöhnlicher Bestandteil der Ermächtigungsgesetze unter der Weimarer Verfassung seit dem Gesetz zur Durchführung der Waffenstillstandsbedingungen vom 6. 3. 1919, RGBl. 286; vgl. die Übersicht bei Fritz Poetzsch, Vom Staatsleben unter der Weimarer Verfassung, JöR 13 (1925) S. 1—248 (206 ff.).

gesetzes" gefunden, das einer äußerlich weitgefaßten Vollmacht Bestimmungen darüber anfügt, unter welchen Voraussetzungen und zu welchen Zwecken von ihr Gebrauch zu machen ist. Das markanteste Beispiel ist das „Leitsätzegesetz" vom 24. Juni 1948[21], das im wesentlichen[22] derartige Richtlinien für die gesamte Bewirtschaftungs- und Preispolitik im Vereinigten Wirtschaftsgebiet enthielt[23]. Diese Richtlinien schränkten den Umfang der bereits bestehenden Ermächtigungen rechtsverbindlich ein[24]; sie verpflichteten nicht nur die Exekutive, sondern auch den Wirtschaftsrat selbst, soweit dieser, etwa bei den Zustimmungsverordnungen[25], mit wirtschaftspolitischen Entscheidungen befaßt war. Dieser rechtsverbindliche Charakter unterscheidet das Leitsätzegesetz von bloßen Programmvorschriften[26]. Auch dieser Tradition sind die beiden Sicherstellungsgesetze nicht gefolgt[27]. Der Maßnahmecharakter des Leitsätzegesetzes ergibt sich aus dem Maßnahmecharakter der Ermächtigungen, die er begrenzt. Wir fassen die reinen Ermächtigungsgesetze, soweit sie Maßnahmegesetze sind, die Ermächtigungsgesetze mit Richtlinien und die bloßen Richtliniengesetze wie das Leitsätzegesetz unter dem Begriff der „Maßnahme-Rahmengesetze" zusammen.

Unter der Herrschaft des Grundgesetzes bleibt für diese Maßnahme-Rahmengesetze nur ein enger Raum[28]. Die vorübergehende Einführung eines vereinfachten Gesetzgebungsverfahrens wie 1920 und 1923 ist unter dem Grundgesetz zweifellos unzulässig. Die vorübergehende Erweiterung der polizeilichen Kompetenzen der Exekutive, wie sie in

---

[21] Gesetz über Leitsätze für die Bewirtschaftung und Preispolitik nach der Geldreform vom 24. 6. 1948, WiGBl. 59, geändert durch Gesetz vom 3. 2. 1949, WiGBl. 17 (mit Neubekanntmachung des Gesetzes) und durch Gesetz vom 25. 7. 1949, WiGBl. 187. Vgl. auch oben § 9 Anm. 16.

[22] Art. II der Leitsätze hatte Ermächtigungscharakter.

[23] Die Leitsätze selbst bildeten eine Anlage, die Bestandteil des Gesetzes war.

[24] Zu der Frage, ob die Kompetenz des Wirtschaftsrats, die Grundsätze der Preispolitik zu bestimmen, nach Inkrafttreten des Grundgesetzes auf den Bundestag übergegangen ist, vgl. Huber, Wirtschaftsverwaltungsrecht (wie oben § 5 Anm. 31) Bd. II S. 321 (verneinend).

[25] Über den Begriff der „Zustimmungsverordnung" vgl. Maunz bei Maunz-Dürig, Grundgesetz, Randnummern 26—30 zu Art. 80 GG, sowie BVerfGE 8, 274 (vgl. oben Anm. 17).

[26] Das Gesetz steht vielmehr den Plänen in Gesetzesform nahe, siehe dazu unten S. 83 ff.

[27] Nach § 5 des Wirtschaftssicherungsgesetzes von 1951 (oben § 9 Anm. 17) und § 3 der Sicherstellungsgesetze von 1956 und 1959 (oben § 9 Anm. 18) waren die auf Grund der Ermächtigungen erlassenen Rechtsverordnungen lediglich dem Bundestag unverzüglich zur Kenntnisnahme vorzulegen.

[28] Ein Beispiel ist immerhin das Gesetz über eine Untersuchung von Maßnahmen zur Verbesserung der Verkehrsverhältnisse der Gemeinden vom 1. 8. 1961, BGBl. 1109.

den Republikschutzgesetzen erfolgte[29], ist an sich weiterhin zulässig; doch ist es im Einzelfall durchaus zweifelhaft, ob etwa die Einführung der Schutzhaft[30], die Erweiterung der Kompetenz zu Versammlungsverboten[31] oder die Ermächtigung zu Streikunterbrechungen[32] durch Maßnahmegesetz möglich wäre. Die wichtigste Gruppe der Ermächtigungsgesetze schließlich, die Ermächtigung, im Verordnungswege Maßnahmen zu treffen, wird durch die Bestimmungen des Art. 80 GG empfindlich beschränkt. Indem Art. 80 GG fordert, daß die Richtung und die Intensität der auf Grund der Ermächtigung zu erwartenden Eingriffe in der Delegationsnorm selbst bereits bestimmt sind[33], stellt er eine Bedingung auf, die sich gerade in den Krisenfällen, in denen der Gesetzgeber zum Mittel des Ermächtigungsgesetzes greift, nur schwer erfüllen läßt; es ist kein Zufall, daß bei dem wichtigsten gegenwärtig noch fortgeltenden Maßnahme-Rahmengesetz, dem Preisgesetz, gerade diese Bedingung so heftig umstritten war[34].

## § 13 Plan-Gesetze

Zum Abschluß dieser Übersicht über die Struktureigentümlichkeiten gewisser Gruppen von Maßnahmegesetzen haben wir uns mit einer Erscheinung von besonderer rechtstechnischer und rechtspolitischer Problematik zu beschäftigen, mit dem Gesetz als Plan[1]. Die staatliche Planung erscheint — und in vieler Beziehung zu Recht — als ein besonders

---

29 Siehe oben Anm. 10.

30 Jedenfalls kann die Schutzhaft wegen Art. 104 GG nur durch den Richter angeordnet werden; im Übrigen wird man sie prinzipiell nicht als durch das Grundgesetz ausgeschlossen ansehen können.

31 Zulässig nur für Versammlungen unter freiem Himmel gemäß Art. 8 Abs. 2 GG.

32 Die Vereinbarkeit einer derartigen Regelung (etwa nach dem Vorbild des Taft-Hartley-Gesetzes) mit dem Grundgesetz ist zumindest höchst zweifelhaft.

33 BVerfGE 8, 274 (Gültigkeit des Preisgesetzes) bildet zwar ein wichtiges Präjudiz für die Zulässigkeit von Ermächtigungsgesetzen, das sich jedoch nicht ohne weiteres verallgemeinern lassen wird.

34 Vgl. die oben § 9 Anm. 7 genannten Entscheidungen.

1 Zum Folgenden vgl. auch die verwaltungsrechtliche Diskussion über Struktur und Rechtsnatur des Planes. Aus dem jüngsten Schrifttum sind hervorzuheben der Bericht von Max Imboden über das Thema „Der Plan als verwaltungsrechtliches Institut" in VStR 18 (1960) S. 113—143, der Mitbericht von Klaus Obermayer über dasselbe Thema ebda. S. 144—175 und die an diese Referate anschließende Diskussion auf der Staatsrechtslehrertagung in Erlangen ebda. S. 176—215, sowie der Vortrag von Ernst, „Der Plan im Verwaltungsrecht" in DVBl. 1960, S. 344—350. Weiteres Schrifttum siehe unten § 13 Anm. 9. Die Arbeit von Georg Daskalakis, Das Gesetz als Mittel der Planung (Juristische Habilitationsschrift Berlin 1938) war mir nicht zugänglich.

markantes Beispiel des modernen Verwaltungsstaats, der die Interventionskompetenz und zugleich die Verantwortung auf den meisten Gebieten der Betätigung seiner Bürger übernommen hat. Nicht nur der liberale, sondern auch der absolutistische Staat ist ohne das Mittel des rechtsförmlich aufgestellten Planes ausgekommen. Erst das 20. Jahrhundert hat zum Lenkungsmittel des Plans gegriffen, sei es als Internum der Verwaltung, sei es in der öffentlichen Form des Gesetzes.

Allerdings fand der moderne Staat sich in diesem Punkt nicht ohne Vorgänger; vielmehr hat gerade das auch heute noch wichtigste Beispiel des gesetzlichen Planes, der Haushaltsplan, eine alte Tradition. In Frankreich wurde seit der Revolution von 1789[2] der Plan der Einnahmen und Ausgaben des Staates, das Budget, jährlich durch Gesetz festgestellt[3]. Zwar folgte der Frühkonstitutionalismus in Deutschland diesem Vorbild nicht, sondern übertrug der Volksvertretung nur die periodische Bewilligung der Steuern[4]; das „Finanzgesetz" hatte keinen Plancharakter, sondern war echte Rechtsnorm, wenigstens im Sinne der modernen Staatsrechtslehre[5]. Seit der Revolution von 1848 wurde das französische Vorbild[6] jedoch, unter Preußens Führung[7], von den deutschen Ländern übernommen[8]. Seitdem wird auch in Deutschland der Haushaltsplan durch Gesetz festgestellt[9].

Historisch gesehen an zweiter Stelle steht der Bebauungsplan[10]. Nachdem sich erwiesen hatte, daß die der Verwaltung durch die polizeiliche

---

[2] Über gewisse englische Einflüsse vgl. Heckel HStR II 359.

[3] Zum französischen Budgetrecht vgl. neben Heckel, a. a. O., etwa Oualid bei Gerloff und Meisel, Handbuch der Finanzwissenschaft Bd. III, 1929, S. 103 ff.

[4] Siehe Heckel ebda. S. 361 ff. Immerhin finden sich Ansätze zum Ausgabenbewilligungsrecht der Stände in § 144 der kurhessischen und §§ 96 ff. der sächsischen Verfassung von 1831 (E. R. Huber, Dokumente, wie oben § 6 Anm. 9, S. 221 und 238 f.).

[5] Daß das jährliche Steuergesetz nicht „Gesetz" im Sinn des klassischen rechtsstaatlichen Gesetzesbegriffs ist, weil es den Rechtszustand der Bürger nicht dauernd feststellt, hat Hegel in der Erläuterung zu § 544 der Enzyklopädie dargelegt (Enzyklopädie von 1830, ed. Nicolin-Pöggeler, 1959, S. 423). Vgl. auch unten § 22 bei Anm. 26.

[6] Genauer gesagt: Das seinerseits von der französischen Regelung bestimmte belgische Vorbild, das überdies durch den Wegfall des jährlichen Steuerbewilligungsrechts des Parlaments erheblich modifiziert wurde.

[7] Artikel 99—104 der Verfassungsurkunde von 1850.

[8] Siehe Heckel HStR II 367 f.

[9] Eine Ausnahme macht nur Art. 66 Abs. 2 der hamburgischen Verfassung vom 6. 6. 1952, der die Feststellung durch einen *Beschluß* der Bürgerschaft vorschreibt. Über die Besonderheiten des älteren hamburgischen Budgetrechts vgl. Heckel ebda. S. 368.

[10] Zur Geschichte des Bauplanungsrechts vgl. vor allem Willi L. Blümel, Die Bauplanfeststellung, Bd. 1 (res publica Bd. 5, 1961), sowie etwa das „Gutachten über die Erfordernisse der Bau- und Wohnungsgesetzgebung" (Schrif-

Generalklausel eingeräumten Mittel zur Bewältigung der baupolizeilichen Aufgaben nicht ausreichten[11], schuf man im letzten Viertel des 19. Jahrhunderts den „Fluchtlinienplan"; auch hier ging Preußen voran[12]. Die moderne Form des „Bebauungsplans" wurde durch das bayerische und das badische Landesbaurecht geschaffen[13]. Nach dem zweiten Weltkrieg wurde die Bauplanung durch die Aufbaugesetze der Länder intensiviert[14] und gleichzeitig[15] durch ein System überge-

---

tenreihe des Bundesministers für Wohnungsbau Bd. 1) 1952 („Weinheimer Gutachten") S. 9 ff.; Brohm, Rechtsschutz im Bauplanungsrecht (res publica Bd. 3), 1959, S. 18 ff. — Der Bebauungsplan steht an dieser Stelle nur als das, allerdings wichtigste, Beispiel einer kaum noch übersehbaren Reihe von Raumordnungsplänen. Eine Übersicht findet sich bei Willi L. Blümel, „Das Zusammentreffen von Planfeststellungen" in DVBl. 1960, S. 697—711 (698 ff.). Über die Planfeststellung nach § 18 des Bundesfernstraßengesetzes vom 6. 8. 1953 (BGBl. I 903) und § 6 des Reichsnaturschutzgesetzes vom 26. 6. 1935 (RGBl. I 821) vgl. Hans Gerber, „Der goldene Mittelweg des deutschen Naturschutzes" in DÖV 1959, S. 485—490 (489); über die Planfeststellung nach dem preußischen Enteignungsgesetz vom 11. 6. 1874 (GS 221) Willi L. Blümel, Die Bauplanfeststellung Bd. 1 S. 35 ff.; ders. „Ungereimtheiten beim Rechtsschutz gegen Planfeststellungen" in DÖV 1959, S. 665—671 (665 f.); über die Planfeststellung nach § 23 des Gesetzes über die Deutsche Reichsbahn vom 4. 7. 1939 (RGBl. I 1205) bzw. § 36 des Bundesbahngesetzes vom 13. 12. 1951 (BGBl. I 955) Erich Kruchen, „Zur eisenbahnrechtlichen Planfeststellung" in DÖV 1957, S. 172—174, Norbert Achterberg, „Das Verhältnis der bundesbahnrechtlichen Planfeststellung zur vorläufigen Feststellung des Enteignungsplans nach preußischem Recht" in DÖV 1960, S. 166—173, und ders., „Die Verwaltungsakte des bundesbahnrechtlichen Planfeststellungs- und Enteignungsverfahrens und ihre Anfechtung nach der Verwaltungsgerichtsordnung", in DVBl. 1960, S. 385 bis 390; über die Ausgestaltung des Planfeststellungsverfahrens in den Art. 35 ff. des bayerischen Straßen- und Wegegesetzes vom 11. 7. 1958 (GVBl. 147) siehe Klaus Groebe, „Bayern kodifiziert sein Wegerecht" in DÖV 1958, S. 833—838 (836); über die einschlägigen Vorschriften des Bundeswasserhaushaltsgesetzes vom 27. 7. 1957 (BGBl. I 1110) siehe Albrecht Friesecke, „Der Plan im neuen Wasserrecht" DVBl. 1961, 809—812; zu den §§ 28—30 des Personenbeförderungsgesetzes vom 21. 3. 1961 (BGBl. I 241) vgl. Ernst A. Marschall, „Straßenbau im Lichte des neuen Personenbeförderungsgesetzes", DVBl. 1961, 704—712 (706 ff.); über die Rechtslage nach dem Bundesbaugesetz vom 23. 6. 1960, (BGBl. I 341) ist einstweilen noch zu vergleichen Wambsganz, Die Bauleitplanung im künftigen Bundesbaugesetz (Schriftenreihe des Bundesministeriums für den Wohnungsbau, Bd. 13, 1959).

[11] Es genügt, auf die berühmte „Kreuzberg-Entscheidung" des Preußischen Oberverwaltungsgerichts, PrOVGE 9, 353, zu verweisen.

[12] Gesetz betreffend die Anlegung und Veränderung von Straßen und Plätzen in Städten und ländlichen Ortschaften vom 2. 7. 1875, GS 561 (letzte Fassung vom 30. 1. 1939, RGBl. I 106). Zur Rechtslage in Preußen vor Inkrafttreten des Fluchtliniengesetzes siehe Hugo von Strauß und Torney und Carl Saß, Straßen- und Baufluchtengesetz, 7. Aufl., bearbeitet von Otto Meyer und Carl Saß, 1934, S. 17 f.

[13] Vgl. das Badische Ortsstraßengesetz vom 25. 10. 1908, GVBl. 605, in der Fassung vom 19. 6. 1937, GVBl. 245.

[14] Zusammenstellung etwa bei Huber, Wirtschaftsverwaltungsrecht (wie oben § 5 Anm. 31) Bd. II S. 87.

[15] Der wichtigste Vorläufer der übergemeindlichen Planung ist der durch das preußische Gesetz vom 5. 5. 1920, GS 286, geschaffene Ruhrsiedlungsverband (letzte Fassung des Gesetzes vom 29. 7. 1929, GS 91; vgl. das nordrhein-westfälische Gesetz über das Beschlußverfahren im Gebiet des Siedlungsver-

meindlicher Raumplanung ergänzt[16]. Der Bebauungsplan ergeht ebenso wie der Haushaltsplan in der Form des Gesetzes, allerdings in der des Gemeindegesetzes, der autonomen Satzung[17]. Die überregionale Pla-

---

bandes Ruhrkohlenbezirk vom 2. 12. 1949, GVBl. 309). Durch das Reichsgesetz über die Regelung des Landbedarfs der öffentlichen Hand vom 29. 3. 1935, RGBl. I 468, berichtigt 548, in Verbindung mit den Erlassen vom 26. 6. 1935, RGBl. I 793, und vom 18. 12. 1935, RGBl. 1936 I 104, wurde eine für die Reichs- und Landesplanung zuständige „Reichsstelle für Raumordnung" geschaffen, die jedoch über die Anfänge ihrer Tätigkeit nicht hinauskam (vgl. die Verordnung der Reichsstelle für Raumordnung vom 15. 2. 1936, RGBl. I 109). Über einige weitere Ansätze zur übergemeindlichen Planung in der Weimarer Zeit vgl. Werner Pohl, „Planungs-, Bau- und Bodenrecht" bei Peters, Handbuch der kommunalen Wissenschaft und Praxis, Bd. II, 1957, S. 487 ff. (489 Anm. 4).

[16] Übersicht bei H. B. Klamroth, Organisation und rechtliche Grundlagen der Landesplanung (Mitteilungen aus dem Institut für Raumforschung, Heft 16), 1954; vgl. auch Werner Weber, Die Selbstverwaltung in der Landesplanung, 1956, und Umlauf, Wesen und Organisation der Landesplanung, 1958. Als gesetzliche Regelungen sind zu nennen das nordrhein-westfälische Landesplanungsgesetz vom 11. 3. 1950, GVBl. 41, das Berliner Gesetz über die städtebauliche Planung in Groß-Berlin (Planungsgesetz) vom 22. 8. 1949 in der Fassung vom 31. 3. 1956, GVBl. 272, und das bayerische Landesplanungsgesetz vom 21. 12. 1957, GVBl. 223. In Baden-Württemberg, Niedersachsen und Rheinland-Pfalz ist Rechtsgrundlage der Landesplanung noch die Verordnung der Reichsstelle für Raumordnung vom 15. 2. 1936 (siehe die vorige Anmerkung). Abweichend nimmt Walter Bielenberg, „Gilt die reichsrechtliche Regelung der Raumordnung und Reichs- und Landesplanung aus den Jahren 1935 und 1936 heute noch fort?", DVBl. 1961, 801—807, an, daß auch die Verordnung vom 15. 2. 1936 „obsolet geworden" sei; anders als in dem von Bielenberg zitierten Fall des Ladenschlußurteils des BVerfG (BVerfGE 1, 283, [293]) bezog sich jedoch diese Verordnung nicht auf Umstände, die sich in einer die Fortgeltung ausschließenden Weise geändert hätten. Eine die Länder übergreifende Planung besteht zur Zeit nicht; über das „Vorläufige Verwaltungsabkommen der Länder zur Regelung der überregionalen Planung" vom 3./4. 5. 1956, sowie das Verwaltungsabkommen zwischen Bund und Ländern vom 16. 12. 1957 vgl. Pohl (wie in der vorigen Anmerkung) S. 490 Anm. 6, sowie Walter Bielenberg, Rechts- und Verwaltungsfragen der Raumordnung und Raumplanung, Diss. iur. Hamburg 1950, maschinenschriftlich, S. 187 ff.

[17] Über die vieldiskutierte Frage der Rechtsnatur der örtlichen Bebauungspläne siehe insbesondere die oben Anm. 10 angeführte Monographie von Brohm; Übersicht über die bisherigen Meinungen ebda. S. 27—32 (nachzutragen sind etwa das im Auftrage des Bundesministeriums für den Wohnungsbau erstattete Rechtsgutachten über „Die rechtliche Einordnung des verbindlichen städtebaulichen Plans nach geltendem und künftigem Recht" des Deutschen Volksheimstättenwerks, Wissenschaftliche Untersuchungen und Vorträge des Deutschen Volksheimstättenwerks Folge 11, 1958, — im Sinne der Rechtsprechung des Bundesverwaltungsgerichts —, sowie die in der Zwischenzeit erschienenen oben Anm. 9 angeführten Aufsätze von Blümel — für die Annahme eines Verwaltungsaktes —). Die im Text vertretene Meinung ist diejenige des Preußischen Oberverwaltungsgerichts für den preußischen Fluchtlinienplan (grundlegend die Entscheidung vom 24. 11. 1893, PrOVGE 25, 387, Thiel, Baurechtssammlung 1, 283; Frege-Elsner, PrOVGE (Kurzausgabe) VII 1, 15) und des Bundesverwaltungsgerichts für den preußischen Fluchtlinienplan und den Bebauungsplan württembergischen und badischen Rechts (grundlegend BVerwGE 1, 39; zusammenfassend die Entscheidung vom 10. 6. 1960, DVBl. 1960, 803; weitere Nachweise bei Brohm S. 30). Für die Annahme eines Verwaltungsaktes trat insbesondere der VGH Stuttgart ein, am eingehendsten BaWüVerwBl. 1957, 112.

nung erfolgt nur in Ausnahmefällen im Satzungswege[18], gewöhnlich wird der Plan hier in der Form des Verwaltungsakts festgestellt[19].

Eine neuartige Erscheinung des 20. Jahrhunderts ist dagegen der staatliche Wirtschaftsplan. In seiner auf das höchste gesteigerten Form begegnet er in den Zentralverwaltungswirtschaften als wirtschaftlicher Gesamtplan[20], in Deutschland in Gestalt des Vierjahresplans im Dritten Reich[21] und des Fünfjahresplans in der Deutschen Demokratischen Republik[22]. Angesichts der Bedeutung dieser zentralen Wirtschaftspläne liegt es nahe, sie in Gesetzesform zu kleiden[23]; in der DDR ist der Gesetzgebungsweg für ihre Feststellung verfassungsrechtlich garantiert[24], wenn auch diese Garantie durch die Rückwirkung der überstaat-

---

[18] Um Satzungen dürfte es sich bei den Plänen des Ruhrsiedlungsverbandes gehandelt haben, jedenfalls vor Erlaß des Gesetzes vom 2. 12. 1949 (siehe oben Anm. 15). Die Raumordnungspläne nach dem nordrhein-westfälischen Landesplanungsgesetz werden als Rechtsnormen betrachtet (vgl. Ernst—Friede, Kommentar zum Aufbaugesetz für Nordrhein-Westfalen, 4. Aufl., Anmerkung 2 zu § 1). Art. 12 des bayerischen Landesplanungsgesetzes schreibt für die Verbindlichkeitserklärung von Raumordnungsplänen die Form einer Rechtsverordnung der Staatsregierung vor.

[19] Eine Sonderstellung nahmen die sogenannten Wirtschaftspläne nach dem Gesetz über die Aufschließung von Wohnsiedlungsgebieten vom 22. 9. 1933, RGBl. I 659, in der Fassung vom 27. 9. 1938, RGBl. I 1246 (aufgehoben durch § 186 Abs. 1 Ziff. 10 des Bundesbaugesetzes vom 23. 6. 1960, BGBl. I 341) ein; sie waren nach richtiger Meinung, ungeachtet ihrer erheblichen Bedeutung, die vor allem in ihrer Auswirkung auf die Bebauungspläne der Gemeinden lag, verwaltungsinterner Natur, stellten auch keinen Verwaltungsakt dar und waren daher nicht anfechtbar (vgl. K. Ringe, „Zur Rechtsnatur des Wirtschaftsplans nach dem Wohnsiedlungsgesetz" in DVBl. 1954, 245 ff. sowie OVG Münster DVBl. 1953, 376 und 1954, 58, gegen VG München Bundesbaublatt 1953, 556.). Rechtsnormqualität dagegen nahmen Wiedemann, „Der Wirtschaftsplan" in BayVerwBl. 1959, 78 ff. und Walter Bielenberg, „Ist das nordrhein-westfälische Landesplanungsgesetz nichtig?", in DVBl. 1960, 84—90 (85) an. Diese Aufweichung des Begriffs der Rechtsnorm führt folgerichtig dazu, daß sogar rein behördeninterne Programme ohne jede auch nur mittelbare Rechtswirkung als Normen angesehen werden (Walter Bielenberg, „Die Rechtsnatur der vorbereitenden städtebaulichen Pläne" in DVBl. 1960, S. 542—548). Selbst wenn man übrigens im Wirtschaftsplan eine Rechtsnorm sehen wollte, so würde daraus, entgegen Bielenbergs Meinung, die Nichtigkeit der Landesplanungsgesetze wegen Unvereinbarkeit mit Bundesrecht keineswegs folgen.

[20] Zur wirtschaftspolitischen Bedeutung des Gesamtplans vgl. K. Paul Hensel, Einführung in die Theorie der Zentralverwaltungswirtschaft, 2. Aufl. 1959, passim.

[21] Verordnung zur Durchführung des Vierjahresplans vom 18. 10. 1936, RGBl. I 887.

[22] Gesetz über den Fünfjahrplan vom 1. 11. 1951, GBl. 973; Gesetz über den 2. Fünfjahrplan vom 9. 1. 1958, GBl. 41. Vgl. zum Planungsrecht der „Deutschen Demokratischen Republik" Benvenuto Samson, Grundzüge des mitteldeutschen Wirtschaftsrechts, 1960, S. 30—52.

[23] Im Dritten Reich erging der Vierjahresplan nicht als Gesetz, sondern wurde von dem Beauftragten für den Vierjahresplan festgestellt.

[24] Art. 63 der Verfassung der DDR zählt den Wirtschaftsplan unter den Zuständigkeiten der Volkskammer auf. Die beiden Fünfjahrpläne sind in der

lichen Gesamtplanung des Ostblocks[25] zum großen Teil entwertet wird. Staaten mit Wettbewerbswirtschaft kennen keinen wirtschaftlichen Gesamtplan; soweit sie jedoch in einzelnen Wirtschaftszweigen „Marktordnung" treiben, erweist sich die Aufstellung von Einzel-Wirtschaftsplänen als erforderlich; in der Bundesrepublik sind zur Zeit derartige Wirtschaftspläne für Zucker[26], Getreide[27] und Fleisch[28] gesetzlich vorgeschrieben. Sie werden jährlich vom Bundesernährungsminister, also im Verwaltungswege, aufgestellt und haben ausschließlich innerdienstliche Wirkungen[29]. Sobald ein Wandel der wirtschaftlichen Lage in der Bundesrepublik eine Ausdehnung der Bewirtschaftung mit sich führen wird, wird auch das Instrument des Wirtschaftsplans eine erhöhte Bedeutung erlangen[30]; es ist keineswegs ausgeschlossen, daß man sich dann unter Umständen zur Feststellung der Pläne auch des Gesetzgebungsverfahrens bedienen wird. Bisher allerdings ist der Weg der Gesetzgebung zur Planfeststellung in der Bundesrepublik erst in einem einzigen Fall beschritten worden, bei der Feststellung des Verkehrswegeplans[31].

Derartige Pläne unterscheiden sich deutlich von Rechtsgesetzen herkömmlichen Typs; am Beispiel des Haushaltsplans ist dieser Unterschied oft erörtert worden[32]. Der zuerst ins Auge fallende Punkt ist der Unterschied im Geltungsanspruch: Der Plan ist seinem Wesen nach nicht unverbrüchlich, sondern vorläufig; jede Planung steht unter dem Vorbehalt der Umstände des Einzelfalls. Der Plan enthält keine Gebote im rechtstechnischen Sinn; in vielen Fällen, wie zum Beispiel bei den in den landwirtschaftlichen Marktordnungsgesetzen vorgesehenen Voraus-

---

Form des Gesetzes ergangen (oben Anm. 22), der zweite, die Jahre 1956—1960 betreffende, allerdings erst 1958. Der Wirtschaftsplan für 1957 wurde durch Beschluß der Volkskammer vom 26. 4. 1957 festgestellt (GBl. 273); über den Wirtschaftsplan für 1956 liegt nur eine „1. Anordnung zur Ausarbeitung des Volkswirtschaftsplans" vom 23. 2. 1955, GBl. 162, vor (vgl. Samson, wie oben Anm. 22, S. 30).

[25] Im Rahmen des im Januar 1949 gegründeten Rats für gegenseitige Wirtschaftshilfe in Moskau. Über seine Funktion in der Gleichschaltung der Wirtschaftspläne der Ostblockstaaten vgl. z. B. Chruschtschows „Referat des Zentralkomitees der KPdSU an den XX. Parteitag", Berlin 1956, S. 8.

[26] § 2 des Zuckergesetzes (oben § 9 Anm. 30).

[27] § 2 des Getreidegesetzes (oben § 9 Anm. 30).

[28] § 2 des Vieh- und Fleischgesetzes (oben § 9 Anm. 30).

[29] Vgl. dazu Andreas Hamann, Rechtsstaat und Wirtschaftslenkung, 1953, S. 125 f.

[30] Auch wenn man mit Böhm, Wirtschaftsordnung und Staatsverfassung, 1950, S. 43 ff. einen gesamtwirtschaftlichen Zentralplan nach dem Grundgesetz für unzulässig hält, sind derartige Wirtschaftspläne in Krisenzeiten unumgänglich.

[31] Gesetz über den Ausbauplan für die Bundesfernstraßen vom 27. 7. 1957, BGBl. 1189.

[32] Grundlegend Heckel HStR II 388 ff., mit weiteren Nachweisen.

schätzungsprogrammen, aber auch bei der Einnahmenseite des ordentlichen Haushaltsplans[33], liegt im Plan nicht einmal die Empfehlung eines Verhaltens, sondern bringt er nur tatsächliche Erwartungen zum Ausdruck. Soweit der Plan Rechtsfolgen entfaltet, wie es etwa bei der Ausgabenseite des Haushaltsplans oder beim Bebauungsplan der Fall ist, beruhen sie nicht auf dem Plan, sondern auf besonderen gesetzlichen Grundlagen, wie der Reichshaushaltsordnung[34] oder dem Bundesbaugesetz[35]. Überhaupt stützt sich der Plan, auch wo er selbst in Gesetzesform ergeht, in der Regel auf eine gesetzliche Grundlage, sei es höheren[36], sei es gleichen[37] Ranges. Das einzige Gegenbeispiel bildet der Verkehrswegeplan, für den keine gesetzliche Grundlage bestand. Die Stellung des Gesetzgebers ist daher von seiner gewöhnlichen durchaus verschieden: Er ist an die gesetzliche Grundlage des Plans gebunden[38], steht ihr in „administrativer Gebundenheit" gegenüber[39]; er ist, vereinfacht gesprochen, gesetzausführendes Organ. Verstößt er also zum Beispiel beim Erlaß des Haushaltsgesetzes gegen das „Bepackungsverbot" der Reichshaushaltsordnung[40], oder nimmt er in den Haushaltsplan Bestimmungen für ein anderes Rechnungsjahr auf[41], so ist das Haushaltsgesetz insoweit nichtig[42], auch wenn nur ein Verstoß gegen ein einfaches Gesetz vorliegt[43].

Eine Frage sekundären Ranges ist es demgegenüber, ob der Plan im Einzelfall verbindlich ist (wie die Ausgabenseite des Haushaltsplans oder der Bebauungsplan), ob von dieser Verbindlichkeit Dispens erteilt werden kann (wie es beim Bebauungsplan der Fall ist)[44], oder ob

---

[33] Die Einnahmenseite des außerordentlichen Haushalts kann allerdings die erforderliche Ermächtigung zur Aufnahme von Krediten enthalten und insoweit rechtliche Bedeutung haben; vgl. Saemisch HStR II 439.

[34] Reichshaushaltsordnung vom 31. 12. 1922, RGBl. II 17.

[35] Bundesbaugesetz vom 23. 6. 1960, BGBl. I 341.

[36] Insbesondere soweit die Verfassung Vorschriften über den Haushaltsplan enthält; vgl. Art. 85 WRV und Art. 110 GG.

[37] Wie im Verhältnis des Haushaltsplans zur Reichshaushaltsordnung.

[38] Allerdings kann der Haushaltsplan, als das spätere Gesetz, die Haushaltsordnung, und zwar auch für den Einzelfall, abändern, doch bedarf es dazu der ausdrücklichen Bestimmung. Siehe Heckel HStR II 375.

[39] Vgl. die bei Heckel HStR II, 387 zitierten Stimmen.

[40] Das Bepackungsverbot ist durch die Verfassung sanktioniert; Art. 85 Abs. 3 Satz 2 WRV, Art. 110 Abs. 2 Satz 4 GG.

[41] Das war der Fall bei § 11 des Reichshaushaltsgesetzes für 1928 (RGBl. II 209), der Bestimmungen für die Zeit vom 1. 10. 1927 an enthielt und daher nichtig war. Vgl. Heckel HStR II 385 Anm. 84.

[42] Vgl. Heckel HStR II 385.

[43] In den gewählten Beispielen hätte man allerdings sowohl unter der Weimarer Verfassung als unter dem Bonner Grundgestz zugleich einen Verstoß gegen die Verfassung anzunehmen; da es sich nicht um mehr als Beispiele handeln soll, ist das unerheblich.

[44] Vgl. z. B. § 11 des Badischen Ortsstraßengesetzes (oben Anm. 13).

der Plan unverbindlich ist und wiederum, ob diese Unverbindlichkeit (wie bei den Vorausschätzungsprogrammen) in der Natur der Sache liegt oder (wie beim Verkehrswegeplan[45]) rechtliche Gründe hat. Denn die Verbindlichkeit des Planes kommt ihm nicht an sich zu, sondern bedarf, wie ausgeführt, einer anderweiten gesetzlichen Grundlage[46].

Angesichts der Frage nach der Rechtsnatur des Bebauungsplans ist häufig die Frage aufgeworfen worden, ob der Plan „generell" ist[47]. Sie ist in der Tat schwer zu beantworten. Einerseits betreffen die Plandaten jeden, den es angeht, und damit häufig eine vorher nicht bestimmte Anzahl von Personen; das Importkontingent z. B., das ein Wirtschaftsplan vorsieht, hat Auswirkungen gegenüber jedermann, der sich um eine Importlizenz bemüht; die Festsetzung einer Bauflucht wirkt zu Lasten jedes, der auf einem betroffenen Grundstück bauen will. Andererseits ist der Plan entweder, dies meistens, zeitlich, oder doch, wie der Bebauungsplan, räumlich begrenzt. Legt man, wie dies in der Regel getan wird, ausschließlich logische Kriterien zugrunde, und erklärt eine Anordnung dann für generell[48], wenn die Zahl der von ihr Betroffenen im Zeitpunkt ihres Erlasses unbestimmbar ist[49], so wäre zu unterscheiden: Man müßte dann die räumlich begrenzten Pläne für generell erklären, weil eine unbestimmbare Anzahl von Rechtsnachfolgern betroffen sein kann[50], die zeitlich begrenzten dagegen für nicht generell, da die Zeit der äußerstenfalls von ihnen Betroffenen sich angeben läßt[51].

---

[45] Siehe oben Anm. 31.

[46] Siehe oben S. 89.

[47] Vgl. zuletzt die oben Anm. 10 angeführte Arbeit von Brohm, S. 43—52.

[48] Diese weithin rezipierte Meinung beruht auf den grundlegenden Ausführungen von Richard Thoma, Der Polizeibefehl im Badischen Recht Bd. I, 1906, S. 59—77, insbesondere S. 64 ff.

[49] Thomas Begriffsbestimmung ist zur Definition der Polizeiverfügung, nicht zum Zwecke der Definition des allgemeinen Gesetzes aufgestellt. Die Frage, ob man im Umkehrschluß folgern dürfe, daß alles, und nur das, was generell im Sinne dieser Begriffsbestimmung ist, ein allgemeines Gesetz sei, hat Thoma selbst spürbar bezweifelt (a. a. O., S. 53 f. und 60 f.), ihre Erörterung jedoch in den nicht mehr erschienenen zweiten Band seines Buchs verwiesen.

[50] Vgl. Thoma S. 373 ff.

[51] Thoma war allerdings, gegen Georg Jellinek, Gesetz und Verordnung, 1887, S. 367, der Ansicht, daß auch die zeitlich begrenzteste Regelung generell sei, wenn sie sich an alle in Betracht kommenden Adressaten wendet (a. a. O. 66). Für den Begriff der Polizeiverordnung mag das zutreffen; wer jedoch dieses Ergebnis auf den Gesetzesbegriff überträgt, ersetzt in Wahrheit das Kriterium der Generalität des Gesetzes durch das Kriterium seiner Abstraktheit (vgl. unten S. 166 f.). In der Rechtswissenschaft ist dieses Erfordernis, daß das generelle Gesetz ein dauerndes Gesetz sein müsse, vor allem wieder in das Bewußtsein getreten bei der Abgrenzung der auf Grund des Art. 48 Abs. 2 WRV erlassenen „Notverordnungen" von Rechtsgesetzen; vgl. statt vieler Gerhard Anschütz, Die Verfassung des Deutschen Reiches, 14. Aufl. 1933, Anm. 9 zu Art. 48.

Die Unterscheidung zeigt nur, daß das logische Kriterium des Generellen, in dieser Form angewendet, zur Bestimmung des Normcharakters einer Vorschrift völlig ungeeignet ist; wollte man mit ihm Ernst machen, so wäre das Gesetz über die Steuerbefreiung für Gut Neudeck[52] „generell", da eine unbestimmte Zahl von Rechtsnachfolgern begünstigend, das Lastenausgleichsgesetz dagegen nicht generell, da der Kreis der Betroffenen durch eine zeitliche Schranke begrenzt ist. Läßt man Rechtsnachfolge zur Begründung des generellen Chrakters nicht genügen, so führt das zu dem immer noch unbefriedigenden Ergebnis, daß ein Gesetz des Inhalts „die X-Staße ist Einbahnstraße" (oder, um ein praktisches Beispiel zu wählen, das Bannmeilengesetz[53]) generell wäre[54], das Lastenausgleichsgesetz nicht. Alle diese Beispiele deuten nur darauf hin, daß hier die Begriffe unrichtig gewählt sind[55].

Der wichtigste Unterschied des Planes zur Rechtsnorm ist nicht in dieser Weise formaler Natur. Der Plan intendiert Verwirklichung, die Norm nicht. Dieser auf den ersten Blick überraschende Satz bedarf näherer Erläuterung. Die gewöhnliche Struktur der Norm ist es, an einen Tatbestand eine Rechtsfolge zu knüpfen; ihre Absicht richtet sich nur auf die Rechtsfolge, nicht auf den Tatbestand. Zweck des § 211 StGB ist es, daß der Mörder bestraft, nicht, daß gemordet wird, Zweck des § 463 BGB, daß beim Fehlen zugesicherter Eigenschaften Schadenersatz geleistet wird, nicht, daß den Kaufsachen zugesicherte Eigenschaften fehlen[56]. Der Plan dagegen geht auf Tatbestandsverwirklichung; Zweck des Verkehrswegeplans ist der Bau von Straßen, Zweck des Fünfjahresplans das Erreichen seiner wirtschaftlichen Ziele[57]. Es ist ein naheliegender Einwand, daß die Rechtsnorm durch ihre Rechtsfolge auf den Tatbestand einzuwirken sucht, daß es also, um im Beispiel zu bleiben, Zweck des § 211 StGB ist, daß *nicht* gemordet werde, Zweck des § 463 BGB, daß Kaufsachen *keine* zugesicherten Eigenschaften fehlen[58]. Dieser Einwand vermag den Unterschied zwischen Norm und

---

[52] Vom 27. 8. 1953, BGBl. I 595.

[53] Vom 6. 8. 1955, BGBl. I 504.

[54] Die Frage des generellen Charakters des Verkehrsgebots an einer bestimmten Straßenstelle ist im Polizeirecht umstritten; verneinend hessischer VGH DÖV 1957, 591, bejahend z. B. der bayerische VGH DÖV 1956 477, VGH Stuttgart ESVGH 1, 59, Brohm (wie oben Anm. 10) S. 47 Anm. 125 (mit weiteren Nachweisen) und schon Thoma (wie oben Anm. 48) S. 375.

[55] Vgl. auch unten S. 166 f.

[56] Ein Gegenbeispiel eines zweckverwirklichenden Rechtsgesetzes unten S. 89 bei § 14 Anm. 10.

[57] Zu dem Unterschied von „Ordnung und Plan" siehe Hans Kutscher, Die Enteignung (Königsberger rechtswissenschaftliche Forschungen Bd. 1) 1938, S. 79—89.

[58] In den Ausdrücken von Bindings „Normentheorie" gesprochen, wäre dies der Zweck der Norm, nicht unmittelbar des Strafgesetzes.

Plan nicht zu verwischen. Ganz abgesehen davon, daß er nur bei den Poenalisierungen möglich ist (es ist nicht Zweck des § 119 BGB, daß man sich bei der Abgabe von Willenserklärungen nicht irrt), wird der Tatbestandszweck des Gesetzes durch die Einwirkung auf die Rechtsfolge *vermittelt;* der Gesetzesbefehl ist erfüllt, wenn die Rechtsfolge erfüllt ist, und erst durch die Rechtsfolge soll (und zwar kraft eines der Einwirkung des Gesetzgebers entzogenen Automatismus, wie bei der Strafandrohung die Furcht es ist) der tatbestandsmäßige Zweck eintreten. Der Plan dagegen geht *unmittelbar* nicht auf eine Rechtsfolge, sondern auf einen Tatbestandszweck, er ist erst erfüllt, wenn der Tatbestand erfüllt ist.

Der Plan ist daher auf Vollzug angelegt, sein Zweck ist, erfüllt zu werden, und nicht, zu gelten. Diese Struktur rückt ihn in die Nähe des Maßnahmegesetzes, das ebenfalls, wie wir mehrfach gesehen haben[59], sein Ziel erst mit dem Vollzug, nicht schon mit seiner Geltung, erreicht[60]. Doch bleibt ein wichtiger Unterschied zwischen den bisher aufgezählten Maßnahmegesetzen und den Plan-Gesetzen bestehen: Die bisher genannten Maßnahmegesetze haben „Norm-Struktur" in dem dargestellten Sinn, sie knüpfen Rechtsfolgen an Tatbestände (das Lastenausgleichsgesetz z. B. die Abgabepflicht an Besitzverhältnisse). Die Entscheidung der Frage, ob die Plan-Gesetze demungeachtet den Maßnahmegesetzen zuzurechnen sind oder nicht, ob also die Gleichartigkeit der Intentionalität wichtiger ist als der Unterschied in der Struktur oder umgekehrt, ist mit deskriptiven Mitteln nicht mehr möglich; sie setzt die Verständigung über den Rechtsbegriff des Maßnahmegesetzes, nicht nur über seinen soziologisch-politischen Begriff voraus. Der Erörterung dieser Bestimmung des juristischen Begriffs des Maßnahmegesetzes haben wir uns nunmehr zuzuwenden.

---

[59] z. B. oben S. 33 und 40.

[60] Darauf hat Brohm (wie oben Anm. 10) S. 59—62 zu Recht hingewiesen.

Dritter Teil

# Der Begriff des Maßnahmegesetzes

## § 14 Kritik des Schrifttums

Alle Autoren, die sich bisher bemüht haben, einen juristischen Begriff des Maßnahmegesetzes zu gewinnen, sind dabei ausgegangen von der Kategorie des Zweckes, gleichgültig ob sie, wie Menger, in seiner reinen Zweckhaftigkeit bereits das endgültige Kriterium des Maßnahmegesetzes erblickt haben[1] oder ob sie, wie Forsthoff und Ballerstedt, in der Besonderheit der Relation von Mittel und Zweck das ausschlaggebende Kriterium erblickten[2]. Es scheint daher angebracht, die Nachprüfung ihrer Begriffsbildung mit der Untersuchung dieser Kategorie des Zweckes des Gesetzes zu beginnen.

Die Figur des Gesetzeszwecks ist in der Gestalt der „ratio legis" ein alter Bestandteil der Rechtswissenschaft[3]. Insbesondere in der Auslegungslehre hat der Gedanke immer eine Rolle gespielt, daß das Gesetz, sei es, daß eine ausdrückliche Regelung fehle, sei es auch entgegen seinem Wortlaut, entsprechend seiner ratio anzuwenden sei[4]. Es ist deutlich, daß im Zusammenhang der Lehre vom Maßnahmegesetz die Formel vom Gesetzeszweck eine durchaus andere Bedeutung hat[5]. Eine ratio besitzt das „Rechtsgesetz" in eben derselben Weise wie das Maßnahmegesetz; und auch das Verhältnis der ratio zum Wortlaut ist bei beiden Arten von Gesetzen grundsätzlich dasselbe[6]. Eben weil die

---

[1] Siehe oben S. 13 f.

[2] Siehe oben S. 10 und 11 f.

[3] Klassisch Savigny, System des heutigen Römischen Rechts, Bd. I, 1840, S. 216 ff.

[4] Vgl. etwa den Überblick bei Enneccerus-Nipperdey (wie oben § 5 Anm. 21) Bd. I § 54.

[5] Am schärfsten kommt das zum Ausdruck in den Formulierungen von Ballerstedt (wie oben § 1 Anm. 20) S. 373.

[6] Allerdings vermag der interventionäre Charakter des Maßnahmegesetzes auch die Auslegung zu beeinflussen. Ein klassisches Beispiel ist eine Entscheidung des Reichsgerichts aus dem Jahr 1916 über die Frage, ob der Verstoß gegen die Vorschriften des Höchstpreisgesetzes vom 4. 8. 1914 zur Nichtigkeit des Kaufvertrages oder zu seiner Aufrechterhaltung zu dem zulässigen Preis führt (RGZ 88, 250). Das Reichsgericht beantwortete die Frage in dem letzteren Sinn und begründete sie mit folgenden bemerkenswerten Sätzen

Frage nach der ratio legis im wesentlichen ein Hilfsmittel der Auslegung des vorgefundenen Gesetzes ist, sind Aufschlüsse über sein Wesen und seine Struktur von ihrer Beantwortung nicht zu erwarten.

Von der ratio legis scheidet die herkömmliche Lehre die ratio legislatoris als das Motiv, das den Gesetzgeber zum Erlaß des Gesetzes bewogen hat, im Gegensatz zu dem Sinn und der Funktion, die die einmal erlassene Norm an sich selbst oder im Gesamt der Rechtsordnung besitzt[7]. Auf den ersten Blick scheint es, als ob der so verstandene Zweck des Gesetzes Aufschlüsse über das Wesen des Maßnahmegesetzes erwarten ließe; denn wenn, nach Forsthoffs Formel, das Maßnahmegesetz actio, Handlung ist, so müßte das Motiv des Handelnden Licht auf das Wesen seines Tuns werfen. Einige Formulierungen bei Menger

---

über das Höchstpreisgesetz, die die wesentlichen Charakteristika des Maßnahmegesetzes bereits angeben: „Diese Vorschriften sind zwar Rechtsnormen und deswegen Gesetze im Sinne des Bürgerlichen Gesetzbuchs; sie unterscheiden sich aber von den meisten Gesetzen dadurch, daß sie nicht auf die Verwirklichung eines Rechtsgedankens, sondern ganz unmittelbar auf einen wirtschaftlichen Zweck abzielen. Deswegen muß bei ihrem Verständnis und bei ihrer Anwendung vor allem der wirtschaftliche Zweck berücksichtigt werden."

[7] Auf die eng damit zusammenhängende Frage der subjektiven und der objektiven Theorie bei der Auslegung der Gesetze kann hier nicht eingegangen werden. Die objektive Theorie ist zuerst umfassend begründet worden von Wach, Handbuch des Civilprozesses Bd. I, 1885, S. 259 ff. Sie ist in der strafrechtlichen Literatur die durchaus herrschende; vgl. z. B. Schwinge, Teleologische Begriffsbildung im Strafrecht, 1930, S. 47 ff., Maurach, Deutsches Strafrecht, Allgemeiner Teil, 2. Aufl. 1958, S. 79 ff., Schönke-Schröder, Strafgesetzbuch, 9. Aufl. 1959, Anm. VI zu § 2 (mit geringfügigen Modifikationen); aus dem weiteren Schrifttum etwa Carl Schmitt, Gesetz und Urteil, 1912; ders., Die Lage der europäischen Rechtswissenschaft, 1950, S. 16 ff. (auch in: Verfassungsrechtliche Aufsätze, 1958, 386—426 [401 ff.]); Dahm, Deutsches Recht, 2. Aufl. 1951, S. 52 ff.; Westermann in der Besprechung der 14. Bearbeitung des Allgemeinen Teils von Enneccerus-Nipperdey in AcP 154 (1955) S. 551 ff. (555). Vorkämpfer der subjektiven Theorie war vor allem Heck in vielen Schriften, z. B. Begriffsbildung und Interessenjurisprudenz, 1932, passim; ebenso Enneccerus-Nipperdey (wie oben § 5 Anm. 21); Lehmann, Allgemeiner Teil, 11. Aufl. 1958, § 8 II; Brox, Die Einschränkung der Irrtumsanfechtung, 1959; Herbert Krüger, „Verfassungsauslegung aus dem Willen des Verfassunggebers", DVBl. 1961, 685—689. Vom staatsrechtlichen Gesichtspunkt aus scheint mir wegen des in den folgenden Ausführungen des Texts angedeuteten (erstmals von Carl Schmitt vorgebrachten) Arguments aus dem repräsentativen Charakter des Parlaments nur die objektive Auslegung fundiert; im 19. Jh. wurde die subjektive Theorie staatsrechtlich darauf gestützt, daß das Gesetz eine Vereinbarung von Krone und Ständen sei und daher nur das gültig festgestellt, was beide Vertragspartner in ihren Willen aufgenommen hätten (vgl. Schaffrath, Theorie der Auslegung konstitutioneller Gesetze, 1842). Um die Widerlegung dieses Gedankengangs vom konstitutionellen Standpunkt aus hat sich schon Wach, a. a. O., bemüht; heute hat er seine Berechtigung vollends verloren, und ebensowenig vermag die an seine Stelle getretene Begründung Hecks zu überzeugen, die letztlich in dem Dezisionismus der Interessenjurisprudenz wurzelt, die im Gesetzgeber nur die Entscheidungsinstanz in Interessenkonflikten sieht. Die Stellungnahme der Rechtsprechung ist schwankend; vgl. die instruktive Übersicht bei Siebert, Die Methode der Gesetzesauslegung, 1958, S. 11 f.

könnten in der Tat darauf hindeuten, daß jedenfalls er diese Bedeutung der Formel vom Zweck des Gesetzes bei seinen Darlegungen im Auge hatte[8]. Doch lehrt eine genauere Betrachtung rasch, daß eine solche Überlegung in die Irre führen würde. Einmal wäre schon aus praktischen Gründen ein solcher Rückgriff auf das Motiv des Gesetzgebers kaum möglich, da die Überlegungen der Mitglieder der gesetzgebenden Körperschaft häufig nicht zum Ausdruck gebracht werden, auch untereinander weit differieren mögen. Zweitens stünde dieser Berücksichtigung der „ratio legislatoris" ein Bedenken prinzipieller Art entgegen: In der Demokratie wird die gesetzgebende Körperschaft als Repräsentant des Volkswillens tätig, der persönliche Wille ihrer Mitglieder bleibt außer Betracht; was nicht zum Bestandteil des verkündeten Gesetzes geworden ist, darf daher rechtlich nicht existent sein. Schließlich haben insbesondere Ballerstedts Untersuchungen[9] gezeigt, daß, selbst wenn man sie für praktisch möglich und theoretisch zulässig hielte, die Heranziehung des Willens des Gesetzgebers für die Scheidung des Maßnahmegesetzes vom Rechtsgesetz unfruchtbar bleiben müßte; denn auch beim Erlaß von unbezweifelbaren Rechtsgesetzen kann der Gesetzgeber sich ausschließlich von einem politischen oder wirtschaftlichen Zweck haben leiten lassen, rein „zweckhaft" gehandelt haben. Ballerstedt führt in diesem Zusammenhang das höchst instruktive Beispiel des Wohnungseigentumsgesetzes[10] an; das Gesetz wurde erlassen, weil man sich von der Schaffung des Stockwerkseigentums und des dinglichen Wohnungsnutzungsrechts eine Belebung des Wohnungsbaus versprach, ist also reines Mittel zum Zweck, und doch wäre es offensichtlich bar jedes Erkenntniswerts, wenn man ein Gesetz, das den Kreis der dinglichen Rechtsinstitute auf die Dauer erweitert, zu einer anderen Klasse von Gesetzen rechnen wollte als das Bürgerliche Gesetzbuch[11]. Man könnte sogar so weit gehen, in jeder Strafnorm eine derartige ausschließlich vom Zweck beherrschte Regelung zu sehen, von dem Zweck nämlich, die Verwirklichung des inkriminierten Tatbestandes zu verhüten[12]; auch hier wäre es offensichtlich nicht sinnvoll, die Strafgesetze nur wegen dieses Umstandes als Maßnahmegesetze zu betrachten. Daß der Gesetzgeber mit seinem Gesetz eine konkrete Absicht verfolgt hat, reicht, selbst wenn das Gesetz ausschließlich von dieser Absicht bestimmt ist, zur Annahme, es handele sich um ein Maßnahmegesetz, nicht aus.

[8] Vgl. auch unten S. 96.

[9] Ballerstedt (wie oben § 1 Anm. 20) S. 373 f.

[10] Vom 15. 3. 1951, BGBl. I 175. Bei Ballerstedt, a. a. O., auch Nachweise aus den Gesetzgebungsmaterialien.

[11] Oder, um ein noch näherliegendes Beispiel zu wählen, als das Gesetz über Rechte an eingetragenen Schiffen und Schiffsbauwerken vom 15. 11. 1940, RGBl. I 1499.

[12] Vgl. auch oben S. 91 f. mit (§ 13) Anm. 57.

Die Kategorie des Zwecks des Gesetzes ist also in unserem Zusammenhang nur sinnvoll, wenn es einen Zweck des Gesetzes an ihm selbst gibt, das heißt, wenn das Gesetz als solches, und unabhängig von den Vorstellungen des Gesetzgebers, einen Erfolg bezwecken kann, oder, anders formuliert, wenn Gesetze teleologisch sinnvoll sind. Das ist allerdings der Fall, und darin liegt der Unterschied des Rechtsgesetzes zum Naturgesetz. Wenn wir die im Ausgang des vorigen Jahrhunderts lebhaft erörterte Frage einmal offenlassen, ob es staatliche Gesetze ohne jeden rechtlichen Inhalt geben kann[13], und uns auf Gesetze, die Rechtsanordnungen treffen, beschränken, so stellen wir fest, daß derartige Gesetze nicht, wie die Naturgesetze, der Beschreibung tatsächlicher Vorgänge dienen, sondern zu wirken bestimmt sind, intentionalen Charakter haben. Allgemein gesprochen, ist der Zweck des Gesetzes die Ordnung menschlicher Lebensverhältnisse; wir sprechen, um diesen Begriff des Zwecks des Gesetzes von der ratio legis und der ratio legislatoris zu unterscheiden, vom „Rechtszweck" des Gesetzes.

Nun ist deutlich, daß jedes Gesetz, soweit es überhaupt rechtlichen Gehalt besitzt, einen derartigen Rechtszweck hat; er liegt bereits in seiner Wirkungsbestimmung, anders gesprochen, in seiner „Geltung", beschlossen. Das Kriterium, das Maßnahmegesetze von anderen Gesetzen unterscheidet, kann daher nicht die Tatsache sein, daß Maßnahmegesetze überhaupt intentionalen Charakter besitzen. So ist auch Mengers Lehre, die das Merkmal des Maßnahmegesetzes in seine „Zweckhaftigkeit" setzt, nicht gemeint. Seine Ansicht ist vielmehr, der Rechtszweck des Maßnahmegesetzes liege auf wirtschaftlichem, sozialpolitischem o. dgl. Gebiet, er sei „technischer Art"[14], der Rechtszweck des herkömmlichen Gesetzes dagegen sei Verwirklichung des Werts der Gerechtigkeit[15].

In Wahrheit ist die Berufung Mengers auf die „Zweckhaftigkeit" des Maßnahmegesetzes irreführend. Mengers These ist gar nicht, daß das Maßnahmegesetz andere Zwecke verfolge als ein sonstiges Gesetz, oder auch nur, daß es die gleichen Zwecke auf eine andere Weise verfolge, sondern, daß der Zweck des einen mit der Gerechtigkeit in Einklang stehe, der des anderen nicht. Dann aber hätte es der Verständlichkeit der Argumentation gedient, wenn Menger auf die Kategorie des Zwekkes ganz verzichtet und einfach gesagt hätte, das Rechtsgesetz entspreche Forderungen der Gerechtigkeit, das Maßnahmegesetz nicht,

---

[13] Die soviel ich sehe letzte Erörterung der Frage findet sich bei Thoma HStR II 126 f. (bejahend).

[14] Menger selbst spricht VStR 15, 7 von einem „Handeln nach der sachlichen Notwendigkeit oder gar nur Nützlichkeit"; der Ausdruck „technisches Recht" findet sich dann in seinem Schlußwort VStR 15, 107.

[15] Ebda. S. 4 f.; vgl. auch oben § 1 Anm. 29.

oder, in seiner eigenen Terminologie, das Rechtsgesetz orientiere sich am Maßstab der Gerechtigkeit, das Maßnahmegesetz nicht. Denn dies ist es, was Menger meint. Ein Beispiel mag das verdeutlichen. Menger ist der Ansicht[16], die Notstandsgesetzgebung zugunsten Berlins trage keinen Maßnahmecharakter, weil sie „primär dem Ziele dient, einen einmaligen Sachverhalt nach gerechten Maßstäben zu ordnen". *Zweck* dieser Gesetzgebung[17] ist jedoch ausschließlich die „Ordnung des Sachverhalts"; daß diese Ordnung an „gerechten Maßstäben" sich ausrichtet, ist eine zum Zweck hinzutretende Eigenschaft des Gesetzes, die ein Bestandteil seiner *Substanz* ist. Mengers Ansicht ist also in Wirklichkeit, Maßnahmegesetze seien Gesetze, die nicht „substantiell gerecht" sind.

Der Unterschied in der Definition des Maßnahmegesetzes, der Menger von Forsthoff und Ballerstedt trennt, enthüllt sich damit als scheinbar. Konsequent zu Ende geführt, kann auch Mengers Auffassung nicht bedeuten, daß der Unterschied des Maßnahmegesetzes vom Rechtsgesetz in der verschiedenen Natur ihres Zweckes liege; insoweit ist vielmehr den von Merk und Kaiser auf der Mainzer Staatsrechtslehrertagung geäußerten Bedenken[18] vollauf zuzustimmen. Indem Menger den unterschiedlichen „Bewertungsmaßstab" anführt, unter welchem Maßnahmegesetz und Rechtsgesetz stünden, verweist vielmehr auch er, wie Forsthoff und Ballerstedt, auf einen Unterschied in der *Substanz* des Gesetzes. Verdunkelt wird diese Übereinstimmung der beiden Begriffe des Maßnahmegesetzes nur dadurch, daß Menger annimmt, es sei ausschlaggebend, welchen Bewertungsmaßstab der Gesetzgeber angelegt hat[19]. Soweit damit wirklich auf die, explizite oder implizite, Vorstellung des historischen Gesetzgebers verwiesen sein soll, ist diese Auffassung allerdings unhaltbar. Sie würde den Unterschied von Maßnahmegesetz und Rechtsgesetz von ihrem Inhalt lösen und in die Positivität setzen, sie von der nicht nachprüfbaren Deklaration des Gesetzgebers abhängig machen. Die Folge wäre, auch ohne daß man den Willen des Gesetzgebers zur Manipulation unterstellt, daß die Grenzen beider Begriffe ins Willkürliche verfließen würden[20]. Wahrscheinlicher ist es, daß auch Menger seine Formulierung nicht so verstanden hat, sondern daß er mit ihr nur hat ausdrücken wollen, daß die Auswahl des Bewertungsmaßstabs in die Kompetenz des Gesetzgebers fällt und von den Gerichten nicht nachgeprüft werden kann. Mit der Definition des Maß-

---

[16] Ebda. S. 21.

[17] Siehe oben § 9 Anm. 27.

[18] Siehe oben S. 17 mit (§ 2) Anm. 18 und 19.

[19] Besonders deutlich in den Formulierungen seines Schlußworts VStR 15, 106.

[20] Insoweit ist der Kritik von Wehrhahn (siehe oben § 2 Anm. 1) S. 44 f. durchaus beizustimmen.

nahmegesetzes hat die Frage der Grenzen des richterlichen Prüfungsrechts jedoch zunächst nichts zu tun.

## § 15 Fortsetzung (Die Substanz des Gesetzes)

Den Begriff der „Substanz" des Gesetzes hat Ballerstedt in die Diskussion um den Begriff des Maßnahmegesetzes eingeführt. Der Begriff bedarf näherer Erläuterung. Als „Substanz" eines Gesetzes bezeichnen wir dasjenige, was im konkreten Fall notwendigerweise in es eingeht; anders gesprochen: Ein Gesetz ist substantiell, wenn und soweit es nicht beliebig ist. Während „Intentionalität" des Gesetzes seinen zweckhaften, auf Ordnung gerichteten Charakter bezeichnet, bedeutet „Substantialität" des Gesetzes die Notwendigkeit des Inhalts dieser Ordnung. Diese Notwendigkeit liegt dabei nicht im Begriff des Gesetzes überhaupt, ist nicht logisch-genereller Natur; sie betrifft vielmehr die dem Belieben entrückte Natur der konkreten Regelung des einzelnen Gesetzes. Allerdings ist mit der Einführung des Begriffs der „Substanz des Gesetzes" über die Quelle dieser Notwendigkeit ebensowenig wie über ihren Umfang etwas ausgesagt; der Ursprung dieser Substantialität bedarf vielmehr besonderer Untersuchung. Setzen wir etwa die Notwendigkeit einer gesetzlichen Regelung in den Umstand, daß sie einem verbindlichen sittlichen Gebot entspricht, so bezeichnen wir dies als die „sittliche Substanz" dieses Gesetzes; mit demselben Recht können wir von der „ideologischen", z. B. der „nationalen" Substanz eines Gesetzes sprechen, oder, wenn wir die Notwendigkeit der gesetzlichen Regelung aus der Beschaffenheit des zu regelnden Lebensbereichs herleiten[1], von seiner „sachlichen" Substanz. In extremen Fällen, in denen nur der Erlaß eines Gesetzes geboten, z. B. sachlich, u. U. aber auch sittlich[2] geboten ist, während die möglichen Regelungen untereinander gleichwertig sind, mag sich die Substantialität des Gesetzes auf seine Existenz reduzieren; im Regelfall umfaßt sie, ganz oder in einem Kernbereich, den Inhalt der Regelung mit[3].

---

[1] Diese oberflächliche Kennzeichnung der „sachlichen Substantialität" mag für den vorliegenden Zusammenhang genügen; in Wahrheit liegt die Frage, ob es eine derartige „sachliche Substanz" des Gesetzes gibt und worin sie besteht, zentraler als es nach dieser Formulierung den Anschein haben könnte — sie scheint mir auch dem Problem der „Geltungsbedingungen der Verfassungsnorm" (Konrad Hesse, Die normative Kraft der Verfassung, 1959, S. 8 u. ö.) zugrunde zu liegen.

[2] Über das Verhältnis sittlicher und rechtlicher Notwendigkeit des Gesetzes vgl. unten S. 99.

[3] Kant, der insoweit noch im Sprachgebrauch der Aufklärung verwurzelt ist, spricht in diesem Zusammenhang von dem Unterschied „natürlicher" und „positiver" Gesetze; vgl. Metaphysik der Sitten, ed. Vorländer, S. 28, 31, 33.

Ballerstedts Unterscheidung des Rechtsgesetzes und des Maßnahmegesetzes beruht auf der Annahme einer besonderen Substantialität des Gesetzes, nämlich auf der Annahme, daß dem konkreten Gesetz regelmäßig eine Notwendigkeit von sich aus innewohnt, ihm also nicht, wie bei der Annahme „sittlicher", „ideologischer" oder „sachlicher" Substanz, von außen vermittelt wird. Ballerstedt bezeichnet diese konkrete Notwendigkeit des Gesetzes als seine „Legitimität" oder als seine „rechtliche Substantialität". Er geht also davon aus, daß dem konkreten Gesetz inhaltliche Notwendigkeit von ihm aus innewohnen kann. Während ein Gesetz „sittliche Substanz" dann besitzt, wenn ein konkretes sittliches Gebot unvermittelt als Maßstab des Gesetzes auftritt und es rechtfertigt, besitzt ein Gesetz „rechtliche Substanz" dann, wenn ihm eine immanente, nicht heteronome Notwendigkeit eigen ist, wenn die sanktionierte Regel aus *Rechts*gründen richtig ist. Das schließt nicht aus, die Verbindlichkeit des Rechts ihrerseits auf die Verbindlichkeit des Sittengesetzes zurückzuführen[4]; der Unterschied zur sittlichen Substantialität liegt vielmehr nur darin, daß die unmittelbare Rechtfertigung des Gesetzes ein Rechtsgedanke, nicht eine sittliche Forderung ist, und dieser Unterschied bleibt bestehen, auch wenn man annimmt, daß das Recht überhaupt seine Verbindlichkeit erst dem Sittengesetz entnimmt, solange man nur anerkennt, daß das Recht wenn nicht dem Grund, so dem Inhalt nach Eigenständigkeit besitzt.

Dem Rechtsgesetz, dem seine rechtliche Substanz zwar nicht Geltung, aber Legitimität[5] verleiht, stellt Ballerstedt das Maßnahmegesetz als zweckhaften, nicht autonomen[6], „politischen" Akt des Gesetzgebers gegenüber, dem anders als dem Rechtsgesetz Legitimität nur kraft Vermittlung, nämlich wegen des mit ihm verfolgten Zweckes zukommt. Der Inhalt der konkreten Regelung ist beim Maßnahmegesetz nach seiner Ansicht der Freiheit politischer Entscheidung ausgeantwortet; nur der Zweck, dem es dienen darf, läßt sich mit Notwendigkeit angeben: Das Maßnahmegesetz hat dem Schutz von Rechtswerten zu dienen, wobei die Antwort auf die Frage, was ein Rechtswert ist, den „vorpositiven Gehalten" der Rechtsordnung zu entnehmen sein soll[7].

---

[4] Zur Diskussion der Frage, ob das Prinzip des Rechts vom Prinzip der Moral unabhängig sei oder nicht, in der idealistischen Philosophie vgl. auch unten S. 139 mit (§ 22) Anm. 2 und 3.

[5] Den Begriff der Legitimität scheint mir Ballerstedt, der den Gesichtspunkt der Wertverwirklichung einführt (z. B. S. 378), etwas anders zu bestimmen als die vorliegende Arbeit. Vgl. auch unten S. 119 f.

[6] Ballerstedt formuliert (S. 376): „Die Maßnahme empfängt ihren Sinn, ihren sozialen Wertgehalt von dem ihr begrifflich äußerlichen Zweck her; das Recht ... trägt seinen Sinn in sich."

[7] Ebda. S. 385.

Die Begriffe des Maßnahmegesetzes und des Rechtsgesetzes sind dabei nach Ballerstedts Lehre eigentümlich verschränkt. Es wird kaum ein Gesetz denkbar sein, das in allen seinen Teilen von inhaltlicher Notwendigkeit bestimmt ist; stets wird vielmehr dem Gesetzgeber auch ein Spielraum politischer Entscheidung[8] verbleiben, das von ihm erlassene Gesetz also zugleich auch Maßnahme sein. Die Begriffe des Maßnahmegesetzes und des Rechtsgesetzes gehen also in der Wirklichkeit ineinander über, stehen sich als polare Endglieder einer Kette entgegen[9]. Ballerstedt betont selbst[10], daß diese Art der Begriffsbildung für staatsrechtliche Untersuchungen nicht ausreicht. Vom Staatsrecht her gesehen[11] ist Ballerstedts Begriff des Maßnahmegesetzes unvollständig; die rechtstheoretische Fragestellung, inwieweit dem Gesetz ein Element politischer Entscheidung innewohnt, mag staatsrechtlich für die Frage der *Kompetenz* des Gesetzgebers von Bedeutung sein, läßt aber die Frage nach der rechtlichen Natur des vermöge dieser Kompetenz hervorgebrachten Gesetzes unentschieden. Der wichtige Gewinn, den die Staatsrechtslehre aus Ballerstedts Untersuchung ziehen kann, liegt in der Bestimmung des Rechtsgesetzes, nicht des Maßnahmegesetzes, liegt, genauer gesprochen, in der Erkenntnis, daß die Unterscheidung von Rechtsgesetz und Maßnahmegesetz die Annahme voraussetzt, dem Rechtsgesetz müsse rechtliche Substanz, ein Kern immanenter Notwendigkeit zukommen.

Auch Forsthoffs Begriffsbildung geht von dieser Annahme aus, wenn er die Rechtsnorm als das Instrument umschreibt, einen Lebensbereich „in Übereinstimmung mit den geltenden Vorstellungen von Gerechtigkeit zu ordnen". Der „eigene Wert", den er der Rechtsnorm zuschreibt[12], ist nichts anderes als ihre rechtliche Substantialität. Anders als Ballerstedt sucht er jedoch den Begriff des Maßnahmegesetzes nicht nur als Gegenbegriff zu demjenigen des Rechtsgesetzes, sondern in seiner Eigenständigkeit zu bestimmen. Diese Eigenständigkeit findet Forsthoff darin, daß der Erlaß von Maßnahmen wesensmäßig Verwaltung, die Maßnahmegesetzgebung also stets ein Einbruch in die Trennung der Ge-

---

[8] Ballerstedt, dem wir zur Vermeidung von Unklarheiten in diesem Zusammenhang folgen, legt dabei (S. 378 Anm. 28) Mannheims Begriff des Politischen zugrunde, vgl. auch unten Anm. 21.

[9] Ballerstedt selbst bezeichnet (S. 378) das Verhältnis als „polar (als Endglieder einer Kette) oder richtiger dialektisch (als Einheit in der Unterschiedenheit)". Im vorliegenden Zusammenhang reicht der Gesichtspunkt der Polarität aus.

[10] S. 379 Anm. 8.

[11] Die nachfolgenden Bedenken beziehen sich daher nicht auf die Absicht von Ballerstedts Abhandlung, die Unterscheidung von Rechtsgesetz und Maßnahmegesetz für die Grundlegung des Wirtschaftsrechts als einer eigenständigen Disziplin nutzbar zu machen.

[12] Gedächtnisschrift Jellinek (wie oben § 1 Anm. 7) S. 225.

walten ist. Zwar gibt er als weitere Merkmale an, das Maßnahmegesetz sei „actio, nicht constitutio“ und durch die „Priorität des Zwecks vor dem Mittel“ ausgezeichnet[13]; verglichen mit dem aus dem Grundsatz der Gewaltenteilung hergeleiteten Kriterium, sind diese zusätzlichen Merkmale jedoch von eher deskriptiver Bedeutung, sind Strukturelemente des Maßnahmegesetzes, deren systematischer Bedeutung und historischer Herkunft Forsthoff nicht weiter nachgeht.

Mit dieser Rückführung auf die Lehre von der Gewaltenteilung verliert der Begriff des Maßnahmegesetzes jedoch notwendigerweise an Prägnanz. Zwar setzt die klassische Doktrin der Gewaltenteilung einen materiellen Begriff der Verwaltung voraus; doch ist seit ihren Anfängen der Begriff der Verwaltung ihr schwächstes Glied[14] und auch in der Verfassungspraxis wiederholt der Ansatzpunkt zu Modifikationen gewesen[15]. Gerade Forsthoff hat dargelegt[16], daß im modernen Staat Verwaltung sich „zwar beschreiben, aber nicht definieren“ lasse, und es ist eine häufig gebrauchte Formulierung, daß zur Verwaltung jede Staatstätigkeit zähle, die nicht Gesetzgebung oder Justiz ist[17]. Den Begriff des Maßnahmegesetzes aus dem Begriff der Verwaltung herleiten zu wollen, bedeutet daher, einen klärungsbedürftigen Begriff auf den anderen zurückzuführen. Von der Wirklichkeit des modernen Staates her gesehen, heißt der Satz: „Maßnahmegesetzgebung ist wesenhaft Verwaltung“ nicht mehr als: „Maßnahmegesetzgebung ist wesenhaft nicht Gesetzgebung“, und führt also über Ballerstedts Definition des Maßnahmegesetzes als Gegenbegriff des Rechtsgesetzes nicht hinaus[18].

Die Feststellung aber, daß dem Maßnahmegesetz rechtliche Substanz nicht innewohnt, macht die Fragestellung nicht überflüssig, ob ihm nicht eine andersartige Substanz zukommt; oder, anders gesprochen, es bleibt die Frage, ob nicht außer dem negativen auch ein positiver Begriff des Maßnahmegesetzes besteht.

Diesen positiven Begriff des Maßnahmegesetzes liefern weder Forsthoffs noch Ballerstedts Untersuchungen. Die von beiden übereinstim-

---

[13] Ebda. S. 225 f.

[14] Für die Unsicherheit der Begriffsbestimmung ist es kennzeichnend, daß schon Montesquieu in den einleitenden Sätzen des berühmten sechsten Kapitels des 11. Buchs des Esprit des Lois einen anderen Begriff der exekutiven Gewalt verwendet als in den späteren Darlegungen.

[15] Instruktiv die Übersicht über die ältere französische und amerikanische Verfassungsgeschichte bei Oskar Werner Kägi, Zur Entstehung, Wandlung und Problematik des Gewaltenteilungsprinzips, Diss. iur. Zürich 1937, S. 80 bis 101.

[16] Lehrbuch des Verwaltungsrechts (wie oben § 1 Anm. 1) S. 1.

[17] z. B. von Walter Jellinek, Verwaltungsrecht, 3. Aufl. 1931, S. 6.

[18] Damit soll nicht ausgeschlossen werden, daß die Lehre vom Maßnahmegesetz für das Gewaltenteilungsprinzip von Bedeutung wäre; vgl. dazu unten § 26.

mend bemerkte Besonderheit der Zweck-Mittel-Relation, die das Maßnahmegesetz auszeichnet, liefert offenbar einen reinen Strukturbegriff, der über die Substanz des Maßnahmegesetzes nichts aussagt; anders gesprochen, er bietet ein, außerordentlich wichtiges, *Kriterium*, keinen juristischen, und das heißt normativen, *Begriff* des Maßnahmegesetzes. Ballerstedts Parallelisierung der Antithese von Rechtsgesetz und Maßnahmegesetz mit dem Begriffspaar von Recht und Politik[19] kann und will einen solchen substantiellen Begriff des Maßnahmegesetzes ebensowenig liefern; denn auch wenn man den Begriff der Politik nicht als bloßen Formalbegriff für einen bestimmten Bereich menschlichen Handelns versteht, sondern, wie etwa Mannheim, auf den Ballerstedt sich beruft[20], als Sachbegriff, bleibt er ein Strukturbegriff, bezeichnet als „politisch" eine Struktur, nicht eine Substanz menschlichen Verhaltens[21]. Forsthoffs Berufung auf den Begriff der Verwaltung schließlich leidet unter dessen Undeutlichkeit, erkauft positiven Inhalt mit dem Verlust an theoretischer Kontur. Die Frage nach der Substanz, und das heißt zugleich: nach der Legitimität des Maßnahmegesetzes, ist bisher offen geblieben.

## § 16 Exkurs: Zur Wortgeschichte von „Maßregel"

Der Begriff des Maßnahmegesetzes impliziert die These, daß im modernen Staat die Form des Gesetzes für einen ihr ursprünglichen fremden Inhalt, nämlich zur Ergreifung von Maßnahmen, verwendet wird. Der positive Begriff des Maßnahmegesetzes setzt daher die Feststellung des positiven Begriffs der Maßnahme voraus, auf den sich denn auch Forsthoff ausdrücklich, mit dem Hinweis auf die von Carl Schmitt vorgetragene Auslegung des Art. 48 der Weimarer Reichsverfassung, berufen hat. Da jedoch der Rechtsbegriff der Maßnahme in der Staatsrechtslehre keinen gefestigten systematischen Ort besitzt, sondern jeweils nur aus Anlaß einer konkreten Fragestellung zum Gegenstand der Erörterung gemacht worden ist, erscheint es zweckmäßig, eine Untersuchung seiner Wort- und Begriffsgeschichte vorauszuschicken.

Die Geschichte des Wortes „Maßnahme" allerdings ist kurz und einigermaßen unergiebig. Das Grimmsche Wörterbuch[1] verzeichnet als frühesten Beleg eine Stelle in Immermanns 1838/39 erschienenem Ro-

[19] Ballerstedt, a. a.O., S. 378.

[20] Siehe oben Anm. 8.

[21] Zu Mannheims Begriff des Politischen vgl. Ideologie und Utopie, 1929, S. 70; Mensch und Gesellschaft im Zeitalter des Umbaus, 1958, S. 343 ff.

[1] M. Heyne im Grimmschen Wörterbuch Bd. VI s. v. Heyne umschreibt Maßnahme als jüngeres Synonym für „Maßnehmung" und dieses als das „Ergreifen einer Verfahrensart oder die Verfahrungsart selbst".

man „Münchhausen". Durch das ganze neunzehnte Jahrhundert blieb das Wort selten und stärker der journalistischen als der literarischen Sphäre zugehörig; die literarische ebenso wie die juristische Sprache bleibt bei dem Wort „Maßregel", das erst im 20. Jahrhundert durch das gleichbedeutende „Maßnahme" verdrängt wird[2].

Um so aufschlußreicher ist die Geschichte des Wortes „Maßregel". Auch dieses Wort gehört nicht zum alten Bestand der deutschen Sprache; es verdankt seine Entstehung vielmehr einer Prägung Lessings[3], und zwar, wie viele seiner glücklichsten Neuschöpfungen[4], einer Eindeutschung. Er verwendet es das erstemal 1751 in der Übersetzung einer Fabel von La Motte für das französische „mesure"[5]; auch später kehrt es mehrfach in Übersetzungen aus dem Französischen wieder[6]. Mehrfach bedient sich Lessing des neugeschaffenen Worts dann 1754 in den ersten Stücken der „Theatralischen Bibliothek", und zwar in einem höchst präzisen Sinn. Es bezeichnet nämlich in der Hauptsache die Anstalten der Revolutionäre zur Vorbereitung des Umsturzes sowie die Vorkehrungen der Machthaber zur Sicherung gegen die Revolution, zur Gegenrevolution und zum Staatsstreich[7]; das Wort hat also schon in den Anfängen seiner Geschichte einen konkreten politischen Sinn. In derselben Bedeutung verwendet Lessing das Wort auch später in seinen dramaturgischen Schriften[8]. Daneben hat es, wenn auch seltener, und zwar ebenfalls schon 1754 in der Theatralischen Bibliothek[9] und dann 1755 in der „Miß Sara Sampson"[10], noch einen anderen Sinn:

---

[2] Die ältesten Belege in der juristischen Sprache stammen, soviel zu sehen, aus den fünfziger Jahren des neunzehnten Jahrhunderts; vgl. die kurhessische Amnestieverordnung vom 26. 6. 1851 (E. R. Huber, Dokumente, wie oben § 6 Anm. 9, Nr. 223 S. 493) oder den preußischen Antrag, die Marschbereitschaft des Hauptkontingents der Bundestruppen betreffend, vom 23. 4. 1859, in den Protokollen der Bundesversammlung 1859, 13. Sitzung, § 139, S. 264.

[3] Schön hat Klopstock in der „Gelehrtenrepublik" Lessings Verdienst als Wortschöpfer gewürdigt (Werke, Stereotypausgabe, Göschen 1839, Bd. VIII S. 56).

[4] z. B. „empfindsam" für das englische „sentimental" oder „abstechen", „Abstich" für „Kontrast", „kontrastieren".

[5] Werke ed. Boxberger, 1883—1890, Bd. IV Teil 2 S. 91 (aus dem „Neuesten aus dem Reich des Witzes").

[6] Etwa in den Diderot-Übersetzungen von 1760: Werke Bd. VIII S. 276 und S. 370.

[7] Werke Bd. V S. 90, 91, 95/96, 104, 118.

[8] Werke Bd. X S. 383 (85. Stück der Hamburgischen Dramaturgie, 1768).

[9] Werke Bd. V S. 318; ebenso im vierten Stück der Theatralischen Bibliothek (1758) Werke Bd. V S. 441 und 453.

[10] Werke Bd. II S. 231. Dies ist der älteste Beleg — und der einzige aus Lessings Schriften —, den das Grimmsche Wörterbuch angibt. Das Material dieses Artikels reicht für eine Wortgeschichte nicht aus; immerhin sind die in ihm enthaltenen Belege, die im Folgenden nicht noch einmal angeführt werden, zur Ergänzung heranzuziehen.

Es bezeichnet die einzelnen Teilakte einer Intrige, und zwar merkwürdigerweise durchweg die ersten, heimlich genommenen Schritte[11]. Der Sprachgebrauch ist also sehr viel enger als der des französischen Vorbildes[12]; das Wort hat bei Lessing einen peiorativen Beigeschmack, einen Klang von Gewalt und List.

Dieser herabsetzende Unterton hat sich in der weiteren Geschichte des Wortes rasch und vollständig verloren. Zwar bei Kant, der das Wort einige Male zur Bezeichnung von Handlungen des eigennützigen Vorteils wegen (im Gegensatz zu Handlungen um des moralischen Gesetzes willen) gebraucht[13], hat er sich noch erhalten[14]; und auch Wieland, der, wie auch bei anderen Neuprägungen Lessings[15], sich eng an dessen Sprachgebrauch anlehnt, verwendet das Wort durchweg in kritischem Zusammenhang. Wieland bedient sich desselben ausschließlich in seinem politischen Sinn; es bezeichnet für ihn die Vorkehrungen gegen gemeine Not und das Einschreiten mit bewaffneter Macht, sowie die Vorsorge zur Sicherung politischer Herrschaft, insbesondere das gegenrevolutionäre Handeln[16]. Diese Präzision des Sprachgebrauchs erreicht Wieland dadurch, daß er in den Fällen weiterer Bedeutung nicht das Wort „Maßregel", sondern das von ihm geschaffene Wort „Maßnehmung" benutzt[17], in dessen Verwendung er allerdings keine Nachfolge gefunden hat[18]. Ähnlich ist der Sprachgebrauch Herders, der als „Maßregel" ebenfalls die Vorkehrungen zur Sicherung und zum Ausbau politischer Macht oder zur Erhaltung der gefährdeten politischen Existenz eines Gemeinwesens bezeichnet[19]. Denselben genauen politischen Sinn hat das Wort schließlich bei Friedrich Maximilian Klinger, selbst

---

[11] Ähnlich Werke Bd. X S. 334 (64. Literaturbrief, 1759) bezüglich einer politischen Intrige.

[12] „Mesure" bezeichnet zwar ebenfalls die Teilstücke einer Intrige oder revolutionäre Vorkehrungen, bedeutet aber daneben, und zwar seit alters, auch ganz farblos „Mittel". Vgl. z. B. die bei Littré s. v. zusammengestellten Belege.

[13] Kant, Kritik der praktischen Vernunft (1787), ed. Vorländer 1952, S. 42, 44, 150.

[14] Zu Kants Sprachgebrauch vgl. auch unten S. 108 f.

[15] „Empfindsam" z. B. Werke, Göschen 1853—1858, Bd. XIII S. 240 und 246; „Abstich" Bd. I S. 173 (vgl. oben Anm. 4). Die Belege ließen sich sehr vermehren.

[16] Insoweit reiche Belege im Grimmschen Wörterbuch, denen etwa noch die besonders markante Stelle Werke Bd. XXXIII S. 192 (Zusatz zu den „Aëronauten", 1797) hinzuzufügen wäre.

[17] Die Belege im Grimmschen Wörterbuch s. v.

[18] Das Grimmsche Wörterbuch gibt, außer bei Wieland, nur noch eine Stelle an (Niebuhrs Kleine Schriften, Bd. I 1828, S. 69); auch mir ist kein weiterer Beleg bekanntgeworden. Ein Einfluß auf die Bildung des Wortes „Maßnahme" scheint mir angesichts dieser Wortgeschichte nicht erweislich.

[19] Herder, Werke, ed. Düntzer, Bd. XII, S. 54, 117, 158 (Ideen zur Philosophie der Geschichte der Menschheit, Vierter Teil, 1791).

noch in den ersten Jahren des neunzehnten Jahrhunderts[20], wie überhaupt Klinger auch in seinen späten Schriften, vielleicht weil er außerhalb Deutschlands (in Petersburg) lebte, den Sprachgebrauch der Zeit seiner Jugend bewahrt hat.

Das Bild ändert sich spürbar in der deutschen Klassik. Einmal ist sie in der Verwendung des Wortes Maßregel überhaupt sehr viel sparsamer als die Vorklassik; sowohl bei Goethe als auch bei Schiller ist das Wort geradezu selten[21]. Zum anderen hat es eine ganz farblose Bedeutung angenommen, heißt nur etwa dasselbe wie „Vorkehrung"[22]; der früheste Beleg für diesen Sprachgebrauch ist, wie es scheint, eine Stelle in „Wilhelm Meisters theatralischer Sendung"[23]. Im geraden Gegensatz dazu bedient sich die Romantik des Wortes vielfach und repristiniert gleichzeitig seinen politischen Sinn. So ist es bei Schleiermacher schon 1797 deutlich auf die das politische Ganze betreffenden Akte bezogen[24], und wenige Jahre später bezeichnet es bei Görres[25] und bei Gentz[26] die zur Unterdrückung der Revolution getroffenen Anstalten. Zwar erhält sich auch in der Romantik hier und da der farblose

---

[20] Klinger, Ausgewählte Werke, Cotta 1878—1880, Bd. VII, S. 11, 38, 45 (Betrachtungen und Gedanken über verschiedene Gegenstände der Welt und der Literatur, Erster Teil, 1801/02).

[21] Bei Goethe sind mir, außer der unten Anm. 23 genannten, Belegstellen über die beiden im Grimmschen Wörterbuch aufgeführten (Sophienausgabe XVII, 371 und LIV, 18) hinaus nicht bekanntgeworden. Bei Schiller läßt sich der im Grimmschen Wörterbuch angegebenen Stelle, Nationalausgabe der Werke Bd. VIII, 161 (aus den Piccolomini — der einzige Beleg für die Verwendung des Wortes in gebundener Rede) etwa noch anfügen die Stelle ebda. Bd. XXII 169 (Briefe über Don Carlos 1788).

[22] Dieser farblosen Bedeutung nähert sich unter den älteren Stellen nur die überhaupt früheste (bei Lessing, oben Anm. 5); es scheint, als sei Lessing die Präzisierung des Wortes erst im wiederholten Anlauf geglückt. Auf die Wortgeschichte kann allerdings diese erste Stelle kaum Einfluß gehabt haben, jedenfalls nicht über einen längeren Zeitraum hinweg, da sie einem Zeitungsbeitrag entstammt (der Beilage zu den Berlinischen Staats- und Gelehrten Zeitungen) und in Lessings Schriften nicht aufgenommen wurde.

[23] Sophienausgabe Bd. LI S. 81 = Akademieausgabe S. 51/2. Auf die Wortgeschichte kann die Stelle ebenfalls nicht eingewirkt haben, da die theatralische Sendung erst im 20. Jh. (1911) veröffentlicht wurde. — Erwähnt sei, daß fast gleichzeitig ein Altersgenosse Goethes, der Dichter Johann Anton Leisewitz in seiner Abhandlung „Über den Ursprung des Wechsels" 1782 (Sämtliche Schriften, 1838, S. 129) das Wort vielleicht erstmals in das juristische Schrifttum eingeführt hat; und zwar verwendet er es für Akte der Zwangsvollstreckung, für welche wir es heute noch benutzen.

[24] Predigtentwurf über Eph. 2, 19—21 auf den 5. 8. 1797, veröffentlicht von Johannes Bauer, Schleiermacher als patriotischer Prediger, 1908, S. 328.

[25] Görres, Gesammelte Schriften, hrsg. im Auftrag der Görres-Gesellschaft, Bd. I, 1928, S. 561 und 567 (Resultate meiner Sendung nach Paris, 1800).

[26] Gentz, Staatsschriften und Briefe, hrsg. von Hans von Eckardt, Bd. I, 1921, S. 143 (Fragmente aus der neuesten Geschichte des politischen Gleichgewichts in Europa, 1806).

Gebrauch der Klassik[27]. Doch schwingt jetzt auch in solchen Fällen manchmal die politische Bedeutung mit; so erhält z. B. das Wort an zwei Stellen in Jean Pauls „Titan", die es zur Bezeichnung höfischer Kabalen verwenden[28], erst seine eigentümliche stilistische Nuance, wenn man sich vergegenwärtigt, daß das sonst auf die Angelegenheiten des staatlichen Ganzen bezogene Wort in diesem Gebrauch eine ironische Färbung gewinnt. Eine markante Sonderbedeutung, die seinen politischen Sinn gut beleuchtet, erhält das Wort „Maßregel" schließlich um dieselbe Zeit in der Staatsphilosophie, indem es diejenigen Handlungen bezeichnet, die planmäßig von einem Verfassungszustand in einen neuen überleiten; Belege finden sich bei Novalis[29], Fichte[30], Fries[31] und Hegel[32].

Der Unterschied des vorklassischen und des romantischen Sprachgebrauchs liegt einmal darin, daß sich in der Romantik der peiorative Sinn des Wortes vollends verloren hat; gerade die letztgenannte Gruppe von Belegen verwendet das Wort überwiegend in zustimmend-programmatischem Zusammenhang. Das Wort ist terminus technicus geworden. Zum zweiten bezeichnet das Wort ausschließlich staatliches Handeln; es ist kennzeichnend, daß niemals die Revolution, sondern immer die im Besitz der staatlichen Macht befindlichen Gegner der Revolution „Maßregeln" ergreifen. Wenn sich der literarische Sprachgebrauch auf schulmäßige Definitionen abziehen ließe, könnte man sagen, daß „Maßregel" die im Gesamtinteresse eines politischen Organismus von seinen berufenen Organen, meist zur Abwendung einer existenzbedrohenden Gefahr, getroffene außergewöhnliche Vorkehrung bezeichnet.

Dieser Sprachgebrauch ist keineswegs auf das staatstheoretische Schrifttum oder auch nur auf die im engeren Sinn literarische Sprache beschränkt. Vielmehr werden in den Briefen oder im Tagesschrifttum der Zeit als „Maßregel" etwa bezeichnet die Säkularisationen von 1803[33],

---

[27] Vgl. etwa Brentano, Gesammelte Werke, hrsg. von Heinz Amelung und Karl Viëtor, Bd. II, 1923, S. 213 (Godwi, 1. Teil. 1800).

[28] Jean Paul, Werke, hrsg. von Norbert Miller, Bd. III, München 1961, S. 648, 659.

[29] Novalis, Werke, hrsg. von Kluckhohn, Bd. III, 1928, S. 303 (Notiz aus dem „Allgemeinen Brouillon", wohl von 1798/99).

[30] Fichte, Sämtliche Werke, hrsg. von I. H. Fichte, Bd. III, S. 484, 494 u. ö. (Der geschlossene Handelsstaat, 1800).

[31] Fries, Philosophische Rechtslehre, 1803, S. 71.

[32] Hegel, Berliner Schriften, hrsg. von Hoffmeister, 1956, S. 477, 484 (Über die englische Reformbill, 1831).

[33] Heinrich Schenk an F. H. Jacobi, 6. 12. 1803, Jacobis auserlesener Briefwechsel, Bd. II, 1827, S. 342.

die Aufstellung des Landsturms 1813[34], die von den preußischen Truppen im selben Jahr zur Erschwerung des französischen Vormarschs angeblich angewandte „Strategie der wüsten Erde"[35], die von den Regierungen nach dem Sandschen Attentat 1819 eingeleiteten Untersuchungen[36] oder die Karlsbader Beschlüsse[37]. Vor dem Hintergrund dieses Sprachgebrauchs wird verständlich, wie der Begriff der „Maßregel" im Staatsrecht der Jahre nach 1815 technische Bedeutung erlangen konnte. Im Staatsrecht des Deutschen Bundes bezeichnete „Maßregel" die Akte der Bundesintervention (zur Unterdrückung aufrührerischer Umtriebe) und der Bundesexekution (bei bundeswidrigem Verhalten eines Gliedstaates)[38]; in der politischen Praxis hießen „Maßregeln", ohne jeden erläuternden Zusatz, die Maßnahmen zur Bekämpfung der nationalen und liberalen Bewegung[39], als „Maßregelbeschlüsse" wurden die sonst auch als „Ausnahmebeschlüsse" bezeichneten Normen zur Bekämpfung „demagogischer Umtriebe" zusammengefaßt[40]. Entsprechend ermächtigten die Notstandsartikel der konstitutionellen Landesverfassungen dazu, „die erforderlichen Maßregeln zu ergreifen"[41]. Das staatsrechtliche Schrifttum folgt dem Sprachgebrauch der Staatspraxis und bezeichnet als „Maßregel" ebenfalls fast durchweg nur die Akte der politischen Ausnahmegewalt[42].

Die erste Ausweitung des Begriffs ist die Übernahme des staatsrechtlichen Terminus in die Verwaltungspraxis. Seit den späten zwanziger Jahren des Jahrhunderts begegnen in den partikularen Gesetzblättern z. B. baupolizeiliche „Maßregeln"[43], „Maßregeln" zur Verhütung von

---

[34] Solger an Raumer, 3. 7. 1813, Solgers Nachgelassene Schriften und Briefwechsel, Bd. I, 1826, S. 287.

[35] Hebel, Gesammelte Werke, hrsg. von Meckel, Bd. II, 1958, S. 169 f. (Aus dem Rheinischen Hausfreund 1813 — der Zeitlage entsprechend noch franzosenfreundlich).

[36] Fries, Autobiographische Aufzeichnung, bei Henke, Fries, 1867, S. 203.

[37] Schelling an Atterbom, 16. 3. 1820, Plitt, Aus Schellings Leben, 1869, Bd. II S. 437.

[38] So schon die Wiener Schlußakte, z. B. in Art. 26 (Text bei Huber, Dokumente, wie oben § 6 Anm. 9, Bd. I, Nr. 30 [S. 84]). In 14 Artikeln der Wiener Schlußakte kehrt das Wort in diesem Sinn sechzehnmal wieder.

[39] Vgl. als ein nahezu beliebiges Beispiel etwa die Diskussionen um die „Maßregeln wegen der deutschen politischen Flüchtlinge", Protokolle der Bundesversammlung 1834, 14. Sitzung vom 10. April, § 188.

[40] Vgl. Ernst Rudolf Huber, Deutsche Verfassungsgeschichte seit 1789, Bd. II, 1960, S. 162 f.

[41] Vgl. statt vieler etwa § 95 Abs. 2 der kurhessischen Verfassung von 1831 (Text bei Huber, Dokumente, wie oben § 6 Anm. 9, Bd. I, Nr. 56 [S. 215]).

[42] Vgl. etwa Klüber, Öffentliches Recht der Teutschen Bundes, 4. Aufl. 1840, S. 199 f., 286; Zachariä, Deutsches Staats- und Bundesrecht, 3. Aufl. Bd. II 1867, S. 721 f.

[43] Sächsische Verordnung, baupolizeiliche Maßregeln zur Abwendung von Feuersgefahr betreffend, vom 18. 5. 1832, GS 325.

Forstfreveln[44] oder zur Bekämpfung der Insektenplage[45], das Wort beginnt polizeiliche Vorkehrungen zur Gefahrenabwehr zu bezeichnen. Durchweg heißen „Maßregeln" dann die Vorschriften zur Eindämmerung der Choleraepidemie von 1831[46]. In eine spätere Zeit erst fällt die Nivellierung des Sprachgebrauchs, die als „Maßregel" ununterschieden alles staatliche Handeln, vornehmlich das exekutivische, bezeichnet; eine Datierung ist naturgemäß schwer möglich, doch mag sie in den vierziger, allenfalls den ausgehenden dreißiger Jahren eingesetzt haben. Ihr Ausgangspunkt mag die Ministerialbürokratie gewesen sein; einen Beleg für diese Vermutung liefert der Sprachgebrauch Savignys, welcher in seinem wissenschaftlichen Oeuvre das Wort „Maßregel" durchweg in der präzisen Bedeutung verwendet[47] und in seiner Ministerzeit, in der offiziösen Schrift über die Reform des preußischen Ehescheidungsrechts, den weiten Sprachgebrauch rezipiert[48].

## § 17 Fortsetzung (Gesetz und „Maßregel")

Aus der reichen Geschichte des Begriffs der „Maßregel" interessiert für die Zwecke der vorliegenden Arbeit vornehmlich die Geschichte des Verhältnisses von „Maßregel" und Gesetz. Dieses Problem hat das staatstheoretische Denken seit den Anfängen des Begriffs der „Maßregel" beschäftigt. Es wäre allerdings ein Irrtum, wenn man, durch den modernen Sprachgebrauch verleitet, annehmen wollte, das Gesetz hätte als die generelle Regelung[1] der Maßregel als der auf den einzelnen Fall bezogenen Vorkehrung entgegengestanden. Bis weit in das neunzehnte Jahr-

---

[44] Braunschweigische Verordnung, die mit dem Königlich Preußischen Gouvernement geschlossene Übereinkunft wegen gegenseitiger Ergreifung wirksamerer Maßregeln zur Verhütung der Forstfrevel in den Gränzwaldungen betreffend, vom 7. 2. 1827, VOS 7.

[45] „Von den Maßregeln gegen die Angriffe der Insekten" lautet die Überschrift des 5. Kapitels des Badischen Forstgesetzes vom 15. 11. 1833, RegBl. 1834, 5.

[46] Vgl. etwa die Präambel des preußischen Gesetzes wegen Bestrafung derjenigen Vergehungen, welche die Übertretung der zur Abwendung der Cholera erlassenen Verordnungen betreffen vom 15. 6. 1831, GS 61, oder die braunschweigische Verordnung die gegen das Eindringen der Cholera in die hiesigen Lande zu treffenden allgemeinen Maßregeln betreffend vom 17. 6. 1831, VOS 39.

[47] Vgl. z. B. die Geschichte des Römischen Rechts im Mittelalter, 2. Aufl. Bd. I, 1834, S. 332, 420, Bd. III, 1834, S. 113, 203, 241, 418, 607.

[48] „Darstellung der in den Preußischen Gesetzen über die Ehescheidung unternommenen Reform", zunächst 1844 ohne Angabe des Verfassers erschienen, dann aufgenommen in Savignys Vermischte Schriften, 1850, Bd. V, S. 222 ff. Siehe insbes. S. 276 f., 314, 321, 327, 330, 335, 345 u. ö.

[1] Ganz davon abgesehen, daß der Begriff der „generellen Regel" jünger ist; vgl. unten S. 160.

hundert hinein galt vielmehr „Maßregel" nicht, wie das heutige Wort „Maßnahme" weithin, als konkrete Einzelentscheidung; Verbindungen wie „Maßregeln und Grundsätze"[2], „Plan und Maßregel"[3], die nicht etwa einen Gegensatz bezeichnen, sondern eine Parallelisierung enthalten, lehren, daß das Wort auch generelle Vorschriften bezeichnen konnte[4]. Wenn Kant es verwendet, um die durch das Streben nach individueller Glückseligkeit bestimmten Maximen menschlichen Handelns zu bezeichnen[5], wird dieser Zusammenhang besonders deutlich; denn Kants Freiheitsbegriff führte zu der Folgerung, daß der Mensch frei nur nach Maximen (diese seien moralisch oder unmoralisch) und das heißt nach allgemeinen Regeln handeln könne, die er sich selbst gesetzt hat[6]. Im Zusammenhang dieser Deduktion kann der Unterschied von Gesetz und Maßregel also nicht im generellen Charakter, er muß vielmehr in der verschiedenen moralischen Qualität beider beruhen.

Den hier nur anklingenden Unterschied von Gesetz und Maßregel hat Kant an anderer Stelle in seiner staatsrechtlichen Bedeutung explizit dargelegt. Im zweiten Teil der Abhandlung „Über den Gemeinspruch: Das mag in der Theorie richtig sein, taugt aber nicht für die Praxis"[7] legt Kant dar, daß die Glückseligkeit, weder des Einzelnen noch des Staatswesens, für die Gesetzgebung keinen tauglichen Maßstab abgebe; denn oberstes Prinzip des Gesetzes müsse das Recht sein, die gesetzmäßige Freiheit, die einem jeden gesichert werden soll. Daneben gebe es allerdings, so fährt Kant fort, eine andere Gruppe von Gesetzen, die „zunächst auf die Glückseligkeit (die Wohlhabenheit der Bürger, die Bevölkerung u. dergl.) gerichtet" seien. Diese Gruppe von Gesetzen bezeichnet Kant als „Maßregeln"; sie seien nicht zulässig, „das Volk gleichsam wider seinen Willen glücklich zu machen, sondern nur zu machen, daß es als gemeines Wesen existiere", also nur „als Mittel, den (sc. durch Gesetze im ersten Sinn hergestellten) *rechtlichen Zustand*... zu *sichern*"[8]. Anders als bei den Gesetzen der ersten Gruppe, ist diese Maßregel zu treffen allein das Staatsoberhaupt (das heißt: das Oberhaupt der Staatsverwaltung[9]) befugt.

---

[2] Herder, Werke ed. Düntzer, Bd. XII S. 54.

[3] Goethe Sophienausgabe LIV 18.

[4] Als „Regel für die Art und Weise eines Verfahrens" umschreibt das Wort Heyne im Grimmschen Wörterbuch s. v.

[5] Siehe oben § 16 Anm. 13.

[6] Siehe Kant, Die Religion innerhalb der Grenzen der bloßen Vernunft, ed. Vorländer 1956, S. 23.

[7] Kant, Kleinere Schriften zur Geschichtsphilosophie, Ethik und Politik, ed. Vorländer, 1959, S. 67 ff.

[8] a. a. O., S. 96.

[9] Vgl. dazu Kants Anm. ebda. S. 91.

Obgleich nur im Keim, ist in dieser Passage Kants die ganze Problematik des Begriffs des Maßnahmegesetzes angelegt: Seine Unterscheidung vom Rechtsgesetz, die Beschränkung seiner Zulässigkeit, der Versuch, obwohl es nicht der Verwirklichung des rechtlichen Zustands dient, als Mittel zu seiner Sicherung es zu rechtfertigen, und die These, sein Erlaß gehöre wesenhaft zur Kompetenz des verwaltenden, nicht des gesetzgebenden Organs. Nur bleibt Kant, der die ganze Frage im Zusammenhang mit der Problematik des Widerstandsrechts erörtert, bei der Behandlung der Kompetenzfrage stehen; da er überdies den Bereich der Verwaltung von dem der Gesetzgebung im übrigen nach strikt formalen Kriterien abgrenzt[10], ließ sich ein Begriff des Maßnahmegesetzes aus diesem Ansatz nicht entwickeln[11]. Kant hat denn auch in dieser Hinsicht unmittelbare Nachfolge nicht gefunden; wenn spätere Rechtsphilosophen den Unterschied von Rechtsgesetzen und die Wohlfahrt fördernden „Regierungsgesetzen" untersuchen[12], so bedeutet das nicht ein Fortschreiten auf der Grundlage des von Kant geprägten Rechtsstaatsbegriffs, sondern im Gegenteil den Versuch einer Versöhnung des Rechtsstaats und der absolutistischen Staatsidee[13].

Auch in der Staatspraxis, und nicht nur in der Philosophie, hat der Gegensatz von Gesetz und Maßregel früh eine Rolle gespielt. Ein instruktives und prägnantes Beispiel liefert die Diskussion um die preußische Arbeiterschutzgesetzgebung. Es ist bemerkenswert, daß mit dem Plan einer preußischen Fabrikgesetzgebung, dem ersten Anfang des Sozialstaats in Deutschland[14], das Wort „Maßregel" von Beginn an verknüpft ist; schon Hardenbergs Schreiben an den Oberpräsidenten der Rheinprovinz vom 5. 9. 1817, das erste Dokument dieser Entwicklung[15], fordert „Maßregeln" zur Einschränkung der Kinderarbeit[16]. Die ursprüngliche Absicht des preußischen Kultusministers von Altenstein war, die Kinderarbeit durch eine endgültige und generelle Regelung — wie es schließlich durch das Regulativ über die Beschäftigung jugendlicher Arbeiter in den Fabriken vom 9. 3. 1839 (GS 12) auch geschah — zu begrenzen. Als sich jedoch zeigte, daß die Widerstände der Industrie,

---

[10] Siehe dazu Ernst-Wolfgang Böckenförde, Gesetz und gesetzgebende Gewalt (Schriften zum Öffentlichen Recht Bd. 1), 1958, S. 94 ff.

[11] Vgl. oben S. 98.

[12] Wie z. B. Johann Jakob Wagner (siehe unten S. 143 bei § 22 Anm. 31).

[13] Für seine politische Haltung ist Wagners Kampf gegen das Gewaltenteilungsprinzip (vgl. unten § 22 Anm. 29) kennzeichnend.

[14] Siehe Huber, Verfassungsgeschichte, Bd. 2, wie oben § 16 Anm. 40, S. 28 ff.

[15] Siehe H. W. Erdbrüggen, „Kinder im Fabriksystem", Festgabe für Hans Herzfeld, 1958, S. 432 ff.

[16] Siehe die bei Erdbrüggen, a. a. O., S. 435 ff. angeführten Stellen aus dem — unveröffentlichten — Schreiben.

zu deren Sprecher sich der Innenminister Schuckmann machte, den sofortigen Erlaß entsprechender Vorschriften nicht gestatteten, griff von Altenstein zu einem Aushilfsmittel; mit dem Circularreskript vom 27. 4. 1827[17] ordnete er an, daß, da „allgemeine Verordnungen" derzeit noch nicht erlassen werden könnten, „Maßregeln" auf Grund der Gesetze über die Schulpflicht zu treffen seien. Ebenso setzt er in einem Votum vom 4. 7. 1828[18] dem allgemeinen Gesetz über die Fabrikarbeit der Kinder Maßregeln zur Verhütung konkreter Gefahren von Fall zu Fall entgegen.

In seine eigentliche politische Funktion tritt der Unterschied von Gesetz und Maßregel jedoch erst in der Schule Hegels ein. Und zwar ist es der junge Marx, der diesem Unterschied seine eigentümliche juristische und politische Prägnanz gegeben hat, in der anonymen Aufsatzreihe des Jahres 1842 über die Debatten des 6. rheinischen Landtags in der Rheinischen Zeitung. Marx beschäftigt sich in dem ersten Artikel dieser Serie mit den Debatten des Landtags über die Preßfreiheit[19] und benutzt den Ort zu einem grundsätzlichen Angriff auf das preußische Zensuredikt. Daß dieses Edikt eine „Maßregel" im Sprachgebrauch der Zeit war, das auszusprechen war keine Neuerung; die Bezeichnung findet sich vielmehr häufig, und nicht etwa nur auf liberal-oppositioneller, sondern auch auf konservativer Seite, etwa bei Stahl[20] und Ancillon[21]. Die neue und fruchtbare Wendung, die Marx dem Gedanken gibt, liegt darin, daß er dem Zensuredikt als Maßregel das geforderte Preßgesetz als Gesetz entgegenstellt mit den Worten: „Die Zensurmaßregel ist kein Gesetz. Das Preßgesetz ist keine Maßregel"[22]. Marx begründet diese Antithese — und er steht damit bis in die Formulierung hinein auf dem Boden der durch Kant begründeten Tradition des rechtsstaatlichen Idealismus — damit, daß er darlegt, das Preßgesetz sei „die Regel der Freiheit selbst, die sich zum Maß ihrer Ausnahmen macht"; es sei „positives Dasein der Freiheit" und deshalb *„wirkliches Gesetz"*. Das Zensuredikt dagegen habe „nur die *Form* eines Gesetzes"; es habe „kein *Maß* in sich, keine *vernünftige Regel"*, bekenne selbst, daß es „kein Selbstzweck, nichts an und für sich Gutes sei", sondern auf dem Satz beruhe: „Der Zweck heiligt die Mittel". Dieser Satz allein könne jedoch seine Notwendigkeit nicht begründen, denn „ein Zweck, der un-

---

17 Text bei G. K. Anton, Geschichte der preußischen Fabrikgesetzgebung bis zu ihrer Aufnahme durch die Reichsgewerbeordnung (Schmollers staats- und sozialwissenschaftliche Forschungen Bd. XI Heft 2), 1891, S. 168.

18 Vgl. Anton, a. a. O., S. 33.

19 Karl Marx und Friedrich Engels, Werke, Berlin, seit 1957, Bd. I S. 28—77.

20 Rechtsphilosophie Bd. II 1 (3. Aufl.) S. 329.

21 Ancillon, Geist der Staatsverfassungen (1825) S. 268.

22 Werke Bd. I S. 57.

heiliger Mittel bedarf, ist kein heiliger Zweck". Es fehlt dem Zensuredikt daher nach Marx' Ansicht dasjenige, was, wie er an anderer Stelle derselben Aufsatzreihe[23] formuliert, die „Form des Gesetzes" ausmacht: „Allgemeinheit und Notwendigkeit". Gesetz ist nur, was *„Recht* (ist), weil es positives Dasein der Freiheit ist"; daraus folgert Marx den allgemeinen Satz: *„Es gibt keine aktuellen Präventivgesetze"*[24].

Diese Darlegung des jungen Marx wird uns in späterem Zusammenhang noch einmal zu beschäftigen haben. An dieser Stelle genügt es festzuhalten, daß der Unterschied von Gesetz und Maßregel nicht formeller Natur ist, insbesondere nicht in der Kompetenz begründet, daß Marx vielmehr einen materiellen Begriff der Maßregel verwendet (welche daher in die Form auch des Gesetzes gekleidet sein kann) und ihn einem materiellen Begriff des Gesetzes gegenüberstellt. Auch Marx setzt diesen Unterschied in den Umstand, daß die Maßregel nicht in sich notwendig, sondern notwendig nur als Mittel zu Zwecken ist; er präzisiert diesen Unterschied dahin, daß das Gesetz notwendig ist, weil es positives Dasein der Freiheit und also Recht ist, während die Maßregel, ohne inneres vernünftiges Maß, vielmehr aktuell und präventiv ist.

Auch der erste, der aus dem Unterschied von Gesetz und Maßregel eine konkrete juristische These gefolgert hat, ist ein geschulter Philosoph gewesen, nämlich Friedrich Julius Stahl.

Nachdem der preußische König mit dem Staatsstreich vom 5. Dezember 1848 die oppositionelle Nationalversammlung aufgelöst und einseitig die neue Verfassung oktroyiert hatte[25], traf er noch vor dem Zusammentreten der neuen Kammern — gestützt auf die Notverordnungskompetenz des Art. 105 der okroyierten Verfassung — durch die Verordnungen vom 2. und 3. Januar 1849[26] Änderungen der Gerichtsverfassung und des Gerichtsverfahrens von erheblicher Bedeutung. In den am 26. Februar 1849 zusammengetretenen Kammern erhob sich lebhafter Protest. Insbesondere Stahl vertrat als Abgeordneter der ersten Kammer in der Rede vom 21. März 1849 die Auffassung, die umstrittenen Notverordnungen ließen sich jedenfalls durch den Hinweis auf Art. 105 der Verfassungsurkunde nicht rechtfertigen. Er begründete dies damit, daß Art. 105 Abs. 2 nur zu den im Falle einer Gefahr für die öffentliche Sicherheit und Ordnung erforderlichen „Verwaltungs-

---

[23] In dem dritten Artikel (der zweite wurde durch die Zensur unterdrückt und ist verloren), die Debatten über das Holzdiebstahlsgesetz betreffend; Werke Bd. I S. 116.

[24] Werke Bd. I S. 58.

[25] Siehe Huber, Verfassungsgeschichte Bd. 2 (wie oben § 16 Anm. 40) S. 762 ff.

[26] GS 1 und 14.

maßregeln" ermächtige, niemals aber zu „solchen Verordnungen, die ihrer principalen Natur nach Gesetze sind, d. h. den Rechtszustand der Bürger dauernd feststellen"[27]. Man hat, irregeführt dadurch, daß Stahl von „Verwaltungs"maßregeln spricht, die Stelle später dahin gedeutet[28], daß sie einen formellen Begriff der Maßregel zugrunde lege, der demjenigen des Gesetzes im materiellen Sinn[29] nicht entgegengesetzt sei — sicher zu Unrecht[30]. Von „Verwaltungs"maßregeln spricht Stahl nur deshalb, um, wie schon Kant tat[31], anzudeuten, daß derartige Akte *materiell* dem Bereich der Verwaltung zugehören. Stahls Ziel war es darzutun, daß die Notverordnungskompetenz eine Ausnahmegewalt ist und daß deshalb, obwohl die preußische Verfassung von 1848, ebenso wie die Mehrzahl der übrigen konstitutionellen Verfassungen[32], in diesem Zusammenhang ohne weitere Unterscheidung zu „Verordnungen" ermächtigte, die Ermächtigung in Übereinstimmung mit den Vorschriften über die gewöhnliche Ausnahmegewalt[33] auf „Maßregeln" zu beschränken sei. Dabei legt Stahl gerade einen materiellen Begriff der Maßregel zugrunde, den er negativ gegen den materiellen Begriff des Gesetzes abgrenzt — nämlich gegen diejenigen Bestimmungen, die, wenn auch in der Form der Verordnung, den „Rechtszustand der Bürger dauernd feststellen" — und den er positiv auf das zur Abwendung einer Gefahr für die öffentliche Sicherheit und Ordnung[34] Erforderliche beschränkt.

In die zeitgenössische Rechtswissenschaft allerdings drang diese Unterscheidung von Gesetz und Maßregel nicht ein. Zwar beschäftigte man sich in einem konkreten Zusammenhang manchmal mit dem Begriff der Maßregel — zum Beispiel in der Diskussion um die Einführung der „Maßregeln der Sicherung und Besserung" im Strafrecht[35] oder im Völkerrecht bei der Auslegung des Begriffes der „außerordentlichen

---

[27] Stenographische Berichte der Ersten Kammer des Preußischen Abgeordnetenhauses 1849, S. 183; vgl. Ferdinand Fischer, Geschichte der preußischen Kammern vom 26. Februar bis 27. April 1849, 1849, S. 166.

[28] Arndt, Das selbständige Verordnungsrecht, 1902, S. 124.

[29] Arndt spricht a. a. O. nicht von Gesetzen im materiellen Sinn, sondern von Rechtsverordnungen, eine Abweichung, die mit seinem Gesetzesbegriff zusammenhängt (vgl. Böckenförde, wie oben § 17 Anm. 10, S. 310 ff.), im vorliegenden Zusammenhang jedoch unerheblich ist.

[30] Zutreffend Alfred Friedmann, Geschichte und Struktur der Notstandsverordnungen (Kirchenrechtliche Abhandlungen Heft 5), 1903, S. 52.

[31] Siehe oben S. 108 f.

[32] Nachweise bei Friedmann, a. a. O., S. 48 ff.

[33] Siehe oben S. 107 mit (§ 16) Anm. 41.

[34] Hier nicht im Sinn der polizeilichen Generalklauseln, sondern im Sinn des Art. 48 Abs. 2 WRV gebraucht.

[35] Nachweise bei Maurach, Strafrecht AT (wie oben § 14 Anm. 7) S. 535.

Kriegsmaßnahmen" im Friedensvertrag von Versailles[36] —, doch durchweg ohne zu erkennen, daß man es mit einem allgemeinen Begriff von eigentümlicher Struktur zu tun hatte. Dieser Umstand, und gleichzeitig die Unterscheidung von Maßregel und Gesetz, trat erst bei der Auslegung des Art. 48 der Weimarer Reichsverfassung wieder ins Bewußtsein. Den Mustern des 19. Jahrhunderts folgend[37] ermächtigte Art. 48 Abs. 2 WRV den Reichspräsidenten, im Fall der erheblichen Störung oder Gefährdung der öffentlichen Sicherheit und Ordnung im Reich „die zur Wiederherstellung der öffentlichen Sicherheit und Ordnung erforderlichen Maßnahmen zu treffen". Während Praxis und Lehre ursprünglich davon ausgingen, daß damit der Reichspräsident indistinkt zu beliebigen Handlungen rechtlicher oder tatsächlicher Art ermächtigt sei[38], hat als erster Carl Schmitt in dem Vortrag vor der Jenaer Staatsrechtslehrertagung 1924[39] hervorgehoben, daß der Begriff der Maßnahme ein Rechtsbegriff sei. Carl Schmitt gibt als Kriterium der Maßnahme an, daß bei ihr „das Vorgehen in seinem Inhalt durch eine konkret gegebene Sachlage bestimmt und ganz von einem sachlichen Zweck beherrscht ist, so daß es nach Lage der Sache von Fall zu Fall verschiedenen Inhalt und keine eigentliche Rechtsform hat"[40].

Carl Schmitt setzt die Maßnahme einerseits gegen das richterliche Urteil, andererseits gegen das Gesetz ab. Zwar verwendet er in diesem Zusammenhang nicht den Terminus vom „Gesetz im materiellen Sinn"; er wäre auch zur Unterscheidung von Gesetz und Maßregeln ungeeignet, da die in der Staatsrechtslehre herrschende Ansicht als „Gesetz im materiellen Sinn" entweder den Eingriff in Freiheit und Eigentum oder jede generelle Norm begreift[41], und beide Kriterien auch auf Maßregeln zutreffen können. Carl Schmitt formuliert vielmehr[42], eine Rechtsnorm könne dann nicht Maßnahme sein, „wenn sie wesentlich ein Rechtsprinzip zum Ausdruck bringen, d. h. vor allem gerecht, von der Rechtsidee beherrscht sein will". Damit spricht er nahezu denselben Gegensatz aus, den der junge Marx im Auge hat, wenn er der Maßregel das „wirkliche Gesetz" entgegenstellt, das in sich notwendig, weil positives Dasein der Freiheit und damit Recht sei. Carl Schmitt selbst hat den Gegensatz übrigens später, im „Hüter der Verfassung" von 1931, (wenn auch in einer mehr beiläufigen Bemerkung) scharf präzisiert und

[36] Vgl. Ernst Isay, Der Begriff der „außerordentlichen Maßnahmen" im Friedensvertrag von Versailles, 1922.

[37] Siehe oben § 16 Anm. 41.

[38] So noch Grau HStR II 278 f.

[39] Siehe oben § 1 Anm. 5.

[40] Schmitt VStR 1, 97.

[41] Siehe unten S. 163 ff.

[42] VStR 1, 97.

ausgesprochen[43], daß der Maßregel das Gesetz im Sinne des rechtsstaatlichen Gesetzesbegriffs entgegenstehe; und daraus zog er für die Weimarer Verfassung die Folgerung, daß Maßnahmen mangels ausdrücklicher Ermächtigung in der Verfassung nicht in der Form des Gesetzes getroffen werden dürfen.

Es ist hier nicht der Ort, den Schicksalen der Auslegung des Art. 48 Abs. 2 WRV in der Staatsrechtslehre und in der Staatspraxis nachzugehen[44]. Wenn Carl Schmitts Bestimmung des Begriffs der Maßnahme in Art. 48 Abs. 2 von der Wissenschaft überwiegend abgelehnt wurde[45], wenn auch die Praxis diese Grenze immer wieder überschritt[46], so läßt sich gegen die Begriffsbestimmung der Maßnahme daraus kein Einwand herleiten. Carl Schmitt selbst hat sich dieser weiten Auslegung später angeschlossen und dargelegt[47], daß durch die Praxis, sei es im Wege der Gewohnheitsrechtsbildung oder sei es als Ausfüllung eines Provisoriums durch Präjudizien, dem Reichspräsidenten neben der Maßnahmekompetenz des Art. 48 Abs. 2 die selbständige Kompetenz zum Erlaß gesetzvertretender *Verordnungen* zugewachsen sei; demungeachtet behalte für die Bestimmung des Inhalts der *Maßnahme*kompetenz der Begriff der Maßnahme seine Bedeutung.

Staatstheoretischen Rang gewinnt der Unterschied von Gesetz und Maßnahme bei Carl Schmitt dann in dessen 1932 erschienener Schrift „Legalität und Legitimität“. Denn auf diesem Unterschied beruht die Entgegensetzung von „Gesetzgebungsstaat“ und „Verwaltungsstaat“ und damit die eigentliche These der Schrift, welche die Situation des Jahres 1932 als die Krisis einer Entwicklung vom Gesetzgebungsstaat zum Verwaltungsstaat zu beschreiben versucht. Das Neuartige an der Bestimmung des Unterschiedes von Gesetz und Maßnahme ist der Nachweis, daß dieser Unterscheidung eine verschiedenartige *Legitimität* zugrunde liegt. Die Formeln, in denen sich die uralte Vorstellung der eigentümlichen Legitimität des Gesetzes bis in den rationalbürokratischen modernen Gesetzgebungsstaat tradiert, dessen Legitimität nach Max Webers Formulierung die Legalität ist — die Formel etwa, daß der Richterspruch „Im Namen des Gesetzes“ ergehe, oder die Garantie der

[43] Carl Schmitt, Der Hüter der Verfassung (wie oben § 1 Anm. 3), S. 16.

[44] Letzte Darstellung von Johannes Heckel, „Diktatur, Notverordnungsrecht, Verfassungsnotstand“ AöR N. F. 22 (1932) S. 257—338.

[45] Vgl. vor allem die Polemik von Grau, oben Anm. 38.

[46] Vgl. die Übersicht bei Anschütz (wie oben § 13 Anm. 51) Anm. 13 und 14 zu Art. 48.

[47] Carl Schmitt, Die staatsrechtliche Bedeutung der Notverordnung, in: „Notverordnung und öffentliche Verwaltung“, 1931, wiederabgedruckt in: Verfassungsrechtliche Aufsätze, 1958, S. 235—260 (238 f.); ders., Legalität und Legitimität, 1932, wiederabgedruckt ebda. S. 263—345 (319 f.).

„Gleichheit vor dem Gesetz" — lassen sich auf die Maßnahmen des Verwaltungsstaats nicht übertragen. Andererseits haben die Bestimmungsgründe der Maßnahme als des Herrschaftsmittels des Verwaltungsstaats, ihre „Zweckmäßigkeit" oder ihre situationäre „Notwendigkeit", für sich allein keine legitimierende Kraft[48]. Indem die Maßnahme an die Stelle des Gesetzes tritt — und das war nach Carl Schmitts These in den Jahren zwischen 1930 und 1932 der Fall, in denen der ordentliche Gesetzgeber durch den „außerordentlichen Gesetzgeber ratione necessitatis", den Reichspräsidenten, verdrängt wurde[49] —, wechselt der Staat die Grundlage seiner Legitimität. Carl Schmitt hat in der Schrift von 1932, deren Ziel die Analyse der konkreten Situation war, nicht versucht, die Frage nach der neuen Legitimität, der Legitimität der Maßnahme, zu beantworten. Wenn er als Ausweg aus der Legitimitätskrise den Schritt zur plebiszitären Legitimität vorschlug[50], so gerade in der Absicht, an die Stelle des Gesetzgebers „ratione necessitatis" den Gesetzgeber „ratione supremitatis" treten zu lassen[51]. Nachdem die Entwicklung, wie der erste Teil dieser Arbeit zeigt, dazu geführt hat, daß der *ordentliche* Gesetzgeber seine Gesetze „ratione necessitatis" gibt, bleibt die Frage nach der Legitimität dieses Tuns unausweichlich gestellt.

Zugleich ist der historische Überblick damit bis an die Gegenwart herangeführt. Denn wenn auch der Unterschied von Gesetz und Maßnahme im Anschluß an die Thesen Carl Schmitts im Schrifttum einigemale erörtert worden ist — z. B. von Heckel[52], Dahm[53] und in der Schweizer Rechtswissenschaft von Burckhardt[54] —, so ist doch die eigentliche Frage, diejenige nach der Legitimität der Maßnahme, erst in der Diskussion um das Maßnahmegesetz wieder aufgeworfen worden. Der Begriffsbestimmung des Maßnahmegesetzes haben wir uns daher jetzt zuzuwenden.

---

[48] Ebda. S. 270 f.

[49] Ebda. S. 319 ff.

[50] Ebda. S. 312 f.

[51] Vgl. auch Schmitts Nachwort von 1958 ebda. S. 345 sowie zum Vorstehenden insgesamt Carl Hermann Ule, „Über das Verhältnis von Verwaltungsstaat und Rechtsstaat" in: Staats- und verwaltungswissenschaftliche Beiträge, hrsg. von der Hochschule für Verwaltungswissenschaften Speyer, 1958, S. 127—165.

[52] Johannes Heckel, Wehrverfassung und Wehrverwaltung des Großdeutschen Reiches, Bd. I, 1939, S. 323 ff.

[53] Georg Dahm, Deutsches Recht, 2. Aufl. 1951, S. 46 f.

[54] Walter Burckhardt, Methode und System des Rechts, 1936, S. 52 ff.

## § 18 Definition des Maßnahmegesetzes

Mustert man die im ersten Teil dieser Arbeit zusammengestellten Maßnahmegesetze, so fällt ein ihnen gemeinsamer Grundzug in die Augen, der auch in der Geschichte des Maßnahmebegriffs wiederkehrt: Ihr sachnaher und situationsgebundener Charakter. Alle diese Gesetze sind spezifische Reaktion auf eine konkrete Aufgabe, sind Entscheidungen im Hinblick auf eine einmalige Fragestellung. Sicherlich vermögen die Auswirkungen einer derartigen Entscheidung über den Bereich der konkreten Aufgabe weit hinauszureichen; so haben etwa die Einzelregelungen des Lastenausgleichs — die Entscheidung für Geldabgaben und gegen die Übertragung von Sachwerten[1]; die Entscheidung gegen eine soziale Umschichtung, die in der proportionalen statt in der progressiven Bemessung der Abgaben liegt, verbunden mit der Tendenz zur sozialen Nivellierung in der degressiven Bemessung der Ausgleichsleistungen; die Bildung von Kleineigentum durch die Gewährung von Ausgleichsdarlehen; die Förderung der Verdinglichung des Arbeitsplatzes durch die Schaffung der Arbeitsplatzdarlehen und viele andere — das soziale Gepräge der Bundesrepublik weithin bestimmt. Nun ist das Lastenausgleichsgesetz ein extremes Beispiel, das nahe der Grenze zwischen Maßnahmegesetz und Rechtsgesetz liegt[2]. Doch eben dieses extreme Beispiel gestattet es, die eigentliche Natur der oft beobachteten[3] Sachbezogenheit des Maßnahmegesetzes schärfer zu bestimmen. Zwar sind die aufgezählten Einzelentscheidungen Teil eines — in sich allerdings komplexen — sozialpolitischen Programms, dessen Bedeutung über den Lastenausgleich hinausreicht. Doch erhebt das Lastenausgleichsgesetz dieses Programm nicht etwa zu allgemeiner Verbindlichkeit; es verwirklicht das Programm vielmehr in einem einzelnen Fall, es interveniert. Dieser interventionäre Charakter ist allen Maßnahmegesetzen gemeinsam. Es mag genügen, diesen Charakter wiederum an einem Grenzfall aufzuzeigen, den von uns so genannten „Maßnahmegesetzen mit dauerndem Rechtssatzcharakter"[4]. Wenn der Gesetzgeber rückwirkend die freien Ehen rassisch Verfolger legalisiert, so hat das dauernde Rechtsfolgen: Die Partner sind gegenseitig gesetzliche Erben, die gemeinsamen Kinder gelten als ehelich geboren usw. Alle diese dauernden Rechtsfolgen treten jedoch nicht vermöge des Gesetzes über die Anerkennung freier Ehen rassisch und politisch Verfolgter vom 23. 6. 1950 ein, sondern vermöge der §§ 1931, 1591 BGB oder der sonsti-

---

[1] Siehe dazu Kühne-Wolff, Die Gesetzgebung über den Lastenausgleich, seit 1953, Ausgabe A (Ausgleichsabgaben), Einführung S. 12.

[2] Siehe oben S. 31 f.

[3] Forsthoff (wie oben § 1 Anm. 7) S. 225; Ballerstedt (wie oben § 1 Anm. 20) S. 370.

[4] Oben S. 40 f.

gen Vorschriften der allgemeinen Rechtsordnung. Das Anerkennungsgesetz erweitert nur den Anwendungsbereich dieser Vorschriften; es schafft einen ausnahmsweisen zusätzlichen Anknüpfungspunkt für die Regeln der allgemeinen Rechtsordnung, setzt also nicht eine neue, allgemeine Rechtsfolge, sondern greift in den Tatbestandsteil der allgemeinen Normen ein. Auch diese Gesetze sind daher interventionär.

Der fallweise intervenierende Charakter der Maßnahmegesetze wird dadurch verschärft, daß sie sich in der Regel selbst vollziehen. Änderungen der Staatsangehörigkeit[5], rückwirkende Aufhebung der Beamtenverhältnisse[6], das Erlöschen der Schulden des Reichs[7], Änderung der Eigentumslage in den Rückerstattungsgesetzen[8], Übergang des ehemaligen Reichsvermögens[9] — alle diese Rechtsfolgen treten unmittelbar kraft Gesetzes ein, ohne daß es weiterer Vollzugsakte bedarf. Der Unterschied zum Rechtsgesetz wird auch hier am Beispiel des Gesetzes über die Anerkennung freier Ehen rassisch und politisch Verfolgter besonders deutlich; überspitzt ausgedrückt liegt er darin, daß das BGB den Eheschluß ermöglicht, das Anerkennungsgesetz den Eheschluß vollzieht. Aber auch wo das Maßnahmegesetz zu seiner Durchführung weiterer Vollzugsakte bedarf, wie etwa das Lastenausgleichsgesetz oder die überwiegende Mehrzahl der wirtschaftlichen Maßnahmegesetze, liegt ihm verschleiert dieser Vollzugscharakter zugrunde. So ist zum Beispiel das Lastenausgleichsgesetz Ausdruck eines allgemeinen Rechtsgedankens — des Gedankens, daß die durch gemeine Not verursachten Verluste der Bürger auf die Gemeinschaft übernommen werden sollen — und ebenso steht es mit einer Vielzahl sonstiger Maßnahmegesetze, am deutlichsten bei Kriegsfolgegesetzen wie den Rückerstattungsgesetzen, den Wiedergutmachungsgesetzen, den Schwerbeschädigtengesetzen, dem Bundesvertriebenengesetz, aber auch z. B. dem Häftlingshilfegesetz[10]. Alle diese Gesetze sprechen den ihnen zugrunde liegenden Rechtsgedanken jedoch nicht aus und setzen ihn erst recht nicht allgemein als Rechtssatz in Kraft[11]; sie wenden ihn vielmehr nur auf einen einzelnen konkreten Fall an. Sie sind nicht Sanktion, sondern Vollzug eines Rechtsgedankens.

---

[5] Oben S. 37.

[6] Oben S. 48 ff.

[7] Oben S. 34 Anm. 14.

[8] Oben S. 34.

[9] Oben S. 47 f.

[10] Gesetz betr. Hilfsmaßnahmen für Personen, die aus politischen Gründen in Gebieten außerhalb der Bundesrepublik und Berlins (West) in Gewahrsam genommen wurden (Häftlingshilfegesetz) vom 6. 8. 1955, BGBl. I 498; geändert durch das Gesetz vom 13. 3. 1957, BGBl. I 165; neu bekanntgemacht BGBl. I 168.

[11] Vgl. oben S. 32 f.

Soweit der Begriff des Maßnahmegesetzes bisher bestimmt ist, hätte er zu lauten: Ein Maßnahmegesetz ist die sich selbst vollziehende Entscheidung eines konkreten Einzelfalles in der Form des Gesetzes. An dieser Teildefinition zeigt sich, daß das Maßnahmegesetz insoweit die Struktur des Befehls hat. Denn die drei Elemente des Befehls, daß er eine konkrete Entscheidung ist, die unmittelbar Befolgung verlangt und deren Durchsetzung erzwungen werden kann, kehren in diesem Begriff wieder. Es ließe sich daher auch formulieren: Das Maßnahmegesetz ist ein Befehl in der Form des Gesetzes. Nun ist eine der wichtigsten Folgerungen aus dem Begriff des Befehls, daß der Befehl nur der Autorität, nicht der Legitimität bedarf. Der Befehl *kann* geradezu unmittelbare Befolgung nur verlangen, weil er nicht darauf angewiesen ist, seine inhaltliche Legitimität unter Beweis zu stellen. (Daß damit über das Problem des rechtswidrigen Befehls nichts ausgesagt ist, bedarf keiner Erläuterung — daß der Befehl der Legitimität nicht bedarf, heißt nicht, daß er illegitim sein dürfte.) Der Befehl bedarf nur, das folgt aus dem Kriterium seiner rechtlichen Durchsetzbarkeit, der Kompetenz des Befehlenden; die „Legitimation“ des Polizeibeamten besteht im Nachweis seiner gehörigen Bestallung. Dieselbe These ließe sich daher auch so formulieren: Die Legitimität des Befehls liegt in der Kompetenz des Befehlenden.

Auch die Maßnahme im Ausnahmezustand bedarf keiner Legitimität. Wenn die Existenz des Staates in Gefahr ist, wird die Frage sinnlos, woher er die Legitimation nehme, sich zu retten; die Frage nur aufzuwerfen, heißt die Not vermehren, den Staat preisgeben, ist der erste Akt der Revolution. Die Notstandsmaßnahme heischt unmittelbare Befolgung ohne den Nachweis ihrer Legitimität. Auch dieser Satz läßt sich umformulieren: So wenig sonst das Dasein des Staates einen Grund für die Legitimität seiner Handlungen abzugeben vermag, die Gefährdung seiner Existenz legitimiert jede Maßregel[12].

Wäre die oben gegebene Begriffsbestimmung des Maßnahmegesetzes vollständig und nicht nur eine Teildefinition, so würde aus ihr daher folgen, daß auch das Maßnahmegesetz keiner Legitimität bedarf. Wäre es nichts als sich selbst vollziehende, das heißt unmittelbar Befolgung heischende, konkrete Entscheidung, so wäre es nicht erforderlich, sogar nicht einmal möglich, daß das Gesetz sich inhaltlich legitimiert. Hier liegt übrigens auch der tiefere Sinn für den (vor allem bei der Unterscheidung der Enteignung durch Gesetz und der Enteignung auf Grund Gesetzes viel erörterten) „rechtsstaatlichen Gesetzesvoll-

[12] Darin liegt der tiefere Grund für die Beschränkung des richterlichen Prüfungsrechts, die unter der Weimarer Verfassung nach ganz allgemeiner, auch von den Gerichten geteilter Meinung in bezug auf Maßnahmen nach Art. 48 Abs. 2 WRV galt; statt aller vgl. Grau HStR II 293 ff.

zug"[18]: Der Satz, daß das Gesetz im Rechtsstaat sich nicht selbst vollziehen dürfe, bezweckt nicht oder doch nicht in erster Linie die Einschaltung eines förmlichen Verfahrens zur Sicherung des Bürgers, sondern hat seinen Grund darin, daß das sich selbst vollziehende Gesetz seine inhaltliche Legitimität nicht zur Nachprüfung stellt, sie nicht offenkundig macht.

Der Satz, daß das Maßnahmegesetz eine inhaltliche öffentliche Legitimität zu besitzen nicht imstande ist — und dieser Satz folgt zwingend aus allen Begriffsbestimmungen des Maßnahmegesetzes, die sein Wesen einzig in seine Zweckmäßigkeit setzen — würde zu der Konsequenz führen, daß das Maßnahmegesetz im Rechtsstaat schlechterdings unzulässig ist. Denn daß das Gesetz legitim (und nicht nur nicht illegitim) sein muß, ist ein unabdingbares Erfordernis des Rechtsstaats. Besäße das Maßnahmegesetz keine Legitimität, so wäre es kein Gesetz, sondern bloß willkürliche Verbrämung eines Befehls, für welchen zudem dem Gesetzgeber mangels verfassungsrechtlicher Kompetenznorm die Zuständigkeit fehlen würde.

## § 19 Fortsetzung (Substantialität des Maßnahmegesetzes)

Die Formel: „Ein Maßnahmegesetz ist die sich selbst vollziehende Entscheidung eines konkreten Einzelfalls in der Form des Gesetzes" gibt die Struktur der Intentionalität des Gesetzes an, das heißt die besondere Art und Weise der Bezogenheit des Maßnahmegesetzes auf seinen Zweck. Die Formel beschreibt diese Struktur der Intentionalität des Maßnahmegesetzes durch zwei Merkmale, nämlich erstens durch den Hinweis, daß das Maßnahmegesetz stets auf eine konkrete, historisch angegebene oder doch angebbare, begrenzte Situation sich bezieht, und zweitens durch die Feststellung, daß das Maßnahmegesetz diese konkrete Situation unmittelbar regelt, nicht den Grundsatz, demgemäß sie zu regeln wäre, allgemein festsetzt. Die Analyse dieser Formel hat ergeben, daß sie zwar zur Bestimmung des Begriffs der Maßnahme ausreichen mag, einen hinlänglichen Begriff des Maßnahme*gesetzes,* wenn irgend diesem Begriff ein zulässiger Sinn innewohnen soll, jedoch nicht abgibt. Die Aufgabe ist daher, die bisher aufgestellte Definition des Maßnahmegesetzes so zu erweitern, daß sie eine Aussage über die Legitimität des Maßnahmegesetzes erlaubt; das heißt aber, nach der oben gegebenen Begriffsbestimmung[1], daß außer der Struktur seiner Inten-

---

[18] Vgl. Carl Schmitt, Rechtsstaatlicher Verfassungsvollzug, 1952, abgedruckt in den Verfassungsrechtlichen Aufsätzen, 1958, S. 452—486.

[1] Oben S. 98 f.

tionalität die Struktur der Substantialität des Maßnahmegesetzes anzugeben ist.

Allerdings ist die Lösung dieser Aufgabe nur auf einem Umweg möglich, nämlich auf dem Weg einer näheren Analyse der Struktur der Intentionalität des Maßnahmegesetzes. Wir hatten festgestellt[2], daß der Satz: „Das Maßnahmegesetz vollzieht sich selbst" bedeutet, daß das Maßnahmegesetz auf eine konkrete Situation einen allgemeinen Grundsatz anwendet, ohne diesem Grundsatz selbst rechtlich verbindliche Kraft zu verleihen. Nicht jede beliebige konkrete Entscheidung ist eine Maßnahme; die „Zweckhaftigkeit" der Maßnahme liegt vielmehr darin, daß über den zu erreichenden Zweck vorab entschieden ist. Insbesondere das Maßnahmegesetz vindiziert sich seinen Zweck nicht selbst, sondern ist Maßnahme gerade im Dienst eines ihm übergeordneten und von ihm unabhängigen Zwecks. „Maßnahmegesetz" ist nicht jedes beliebige Eingreifen des Staates in der Form des Gesetzes, sondern nur die Intervention im Rahmen eines Gesamtplans. Deshalb ist zum Beispiel zwar das Straffreiheitsgesetz von 1954 als Ganzes ein Maßnahmegesetz[3], nicht dagegen sein § 8, die sogenannte „lex Platow"; denn ihr Zweck erschöpfte sich in der konkreten Regelung, sie ist nicht „zweckabhängig", sondern Selbstzweck[4]; die einzige staatsrechtliche Frage, die sie aufwarf, war nicht, ob sie als Maßnahmegesetz zulässig war, sondern ob der Gesetzgeber durch ein Einzelfallgesetz in ein anhängiges Gerichtsverfahren eingreifen darf[5]. Die Definition des Maßnahmegesetzes ist daher zu erweitern und muß lauten: „Ein Maßnahmegesetz ist die sich selbst vollziehende *planmäßige* Entscheidung eines konkreten Einzelfalles in der Form des Gesetzes".

Der Plan, zu dessen Durchführung das Maßnahmegesetz als Mittel dient, der allgemeine Grundsatz, den es auf einen konkreten Einzelfall anwendet, ist nach der klassischen Gesezeslehre seine ratio. Wie die ratio legis beim Rechtsgesetz nach einer alten, auf Savigny zurückgehenden Formulierung[6] der allgemeine Rechtsgedanke ist, dem das jeweilige Gesetz das Dasein verdankt und seine Form gibt, so ist die ratio legis beim Maßnahmegesetz der politische Grundsatz, dem die jeweilige Intervention dient. Auch dies ist ein Unterschied an sich bloß

---

[2] Oben S. 118.

[3] Siehe oben S. 39 f.

[4] Wobei einmal unterstellt sein soll, daß die Bestimmung ausschließlich dazu diente, den am sog. „Platow-Komplex" Beteiligten Straffreiheit zu verschaffen. Verneint man, wie es das Bundesverfassungsgericht tut (BVerfGE 10, 234), diese Frage, so bleibt nur das Problem, ob der Gleichheitssatz verletzt ist, eine Frage, die das Bundesverfassungsgericht ebenfalls verneint.

[5] Siehe auch unten S. 144 ff.

[6] Siehe oben § 14 Anm. 3.

der Intentionalität von Rechtsgesetz und Maßnahmegesetz: Das Maßnahmegesetz wendet seine ratio an, während das Rechtsgesetz sie konkretisiert. Doch eröffnet diese Unterscheidung zugleich den Blick auf die Struktur der Substantialität des Maßnahmegesetzes. Wie wir beim Rechtsgesetz von rechtlicher Substanz nur sprechen können, wenn die ratio legis eine rechtliche Forderung, und nicht nur ein staatliches, nationales oder gar nur sachbezogenes Postulat ist, so hat auch das Maßnahmegesetz rechtliche Substanz nur, wenn das politische Programm, dem es dient, zugleich einer Forderung des Rechts genügt. Das Maßnahmegesetz ist rechtlich substantiell, und das heißt legitim, nur, soweit es die Anwendung eines *Rechtsgedankens* auf einen konkreten Einzelfall ist. Man könnte eine im Schrifttum vertretene Definition des Maßnahmegesetzes geradezu umkehren und formulieren: „Ein Maßnahmegesetz ist die *nicht rein zweckmäßige, sondern an der Gerechtigkeit orientierte,* unmittelbare Entscheidung eines konkreten Einzelfalls in der Form des Gesetzes". Denn stünde es anders und wäre das Maßnahmegesetz bloß zweckhaft, so wäre es Gesetz nicht seiner Natur nach, sondern kraft Willkür ein in diese Form gekleideter Eingriff. Deshalb ist zum Beispiel das Gesetz zur Förderung der Wirtschaft von Groß-Berlin (West)[7] auch dann ein Maßnahmegesetz, und zwar das sehr typische Beispiel eines Maßnahmegesetzes, wenn man mit Menger als die ratio dieses Gesetzes Gerechtigkeitsvorstellungen, und nicht bloße Zweckmäßigkeitserwägungen ansieht[8].

Es ist ein naheliegender Einwand, daß dieser Rückgriff auf einen Rechtsgedanken als den Plan der Regelung zwar bei einigen Maßnahmegesetzen, wie dem Lastenausgleichsgesetz oder den Rückerstattungsgesetzen, keineswegs aber bei allen statthat. Doch zeigt die Musterung des im ersten Teil der Arbeit vorgelegten Materials, daß eine rechtliche, und nicht bloß zweckhafte, ratio legis sich bei nahezu allen Maßnahmegesetzen angeben läßt. Daß die „Kriegsfolgemaßnahmen" von rechtlichen, und nicht lediglich von politischen, Erwägungen bestimmt sind, leuchtet unmittelbar ein; aber auch die Neubegründung des Staatswesens, auf die hin die Überleitungsmaßregeln ausgerichtet sind, oder die Abhilfe in gemeiner Not, der die Bewirtschaftungsgesetze der Nachkriegszeit dienen, stellen einen Rechtszweck und nicht eine rein politische Erwägung dar. Ratio legis der unselbständigen Maßnahmegesetze, um ein weiteres Beispiel anzuführen, ist die endgültige gesetzliche Regelung, im Hinblick auf welche die vorläufige Maßnahme getroffen ist, und daher, wenn anders die endgültige Regelung rechtliche Substanz besitzt, ebenfalls ein Rechtszweck. Zweifelhaft mag die Frage

---

[7] Oben § 9 Anm. 27.

[8] Siehe oben S. 97.

nur bei den wirtschaftlichen Maßnahmegesetzen erscheinen; zutreffend hat Ballerstedt daher die Legitimität der wirtschaftlichen Maßnahmegesetze als abhängig von der Frage angesehen, ob es überhaupt ein eigenständiges Wirtschaftsrecht gibt[9]. Auf diese Grundfrage des Wirtschaftsrechts einzugehen, ist hier nicht der Ort[10]; jedenfalls ist die Frage, ob wirtschaftliche Maßnahmegesetze einen Rechtszweck zu besitzen imstande sind, nicht anders zu beantworten als die Frage, ob Wirtschaftsgesetze überhaupt rechtliche Substanz besitzen, und wer zugesteht, daß der Rechtsstaat ein Wirtschaftsstaat zu sein vermag[11], muß ihre Bejahung auch für die wirtschaftlichen Maßnahmegesetze einräumen.

Auf der anderen Seite ist mit der Formulierung, daß die rechtliche Substanz des Maßnahmegesetzes darin liege, daß das Programm der Intervention auf einem Rechtsgedanken beruht, nichts Entscheidendes gewonnen; es fehlt an jedem Kriterium, an welchem sich die Legitimität eines bestimmten Maßnahmegesetzes angeben ließe, und näher betrachtet ist die These, daß der rechtlichen Substanz des Maßnahmegesetzes ein Rechtsgedanke zugrunde liegt, kaum mehr als eine Tautologie und jedenfalls ein Zirkelschluß. Zu einem Teil liegt diese Schwierigkeit allerdings in der Natur der Sache begründet. Auch der berühmte Satz, daß Gesetz im materiellen Sinn dasjenige Gesetz sei, das den Rechtssatz zu seinem notwendigen Inhalt hat, ist von ähnlicher Struktur, und schon die Frage nach der „Legitimität des Gesetzes" verbirgt, daß sie im Zirkel fragt, auch sprachlich nur hinter dem Spiel mit Fremdwort und Stammwort. Doch läßt sich in der Frage nach der rechtlichen Substanz des Maßnahmegesetzes wenigstens noch einen Schritt weiterkommen.

Zu diesem Zweck müssen wir noch einmal zu den Beobachtungen am tatsächlichen Material zurückkehren. Es hatte sich im ersten Teil dieser Arbeit mehrfach gezeigt[12], daß auch das Maßnahmegesetz, ebenso wie das Rechtsgesetz, eine Ordnung schafft, nur mit dem Unterschied, daß diese Ordnung erst mit dem Außerkrafttreten, nicht mit dem Inkrafttreten des Gesetzes erreicht ist. Diese Ordnung kann sozialer, wirtschaftlicher oder auch rechtlicher Natur sein; das Lastenausgleichsgesetz oder die Vertriebenengesetze schaffen mit der Eingliederung der Flüchtlinge eine soziale, die Überleitungsgesetze konstituieren eine rechtlich-politische Ordnung, das vom Investitionshilfegesetz erstrebte

---

9 Ballerstedt (wie oben § 1 Anm. 20) S. 384.

10 Vgl. zu der Fragestellung unter dem Gesichtspunkt des wirtschaftlichen Maßnahmerechts auch Ernst Steindorff, Zweckmäßigkeit im Wettbewerbsrecht, 1959, passim.

11 Vgl. E. R. Huber, Das Deutsche Reich als Wirtschaftsstaat, 1932.

12 Oben S. 33 u. ö.

Verhältnis von Schwerindustrie zum sonstigen Industriegewerbe ist wirtschaftlicher Natur. Gemeinsam ist allen diesen Gesetzen, daß sie durch Intervention, durch unmittelbare Aktion eine endgültige Ordnung zu schaffen bestrebt sind. Das Maßnahmegesetz ist seinem Inhalt nach vorübergehend, seinem Zweck nach endgültig. Nur deshalb läßt sich auch vom „Rechtszweck" des Maßnahmegesetzes sprechen; denn der Rechtszweck des Gesetzes ist, wie wir gesehen haben[13], stets die — und zwar dauernde — rechtliche Ordnung eines Lebensbereichs. Der Unterschied zwischen Rechtsgesetz und Maßnahmegesetz liegt darin, daß das Rechtsgesetz unmittelbare Ordnung ist und nur mittelbar — vermittelt durch das richterliche Urteil oder durch den exekutiven Gesetzesvollzug — zur Entscheidung führt; das Maßnahmegesetz dagegen ist unmittelbare Entscheidung und führt nur mittelbar, nämlich im Wege der Intervention, zur rechtlichen Ordnung.

In demselben Maß, wie das Rechtsgesetz Legitimität *besitzt*, weil es die rechtliche Ordnung eines Lebensbereichs *darstellt*, *gewinnt* das Maßnahmegesetz Legitimität, indem es die rechtliche Ordnung eines Lebensbereichs durch Intervention *bewirkt*. Logisch gesprochen, ist die Substantialität des Maßnahmegesetzes eine Funktion seiner Intentionalität, während beim Rechtsgesetz das Verhältnis umgekehrt und seine Intentionalität eine Funktion seiner Substantialität ist; das Maßnahmegesetz ist legitim nach Maßgabe dessen, was zu bewirken es bestimmt ist, während das Rechtsgesetz nur dasjenige zu bewirken bestimmt sein kann, was von sich aus inhaltlich legitim ist. Dem Maßnahmegesetz wird, wie Ballerstedt es formuliert, seine Legitimität durch seinen Zweck vermittelt; nur muß man sich bei dieser Formulierung bewußt sein, daß der vermittelnde Zweck stets nur der Rechtszweck des Maßnahmegesetzes sein kann, die durch seinen Vollzug bewirkte, gleichsam hinter ihm liegende rechtliche Ordnung.

Diese Legitimationsvermittlung kann allerdings nicht uneingeschränkt stattfinden. Wäre der Zustand, den das Maßnahmegesetz vorfindet, bereits ein rechtlicher Zustand, und wäre seine Absicht nur, durch Intervention in einen anderen, rechtlich gleichwertigen Zustand überzuleiten, so wäre für seinen Erlaß in Wahrheit kein Raum. Vom Recht her gesehen, wäre die Intervention beliebig, denn auch ohne sie bestünde ein rechtlicher Zustand. Das Programm, das hinter der Intervention stünde, könnte in diesem Fall nicht auf einem Rechtsgedanken beruhen, denn die rechtliche Gleichwertigkeit beider Zustände bedeutet eben, daß es keinen Rechtsgedanken gibt, demzufolge einem der Zustände der Vorzug gegeben werden könnte. Das Gesetz wäre rechtlich neutral und besäße keine Legitimität. Ein Maßnahmegesetz ist daher nicht schon dann

[13] Siehe oben S. 96.

legitim, wenn es überhaupt einen rechtlichen Zustand zu schaffen bestimmt ist; Legitimität besitzt es nur, wenn es einen anomalen Zustand in einen rechtlichen Zustand überführt. Rechtsgesetze regeln den Normalfall; Maßnahmegesetze beseitigen eine Störung[14]. Nur ein „Legitimitätsgefälle" von dem gegenwärtigen Zustand zu der hinter dem Maßnahmegesetz liegenden rechtlichen Ordnung vermag diesem Legitimität zu vermitteln. Die „konkrete Lage", in der zu entscheiden das Maßnahmegesetz nach der oben gegebenen Definition bestimmt ist, muß ein rechtswidriger oder rechtloser Zustand sein. Der dem Maßnahmegesetz vorgegebene Zweck muß die Herstellung eines rechtlichen Zustands sein. Nach diesen Erläuterungen läßt sich folgende Definition des Maßnahmegesetzes geben: Ein Maßnahmegesetz ist jede unmittelbare Intervention in der Form des Gesetzes zur Behebung einer Störung im rechtlichen Zustand des Gemeinwesens.

Diese Definition wirft zwei Probleme auf. Einmal läßt sie die Frage offen, wodurch es gerechtfertigt ist, daß die störungsabwehrende Intervention in der Form des *Gesetzes* ergeht. Diese Frage ist keineswegs damit beantwortet, daß, wie wir gesehen hatten, die Intervention rechtliche Substanz zu besitzen vermag. Denn der Satz, daß jedes Gesetz der Legitimität bedarf, läßt sich nicht dahin umkehren, daß jeder legitime staatliche Eingriff in der Form des Gesetzes ergehen dürfe; das richterliche Urteil, um ein extremes Beispiel zu wählen, hat sicherlich rechtliche Substanz und darf dennoch nicht durch Gesetz gefällt werden. Zum anderen setzt das Maßnahmegesetz das Vorliegen einer Störung voraus; entscheidet das Maßnahmegesetz nicht *in* einer Störungslage, so ist es, wie oben dargelegt, nicht legitim. Daher kann das Maßnahmegesetz selbst darüber, *ob* eine Störung vorliegt, nicht entscheiden, sonst verfügte es willkürlich seine eigene Legitimität; das Verhältnis von rechtlichem Normalzustand und Störungslage ist dem Gesetzgeber vorgegeben. Dann aber entsteht die Frage, wer, wenn nicht der Gesetzgeber, über dieses Verhältnis entscheidet. Diese beiden Fragen bedürfen der Beantwortung, wenn es gelingen soll, den Begriff des Maßnahmegesetzes als *Rechts*begriff nachzuweisen und zu bestimmen.

---

[14] Vgl. auch oben § 1 Anm. 19.

Vierter Teil

# Maßnahmegesetz und Rechtsstaat

## § 20 Der Begriff des Maßnahmegesetzes und der rechtsstaatliche Gesetzesbegriff

Die beiden Fragen, die sich aus der Definition des Maßnahmegesetzes ergaben, die Frage nach der Legitimation des Gesetzescharakters des Maßnahmegesetzes wie die Frage nach der Kompetenz zur Unterscheidung des rechtlichen Normalzustands von der Störungslage, werden zunächst aufgeworfen durch den rechtsstaatlichen Gesetzesbegriff. Das klassische rechtsstaatliche Modell gibt auf beide Fragen eine deutliche Antwort. Der rechtsstaatliche Grundsatz, daß das Gesetz stets Rechtsgesetz sein müsse, impliziert — und das ist unter praktischen Gesichtspunkten seine wichtigste Funktion — die Umkehrung, daß der Rechtszustand der Bürger stets nur durch Gesetz festgestellt werden darf. Dieser Satz ist so zentral, daß seine vornehmste juristische Ausprägung, der Grundsatz der Gesetzmäßigkeit der Verwaltung, von einem scharfsinnigen Verfechter der rechtsstaatlichen Doktrin geradezu als das einzige vorgegebene Grundrecht des Bürgers im Rechtsstaat bezeichnet werden konnte[1]. Die Entscheidung darüber, was als rechtlicher Normalzustand anzusehen sei, kommt im Rechtsstaat daher dem Gesetzgeber, und nur dem Gesetzgeber, zu. Damit gehört es gleichzeitig zur Kompetenz des Gesetzgebers, die Störungslage zu definieren, denn die Störungslage ist ihrem Wesen nach die Kehrseite des vom Gesetzgeber bestimmten rechtlichen Normalzustands. Technisch geht der Gesetzgeber sogar häufig so vor, daß er nicht den rechtlichen Normalzustand festsetzt, sondern sich auf die Definierung dessen, was als Störung des Normalzustands anzusehen sei, beschränkt; so gibt der Gesetzgeber nicht Grundsätze für die Führung einer rechten Ehe, sondern knüpft Rechtsfolgen an Ehewidrigkeiten, schreibt nicht den gerechten Preis vor, sondern verbietet den Wucher. Die Störungslage zu definieren, ist ein bestimmter Modus der Festlegung des Normalzustands. Deshalb ist die Entscheidung

---

[1] Thoma bei Nipperdey, Grundrechte und Grundpflichten der Deutschen, Bd. I, 1929, S. 15 ff. Vgl. dazu Carl Schmitt in HStR II 585 f. (auch in: Verfassungsrechtliche Aufsätze, 1958, 181—230 [219 ff.]).

darüber, was als „Störung im rechtlichen Zustand des Gemeinwesens" anzusehen ist, im Rechtsstaat das Monopol des Gesetzgebers.

Damit hängt die Beantwortung der anderen Frage, ob die Maßnahmen zur Beseitigung der so definierten Störung legitimerweise im Weg der Gesetzgebung getroffen werden dürfen, eng zusammen. Ebenso wie der Gesetzgeber den normalen Rechtszustand nur allgemein festsetzen, aber nicht im Einzelfall feststellen darf, was aus diesem Rechtszustand an konkreten Rechten und Pflichten folgt, darf er in der Störungslage die erforderlichen Vorkehrungen nicht unmittelbar durch Gesetz treffen. In den hergebrachten Gebieten des bürgerlichen und Strafrechts ist dieses Ergebnis so unmittelbar einleuchtend, daß es einer weiteren Begründung kaum bedarf; der Gesetzgeber darf nicht eine bestimmte Ehe wegen vorgefallener Ehewidrigkeiten scheiden oder einen bestimmten Verkäufer wegen Wuchers bestrafen. Ebensowenig aber darf der Gesetzgeber nach der strikten rechtsstaatlichen Doktrin die freien Ehen bestimmter rassisch Verfolgter durch Gesetz legalisieren, bestimmten Industrieunternehmen Investitionsmittel zugunsten notleidender Industriezweige entziehen oder eine bestimmte Wahlperiode eines einzelnen Landtags durch Gesetz verlängern[2]. Es bedarf zur Begründung dieses Ergebnisses nicht etwa der Heranziehung des Grundsatzes der Gewaltenteilung; denn es kann in diesem Zusammenhang dahinstehen, ob der Gesetzgeber durch ein Rechtsgesetz, das die Störungslage definiert, sich selbst ermächtigen kann, im Falle des Eintritts der Störung die erforderlichen Maßnahmen zu treffen[3]. Die im ersten Teil dieser Arbeit zusammengestellten Maßnahmen in Gesetzesform beruhen durchweg, ohne eine einzige Ausnahme, nicht auf einer derartigen gesetzlichen Ermächtigung; es kann sogar höchst zweifelhaft sein, ob gesetzesabhängige Maßnahmen in Gesetzesform sinnvollerweise noch als „Maßnahmegesetze" zu bezeichnen sind[4]. Die „gesetzesunabhängige" Maßnahme in Gesetzesform aber kann im Rechtsstaat nicht nur aus Gründen der Gewaltenteilung, sondern schon wegen des Gesetzesbegriffs nicht zulässig sein[5]. Der Satz: „Der Rechtszustand des Bürgers darf stets nur durch Gesetz festgestellt werden" enthält die Folgerung, daß der Staat den Bürger von Rechts wegen in Anspruch nur nehmen darf, soweit dies aus dem gesetzlich festgestellten Rechtszustand folgt. Der Gesetzgeber ist daher gezwungen, bevor er Vorkehrungen zur Abwehr einer kon-

---

[2] Vgl. dazu BVerfGE 1, 14 (Erstes Südweststaat-Urteil).

[3] Die Zulässigkeit des gesetzesausführenden Gesetzes verneint, jedenfalls implicite, Thoma, wie oben § 13 Anm. 48, S. 78 f.

[4] Die Frage hängt eng mit der anderen zusammen, ob ein Verwaltungsakt in Gesetzesform als Gesetz bezeichnet werden kann. Siehe auch die vorige Anmerkung.

[5] Vgl. auch unten S. 169.

kreten Störung treffen darf, den Rechtszustand der Bürger durch Gesetz allgemein entsprechend festzusetzen, die Lage, auf die er zu reagieren beabsichtigt, als Störungslage allgemein zu definieren.

Das Maßnahmegesetz ist daher im Rechtsstaat einerseits unzulässig, weil es, wenn es Legitimität besitzen will, die Frage, ob eine Störungslage vorliegt, nicht selbst entscheiden darf, sondern den Störungscharakter als vorgegeben betrachten muß; die Störungslage, und damit der Rechtszustand der Bürger, wird beim Maßnahmegesetz nicht durch *Gesetz* festgestellt. Andererseits ist das Maßnahmegesetz unzulässig, weil es über das Vorliegen einer Störung unmittelbar im konkreten Fall entscheidet, ohne daß die Störungslage allgemein definiert wäre; das Gesetz stellt daher nicht den *Rechts*zustand der Bürger fest. Das Maßnahmegesetz ist unzulässig, sowohl wenn man es als Maßnahme in Gesetzesform, wie wenn man es als Gesetz mit Maßnahmecharakter betrachtet.

Das Ergebnis ließe sich allenfalls tolerieren, wenn es ausschließlich die Konsequenz eines Denkmodells, Ausfluß einer radikal zu Ende gedachten staatstheoretischen Doktrin wäre. Daß eine lebendige Verfassung sich derartigen Modellen nicht in allen Punkten fügt, sondern Praktikabilitätsrücksichten, Vermittlungen und Kompromisse kennt, daß andererseits die Tragfähigkeit theoretischer Programme sich überspannen und daß, indem man sie ausschließlich auf den Begriff stellt, sich aus ihnen ein Ergebnis deduzieren läßt, mit welchem niemals einer ihrer Verfechter sich identifiziert hätte, ist eine so häufige Erfahrung, daß man allenfalls darauf verzichten könnte, den Begriff des Maßnahmegesetzes und den rechtsstaatlichen Gesetzesbegriff zu harmonisieren. Doch ist dieses Ergebnis gar nicht eine weitabliegende Konsequenz, sondern die unmittelbare Folge des zentralen Bestimmungsstücks des rechtsstaatlichen Gesetzesbegriffs; und überdies hat das Bonner Grundgesetz als die geltende lebendige Verfassung zu diesem rechtsstaatlichen Gesetzesbegriff in Art. 19 Abs. 1 sich ausdrücklich bekannt. Die Durchsicht des Bundesgesetzblatts ergibt, daß der Zahl nach etwa die Hälfte der unter der Herrschaft eben dieses Grundgesetzes ergangenen Gesetze Maßnahmegesetze sind[6]. Die Lösung des vorliegenden Widerspruchs ist daher nicht nur eine theoretische, sondern auch eine praktisch drängende Aufgabe.

---

[6] Zur Illustration mag eine statistische Übersicht dienen, wobei man sich allerdings bewußt sein muß, daß die Zahlen insofern irreführend sind, als die aufgezählten Gesetze an Gewicht und Bedeutung häufig ganz unvergleichbar sind. Es sind veröffentlicht in Teil I des BGBl. (für das Jahr 1949/50 im BGBl. mit Ausnahme derjenigen Gesetze, die in späteren Jahren in Teil II veröffentlicht worden wären): im Jahr 1949/50 84 Gesetze, davon 59 Maßnahmegesetze; im Jahr 1951 129 Gesetze, davon 68 Maßnahmegesetze; im Jahr 1952 103 Gesetze, davon 55 Maßnahmegesetze; im Jahr 1953 137 Gesetze, davon

Es ist ein naheliegender Ausweg, die Lösung durch eine Umdeutung des Art. 19 Abs. 1 GG und das heißt durch den Nachweis zu versuchen, daß der rechtsstaatliche Gesetzesbegriff kein Bestandteil der geltenden Verfassungsordnung sei. Diesen Weg hat Klein eingeschlagen[7]. Aus dem Wortlaut des Art. 19 Abs. 1 Satz 1: „Soweit nach diesem Grundgesetz ein Grundrecht durch Gesetz oder auf Grund eines Gesetzes eingeschränkt werden kann, muß das Gesetz allgemein und nicht nur für den Einzelfall gelten" folgert er, da die Bestimmung ein „allgemein geltendes" und nicht etwa ein „allgemeines" Gesetz voraussetze, bestehe nicht nur in der Formulierung, sondern auch in der Sache ein Unterschied zu Art. 5 Abs. 2. Das letztere ist unzweifelhaft richtig. Es wäre nicht nur eine

---

72 Maßnahmegesetze; im Jahr 1954 52 Gesetze, davon 32 Maßnahmegesetze; im Jahr 1955 78 Gesetze, davon 41 Maßnahmegesetze; im Jahr 1956 89 Gesetze, davon 43 Maßnahmegesetze; im Jahr 1957 103 Gesetze, davon 35 Maßnahmegesetze; im Jahr 1958 24 Gesetze, davon 8 Maßnahmegesetze; im Jahr 1959 55 Gesetze, davon 28 Maßnahmegesetze; im Jahre 1960 69 Gesetze, davon 24 Maßnahmegesetze; im Jahr 1961 99 Gesetze, davon 29 Maßnahmegesetze. Sieht man von den Jahren 1949 und 1950 ab, in welchen der Anteil des Maßnahmerechts aus begreiflichen Gründen noch höher lag, so kann man verallgemeinernd sagen, daß in den Jahren bis 1956 mehr als die Hälfte und seitdem etwa ein Drittel aller in der Bundesrepublik erlassenen Gesetze Maßnahmegesetze waren. Noch instruktiver ist der Vergleich, wenn man ihn auf das Verhältnis von Maßnahmegesetzen und Rechtsgesetzen beschränkt und zur Vermeidung von Ungleichgewichtigkeiten die bloßen Änderungsgesetze, d. h. Gesetze, die der Verlängerung, Ergänzung, Änderung oder Ausführung bereits bestehenden Rechts dienen, mit Ausnahme jedoch der echten Reformgesetze, wie des Gleichberechtigungs- oder des Handelsvertretergesetzes, eliminiert. Es ergeben sich dann: 1949/50 40 Maßnahmegesetze gegenüber 12 Rechtsgesetzen (also ohne reine Organisationsgesetze); 1951 42 Maßnahmegesetze gegenüber 17 Rechtsgesetzen; 1952 27 Maßnahmegesetze gegenüber 21 Rechtsgesetzen; 1953 33 Maßnahmegesetze gegenüber 29 Rechtsgesetzen; 1954 14 Maßnahmegesetze gegenüber 3 Rechtsgesetzen; 1955 20 Maßnahmegesetze gegenüber 16 Rechtsgesetzen; 1956 23 Maßnahmegesetze gegenüber 20 Rechtsgesetzen; 1957 16 Maßnahmegesetze gegenüber 35 Rechtsgesetzen; 1958 2 Maßnahmegesetze gegenüber 3 Rechtsgesetzen; 1959 18 Maßnahmegesetze gegenüber 7 Rechtsgesetzen; 1960 12 Maßnahmegesetze gegenüber 20 Rechtsgesetzen, 1961 11 Maßnahmegesetze gegenüber 24 Rechtsgesetzen. Die Zahlen der Jahre 1954 und 1958 sind atypisch, da es sich jeweils um das erste Jahr der Legislaturperiode handelt. Die hohe Zahl der Rechtsgesetze im Jahr 1957 erklärt sich zum Teil aus dem Aufbau der Bundeswehr, durch den 10 dieser Gesetze veranlaßt sind; in den Maßnahmegesetzen des Jahres 1959 sind zehn Gesetze zum Zweck der Eingliederung des Saarlands enthalten; unter den 20 Rechtsgesetzen des Jahres 1960 betreffen zehn die Einführung einzelner statistischer Erhebungen (Fischerei-, Handels-, Gewerbesteuerstatistik usf.); im Jahr 1961 finden sich noch vier derartige Gesetze. Im Ganzen wird man sagen können, daß seit der beginnenden Normalisierung im Jahr 1952 bis heute stets etwas mehr Maßnahmegesetze als Rechtsgesetze erlassen worden sind; eine Ausnahme gilt jeweils für das letzte Jahr einer Legislaturperiode. Daß zahlenmäßig etwa ebensoviele Maßnahmegesetze der Verlängerung oder Änderung bestehenden Maßnahmerechts wie der Einführung neuen Maßnahmerechts dienen, ist ein so regelmäßig wiederkehrendes Verhältnis, daß man fast von einem Erfahrungssatz sprechen könnte.

[7] Von Mangoldt-Klein (wie oben § 2 Anm. 9) Anm. III zu Art. 19 GG; ähnlich schon Klein in VStR 15, S. 66—69.

unschöne und überflüssige Tautologie, wenn das Grundgesetz in Art. 5 Abs. 2 für einen Sonderfall die Garantie wiederholen wollte, die es in Art. 19 Abs. 1 Satz 1 bereits allgemein ausgesprochen hat. Die lange Geschichte des Vorbehalts des „allgemeinen Gesetzes" bei der Gewährleistung der Meinungsfreiheit hat vielmehr dazu geführt, diesem Terminus eine sachangepaßte, spezielle Auslegung zu geben, die der verallgemeinernden Übertragung auf die Gesamtheit der Grundrechte nicht zugänglich ist[8]. Nur irrt Klein, wenn er glaubt, damit nachgewiesen zu haben, daß Art. 19 Abs. 1 Satz 1 überhaupt nicht das „allgemeine Gesetz", sondern einen neuartigen Begriff des „allgemein geltenden Gesetzes" im Auge habe; denn daraus, daß Art. 19 Abs. 1 Satz 1 eine ganz spezielle Bedeutung des Begriffs des „allgemeinen Gesetzes" nicht meint, folgt nichts dafür, daß er keine der anderen möglichen Bedeutungen dieses Begriffs rezipiert. Klein dagegen glaubt sich nach dieser Vorbemerkung berechtigt, den Begriff des „allgemein geltenden Gesetzes" ohne weitere Begründung dahin auszulegen, daß er dasjenige Gesetz bezeichne, „das *auf alle Grundrechtsinhaber in gleicher Weise anwendbar* ist". Sieht man einmal davon ab, daß diese Auslegung zu einer Tautologie innerhalb der Bestimmung führt — denn was könnte die Vorschrift, daß das Gesetz „nicht nur für den Einzelfall gelten" dürfe, anderes bedeuten als wiederum ihre Anwendbarkeit auf alle Grundrechtsinhaber —, so bleibt als sehr viel schwerer wiegender Einwand bestehen, daß nach dieser Auslegung, wie Klein ausdrücklich zugibt, Art. 19 Abs. 1 Satz 1 nur eine Wiederholung des Gleichheitssatzes des Art. 3 Abs. 1 darstellt. Nicht einmal diesen Ansatz führt Klein allerdings konsequent durch; denn während Art. 3 Abs. 1 GG, wie Klein selbst an anderer Stelle einräumt[9], Rücksicht auf das „wesenhaft" Gleiche gebietet, soll sich Art. 19 Abs. 1 Satz 1 in einer rein formalen Bedeutung erschöpfen: Für die Gültigkeit des Gesetzes soll es nach Kleins Ansicht ausreichen, daß das Gesetz sich nicht nur auf eine oder doch einzelne Personen bezieht; ist der Adressatenkreis dagegen genügend groß, so könne er beliebig abgegrenzt sein, ohne daß dies für die „allgemeine Geltung" des Gesetzes erheblich sei. Schließlich schränkt Klein den Umfang des Art. 19 Abs. 1 Satz 1 gegenüber demjenigen des Art. 3 Abs. 1 dahin ein, daß das Gesetz „allgemein geltend" sein müsse nur in Beziehung auf den Adressatenkreis, nicht etwa in Beziehung auf den Kreis der betroffenen Sachverhalte; die doch mindestens unschöne Konsequenz, daß die Bestimmung, die vorschreibt, daß das Gesetz „nicht nur

[8] Zur Auslegung des Begriffs des „allgemeinen Gesetzes" in Art. 5 GG bzw. Art. 118 WRV grundlegend Rudolf Smend, Das Recht der freien Meinungsäußerung (Mitbericht) in VStR 4 (1928), S. 44—74, wiederabgedruckt in Smend, Staatsrechtliche Abhandlungen, 1955, S. 89—118.

[9] a. a. O., Anm. II 9 zu Art. 3 GG.

für den Einzelfall gelten" dürfe, „Einzelfallgesetze" nicht verbietet, tut Klein mit einem apodiktischen Hinweis auf den angeblich verunglückten Wortlaut ab. Auch die praktischen Ergebnisse der Kleinschen Lehre sind kaum befriedigend; so ist für die Folgerung, daß der Gesetzgeber anläßlich eines Staatsbesuchs Demonstrationen zwar grundsätzlich verbieten könne, daß das Verbot aber unzulässig sei, wenn Demonstrationen nur von einer, statt von mehreren, politischen Gruppen zu erwarten sind, eine innere Rechtfertigung schwerlich zu finden. Überhaupt spricht es nicht eben für die Praktikabilität des von Klein erzielten Ergebnisses, wenn er zum Abschluß seiner Untersuchung feststellt, die Entscheidung über Zulässigkeit oder Unzulässigkeit des Gesetzes nach Art. 19 Abs. 1 Satz 2 sei vom „Takt der mit ihr Befaßten abhängig" und „verflüchtige sich in dem Gebiet rationell nicht mehr greifbarer Gerechtigkeitsvorstellungen"[10].

Von den beiden Elementen der doppelgliedrigen Formel des Art. 19 Abs. 1 Satz 1 bereitet das zweite, die Vorschrift, daß das grundrechtseinschränkende Gesetz „nicht nur für den Einzelfall gelten" dürfe, die geringeren Schwierigkeiten. Hier führt bereits die Wortinterpretation zu befriedigenden Ergebnissen: In Grundrechte darf nicht eingegriffen werden durch ein Gesetz, das nur einen einzelnen Fall betrifft. Der Grund für diese Regelung ist, daß bei der nur einen einzelnen Fall betreffenden Regelung der Verdacht, daß das Motiv des Gesetzgebers nicht sachlicher, sondern personbezogener Natur ist, allzu naheliegt; angesichts der Schwierigkeiten, die dem Nachweis des wirklichen Motivs des Gesetzgebers entgegenstehen, und der Seltenheit des Falles, daß wirklich sachliche Gründe ein grundrechtsbeschränkendes Einzelgesetz auch nur wünschenswert machen, ist es sachlich gerechtfertigt, wenn Art. 19 Abs. 1 Satz 1 insoweit gleichsam eine unwiderlegliche Vermutung der Illegalität des Einzelgesetzes aufstellt. Auf die Frage, ob das Gesetz abstrakt oder konkret formuliert ist, kommt es dabei naturgemäß nicht an; steht fest, daß das abstrakt formulierte Gesetz in Wahrheit nur einen einzelnen Fall betrifft, so ist das Gesetz wegen Art. 19 Abs. 1 Satz 1 unzulässig[11]. Allerdings darf der Begriff des „einen einzelnen Fall betreffen-

---

[10] Anm. III 2 c zu Art. 19 GG.

[11] Karl Zeidler, Der Gesetzesbegriff im Grundrechtsteil des Bonner Grundgesetzes, Diss. iur. Heidelberg 1952, S. 24 ff., will grundrechtsbeschränkende Einzelpersongesetze dann zulassen, wenn gleichartige Tatbestände nicht vorliegen; damit reduziert sich die Bedeutung des Art. 19 Abs. 1 Satz 1 auf die Wiederholung der Garantie der Gleichheit des Gesetzes. Zeidler stützt seine Auffassung insbesondere darauf, daß praktische Notwendigkeiten das grundrechtsbeschränkende Individualgesetz forderten. Doch beziehen sich seine Beispiele auf Enteignungen und Sozialisierungen; insoweit ist jedoch, da Art. 14 Abs. 3 und Art. 15 GG die Möglichkeit von Enteignung und Sozialisierung *durch* Gesetz vorsehen, in Abweichung von Art. 19 Abs. 1 Satz 1 das Individualgesetz ohnehin zulässig; vgl. dazu Carl Schmitt, Die Auflösung des

den Gesetzes" nicht weiter ausgedehnt werden, als der sachliche Grund der Regelung es erfordert; insbesondere wäre es irreführend, wenn man die logische Frage nach dem generellen Charakter des Gesetzes in diesem Zusammenhang einführen wollte. Das Mißtrauen gegen den Gesetzgeber, dessen Ausdruck Art. 19 Abs. 1 Satz 1 insoweit ist, ist nur gerechtfertigt, wenn es sich um ein Einzelgesetz im engsten Sinn handelt; nicht die logische Frage, ob die Zahl der betroffenen Personen oder Fallgruppen bestimmbar oder unbestimmt ist, sondern die tatsächliche Frage, ob Gegenstand der Regelung ein einzelner Fall ist oder nicht, ist ausschlaggebend. Da der Begriff des Einzelfallgesetzes herkömmlicherweise nach dem Merkmal der Generalität bestimmt wird, wäre seine Verwendung in diesem Zusammenhang irreführend. Obwohl es denkbar ist, daß ein Maßnahmegesetz einmal ein Einzelgesetz im Sinne der zweiten Alternative des Art. 19 Abs. 1 Satz 1 GG ist, steht diese Bestimmung doch der Gültigkeit von Maßnahmegesetzen insgesamt jedenfalls nicht entgegen.

Sehr viel schwieriger zu bestimmen ist der Sinn der ersten Alternative des Art. 19 Abs. 1 Satz 1 GG, der Vorschrift, daß das grundrechtsbeschränkende Gesetz „allgemein gelten" müsse. Ein neuartiger Begriff des „allgemein geltenden Gesetzes" kann damit nicht gemeint sein; denn es ist keine Auslegung denkbar, die von dieser Voraussetzung aus nicht im Ergebnis dazu käme, daß Art. 19 Abs. 1 Satz 1 erste Alternative nur eine Wiederholung der Garantie der Gleichheit des Gesetzes wäre. Einer derartigen Auslegung stünden jedoch schon systematische Bedenken entgegen; auch nach der Entstehungsgeschichte wäre es übrigens höchst unwahrscheinlich, daß der Verfassunggeber, der die Garantie der Gleichheit *des* Gesetzes bewußt in Art. 1 Abs. 3 verankert hat[12], dieselbe Garantie nochmals in Art. 19 Abs. 1 aufgenommen haben sollte. Die einzig befriedigende Auslegung ist zugleich die nächstliegende, daß nämlich Art. 19 Abs. 1 Satz 1 GG in seiner ersten Alternative den Begriff des allgemeinen Gesetzes in seiner herkömmlichen Bedeutung enthält, und das heißt, den rechtsstaatlichen Gesetzesbegriff rezipiert.

Die Auslegung des Art. 19 Abs. 1 Satz 1 sieht sich damit in eine schwierige Lage versetzt. Denn im Fall einer derartigen Rezeption läßt sich die Verfassung nicht mehr aus sich heraus auslegen; ihr Ver-

---

Enteignungsbegriffs, in JW 1929, S. 495—498, wiederabgedruckt in: Verfassungsrechtliche Aufsätze, 1958, S. 110—118 (116). In allen anderen Fällen, also etwa bei der Einschränkung der Freiheit der Person oder der entschädigungslosen „Inhaltsbestimmung" des Eigentums, scheint mir ein guter Grund für den stärkeren Schutz zu bestehen, den die formale Auslegung des Art. 19 Abs. 1 Satz 1, zweite Alternative, bietet. Zur Rechtslage unter der Weimarer Verfassung siehe Thoma HStR II 148, mit Nachweisen in Anm. 94.

[12] Vgl. von Mangoldt, Das Bonner Grundgesetz, 1. Aufl., 1953, Anm. 2 zu Art. 3.

ständnis setzt vielmehr das Verständnis des „lebendigen Begriffs" voraus, auf den sich die Verfassung beruft, das Verständnis des rezipierten Instituts in seiner historisch hergebrachten Bedeutung und zugleich in seinem gegenwärtig wirklichen Sinn. Im Falle eines so stark theoretisch fundierten Begriffs wie des rechtsstaatlichen Gesetzesbegriffs wird sich dieses Verständnis nur einer geistesgeschichtlichen Interpretation erschließen, die ihn an seinen Ursprüngen aufsucht, sein Schicksal verfolgt und auf diese Weise seinem gegenwärtigen Sinn nahezukommen sucht. Auch auf den Gegenbegriff zum rechtsstaatlichen Gesetzesbegriff, auf den Begriff des Maßnahmegesetzes, mag im Verlauf dieser Untersuchung neues Licht fallen.

## § 21 Der Begriff des allgemeinen Gesetzes im rechtsstaatlichen Idealismus (Kant)

Die moderne Geschichte des Begriffs des allgemeinen Gesetzes beginnt mit Kant[1]. Im kategorischen Imperativ: „Handle so, daß die Maxime deines Willens jederzeit zugleich als Prinzip einer allgemeinen Gesetzgebung gelten könne", wie er in seiner schärfsten Fassung, der Formulierung der Kritik der praktischen Vernunft, lautet[2], wird das erste Mal die „Allgemeinheit" als begriffliches Element des Gesetzes verwendet. Es ist kein Zufall, sondern steht in einem gewichtigen historischen Zusammenhang, daß der Begriff des allgemeinen Gesetzes in der Moralphilosophie konzipiert und daß dieser moralische Begriff später, und zwar von Kant selbst, in die Staatsphilosophie übernommen wurde; die Geschichte des Begriffs des allgemeinen Gesetzes erweist sich damit als Teil einer größeren geistesgeschichtlichen Entwicklung, als Teilakt nämlich der geistigen Machtergreifung des Bürgertums im Staat, die sich in der Unterwerfung des Staats unter die Begriffe und Normen der bürgerlichen Moral vollzog[3]. Auch eine Geschichte des juristischen Begriffs des allgemeinen Gesetzes hat daher bei der moralischen Bedeutung dieses Begriffs einzusetzen.

---

[1] Über mittelalterliche Äußerungen, insbesondere zur „universalitas" des Gesetzes bei Thomas von Aquin, vgl. Scheuner, Gesetz und Einzelanordnung, in der Festschrift für Rudolf Hübner, 1935, S. 203 (beizufügen etwa die von Hans Thieme, „Natürliches Privatrecht und Spätscholastik", ZRG germ. Abt. 70 (1953) 230—266 [253] angeführte Stelle aus dem Traktat „De successionibus et ultimis voluntatibus" des spanischen Juristen Ferdinand Vasquez); über Locke und das vorkantische 18. Jh. ebda. S. 205; über die spätabsolutistische Jurisprudenz ebda. S. 208 Anm. 56.

[2] Kant, Kritik der praktischen Vernunft ed. Vorländer, S. 36.

[3] Vgl. Reinhart Koselleck, Kritik und Krise, 1959.

Die erste auszeichnende Eigenschaft des kategorischen Imperativs ist, daß er schlechterdings frei von jeder empirischen Bestimmung oder Rücksicht ist. So heißt es bereits an der zeitlich wie systematisch ersten Stelle, an der in Kants Gesamtwerk der kategorische Imperativ eingeführt wird[4]: „Da ich den Willen aller Antriebe beraubt habe, die ihm aus der Befolgung irgend eines Gesetzes entspringen können, so bleibt nichts als die allgemeine Gesetzmäßigkeit der Handlungen überhaupt übrig, welche allein dem Willen zum Prinzip dienen soll, d.i. ich soll niemals anders verfahren als so, *daß ich auch wollen könne, meine Maxime solle ein allgemeines Gesetz werden.*" Aus diesem Grund heißt der kategorische Imperativ „formal", weil er nicht materiell ist, das heißt keinerlei sinnliche Grundlage oder Absicht besitzt[5]. Wäre es anders und wäre die Maxime des Handelns durch die mindeste Rücksicht in der Welt der Erscheinungen bestimmt, so unterläge sie einer sinnlich bedingten Kausalität, einem Naturgesetz; der kategorische Imperativ dagegen ist ein Gesetz der Freiheit und muß daher von der Welt der Erscheinungen schlechterdings un-bedingt sein, wie er auch andererseits in der Welt der Erscheinungen nicht vorzufinden ist: Es gibt kein „Schema" des Gesetzes der Freiheit, vermöge dessen sich von ihm eine Anschauung gewinnen ließe[6]. Der kategorische Imperativ schreibt nicht ein bestimmtes Gesetz — das als ein Gesetz, von welchem Anschauungen möglich sein müßten, stets nur der äußeren Kausalität, niemals dem Reich der Freiheit angehören könnte — vor, sondern die bloße Gesetzmäßigkeit der Handlungen überhaupt: Dies ist der erste Grund, aus dem die Gesetzmäßigkeit des kategorischen Imperativs die allgemeine Gesetzmäßigkeit heißt.

Der kategorische Imperativ in dieser Form, der Form, die ihm „die gemeine Menschenvernunft" gibt[7], würde zur Grundlegung eines Systems strikter Individualethik ausreichen. Denn er gibt ein sicheres und eindeutiges Verfahren für die Willensbildung des Einzelnen an, die Vorschrift nämlich, daß der Wille stets ohne die mindeste Rücksicht auf irgend etwas in der Welt der Erscheinungen, weder auf den Erfolg der Handlung noch auf eigenes oder fremdes Wohl, bestimmt werden solle; und für eine Ethik, die die Lauterkeit des „guten Willens" als den einzigen Beurteilungsmaßstab annimmt[8], für deren Urteil der Erfolg einer Handlung als im Bereich äußerer Kausalität und nicht im Reich der

---

[4] Kant, Grundlegung zur Metaphysik der Sitten ed. Vorländer, S. 20.

[5] Vgl. Grundlegung zur Metaphysik der Sitten S. 20; der Ausdruck „formal" ist definiert in der Vorrede, ebda. S. 3.

[6] Kritik der praktischen Vernunft S. 81.

[7] Grundlegung zur Metaphysik der Sitten S. 20.

[8] Vgl. die berühmten Einleitungssätze der Grundlegung zur Metaphysik der Sitten, S. 11.

Freiheit liegend ohne Gewicht ist[9], könnte diese formale Regel der Willensbildung an sich ein genügender Grundsatz sein. Eine Moral dagegen, deren Regeln im Miteinanderleben der Menschen tauglich sein sollen, sieht sich vor die zusätzliche Aufgabe gestellt, nachzuweisen, daß dieses Verfahren der Willensbestimmung zu objektiv notwendigen Ergebnissen führt, anders gesprochen, daß jeder, der seinen Willen dieser Regel gemäß bestimmt, seiner Handlung im gleichen Fall dieselbe Maxime zugrunde legt. Nun kommt die Fähigkeit, überhaupt nach Maximen zu handeln, das heißt nach einer selbstgesetzten praktischen Regel[10], dem Menschen nicht kraft seiner physischen Natur, sondern als einem vernünftigen Wesen und kraft seiner Vernunft zu. Der kategorische Imperativ fordert, daß die Maxime nicht nur vermöge der Vernunft gefaßt, sonder auch inhaltlich durch die Vernunft bestimmt werde, das heißt, daß die Vernunft im Menschen gesetzgebend werde[11]. Da die Vernunft allen Menschen gemeinsam ist, muß daher auch die Maxime ihres Handelns, wenn sie nur inhaltlich von der Vernunft bestimmt wird, in gleicher Lage dieselbe sein. Dies, daß es sich um das vernünftige und daher allen Menschen gemeinsame Gesetz handelt, ist der zweite Grund, weshalb das Gesetz des kategorischen Imperativs das allgemeine heißt.

Daß diese beiden Forderungen: „Mache bei der Wahl aller deiner Maximen die Vernunft zum Gesetzgeber“ und „Handle nach der Maxime, die sich selbst zugleich zum allgemeinen Gesetz machen kann“[12] identisch sind, versucht Kant dadurch sicherzustellen, daß er die Frage, ob eine bestimmte Maxime zur allgemeinen Gesetzgebung tauglich ist, nach ausschließlich logischen Kriterien entscheidet. In dem berühmten, von ihm mehrfach angeführten Beispielsfall vom Depositum etwa argumentiert Kant folgendermaßen: Der Verwahrer eines Depositums, dessen Eigentümer verstorben ist, ohne seinen Erben von diesem Depositum Kenntnis zu geben, würde, falls er es sich zur Maxime gemacht hätte, sein Vermögen auf jede sichere Weise zu vergrößern, sich das Depositum aneignen. Diese Maxime zum Prinzip einer allgemeinen Gesetzgebung gemacht, würde bedeuten, daß jeder Depositar sich das verwahrte Gut aneignen darf, falls ihm nicht nachgewiesen werden kann, daß es ihm als Depositum gegeben sei; dies aber hätte zur Folge, daß es gar kein Depositum gäbe, welches sich widerspricht. In der Mehrzahl der

---

[9] So mit besonderem Nachdruck der Aufsatz von 1797 „Über ein vermeintes Recht aus Menschenliebe zu lügen“, Kleinere Schriften zur Geschichtsphilosophie, Ethik und Politik, ed. Vorländer, S. 199—206.

[10] Zum Begriff der Maxime vgl. etwa Kritik der praktischen Vernunft S. 21 f.

[11] Grundlegung zur Metaphysik der Sitten S. 52.

[12] Diese letzte ist die innerhalb der Grundlegung zur Metaphysik der Sitten als die allgemeine bezeichnete Formulierung (S. 61).

Fälle, in welchen Kant konkrete Fragen nach dem kategorischen Imperativ prüft, führt er seine Argumentation auf diese Weise auf den Satz vom Widerspruch hinaus; das moralische Problem wird in ein logisches verwandelt und dadurch erreicht, daß, obwohl der kategorische Imperativ keine besonderen Gesetze gibt, sondern nur die Reinheit des Wollens betrifft, jedes denkbare moralische Problem allgemein verbindlich zu entscheiden ist[13].

Schließlich beruht die Allgemeinheit des Gesetzes im kategorischen Imperativ noch auf einem dritten Grund. Indem der Einzelne nämlich die Vernunft als in ihm gesetzgebend will, muß er wollen, daß die Vernunft überhaupt gesetzgebend sei; er muß daher nicht nur gemäß einer Maxime wollen, die mit derjenigen jedes anderen moralisch Wollenden in gleicher Lage dieselbe ist, sondern er muß auch diese Selbigkeit wollen; das heißt: Der Mensch muß wollen, daß er in seinen Maximen mit jedem anderen vernünftigen Wesen übereinstimmt. Dies ist die dritte Formulierung des kategorischen Imperativs, die erst die vollständige Bestimmung der geforderten Maxime enthält; sie lautet bei Kant: „Alle Maximen (sollen) aus eigener Gesetzgebung zu einem möglichen Reich der Zwecke, als einem Reiche der Natur, zusammenstimmen"[14]. Auf dieser dritten Formulierung des kategorischen Imperativs in der Grundlegung der Metaphysik der Sitten beruht die Lehre vom höchsten Gut in der Kritik der praktischen Vernunft und damit der Nachweis der praktischen Notwendigkeit der Ideen der Freiheit, der Unsterblichkeit der Seele und des Daseins Gottes. Erst diese dritte Formulierung erklärt, warum Kant aussprechen kann, daß die Allgemeinheit des allgemeinen Gesetzes darin liegt, daß es universell, nicht darin, daß es generell ist[15]; denn das allgemeine Gesetz ist deshalb allgemein, weil es das Naturgesetz eines als Totalität gewollten und sittlich notwendigen Reichs der Freiheit ist, dessen Glieder kraft des Postulats der praktischen Vernunft alle vernünftigen Wesen sind.

Diese dreifache Wurzel der Allgemeinheit des allgemeinen Gesetzes — daß es keinerlei empirische Interessen verfolgt, sondern das Gesetz der Freiheit ist; daß es das vernünftige und daher a priori notwendige Gesetz ist; und daß es der allen Menschen gemeinsame höchste Zweck ihrer Freiheit ist — bestimmt auch die Allgemeinheit des allgemeinen Rechtsgesetzes in Kants Staatsphilosophie. Das allgemeine Gesetz muß *frei von empirischen Zwecken* sein, es darf nicht einen konkreten poli-

---

[13] Zur Bedeutung des Satzes vom Widerspruch für den naturrechtlichen Idealismus vgl. die instruktiven Bemerkungen von Ernst Bloch, Das Prinzip Hoffnung, Frankfurt 1959, S. 635.

[14] Grundlegung zur Metaphysik der Sitten S. 60.

[15] Ebda. S. 47.

tischen Zweck verfolgen, insbesondere weder der Wohlfahrt des Einzelnen noch der des Staates zu dienen bestimmt sein, sondern es bestimmt die Freiheit der Bürger und das heißt ihren Rechtszustand[16]. Dieser Rechtszustand wird ausschließlich durch die *Vernunft* bestimmt, das heißt, jedes Gesetz ist seinem Inhalt nach a priori notwendig; auch in der Staatsphilosophie gilt der Satz aus der Grundlegung zur Metaphysik der Sitten, daß das Gesetz die „unbedingte, und zwar objektive und mithin allgemein gültige Notwendigkeit" ist[17]. Weil es vernünftig ist, ist das Gesetz seiner Idee nach unabhängig von dem konkreten Einzelfall und unabänderlich; Staatsakte, denen dieser Charakter nicht innewohnt, sind keine Gesetze, sondern gehören in den Bereich der exekutiven Gewalt, sind „Dekrete"[18]. Die wichtigste Bestimmung ist jedoch, daß das allgemeine Gesetz im Staat für die Bürger den *höchsten Zweck ihrer Freiheit* bildet. In der Moral ist das „Zusammenstimmen der Maximen aller vernünftigen Wesen zu einem möglichen Reich der Zwecke" *geboten;* in der Rechtsphilosophie wird dieses mögliche Reich der Zwecke im Staat (und in der Kirche)[19] der Idee nach[20] *wirklich.* Daß der kategorische Imperativ den Satz enthält: „Wolle, daß du mit anderen vernünftigen Wesen unter allgemeinen Gesetzen zusammentrittst" führt in der Rechtsphilosophie dazu, daß das Zusammentreten der Menschen zu einem rechtlichen Zustand, daß der Staat sittlich geboten ist[21]. Weil dies die einzige sittliche Rechtfertigung des Staates ist, müssen die Gesetze des Staats wahrhaft allgemein sein, das heißt kraft der Vernunft a priori notwendig und nicht bloß positiv, „statutarisch"[22]. Hier liegt der Grund dafür, daß es in Kants berühmter Definition des Staates heißt, der Staat sei die Vereinigung einer Menge von Menschen unter „Rechtsgesetzen"[23]; auf eine Formel gebracht, die notwendigerweise vergröbert, bedeutet das, daß der Staat um des allgemeinen Gesetzes willen und nicht das Gesetz um des Staates willen da ist, und nur weil der Staat der Inbegriff des öffentlichen Rechtszustandes ist, ist er selbst sittlich notwendig und Selbstzweck. Auf der anderen Seite ist das allgemeine Gesetz nach der zweiten Formulierung des kategorischen Imperativs dasjenige Gesetz, das

---

[16] Daraus rechtfertigt sich auch der Unterschied von Gesetz und Maßregel bei Kant, siehe oben S. 109 f.

[17] S. 37.

[18] Kant, Metaphysik der Sitten, ed. Vorländer, 1954, S. 140.

[19] Kant, Die Religion innerhalb der Grenzen der bloßen Vernunft, ed. Vorländer, S. 103 f.

[20] Metaphysik der Sitten S. 206, mit der aufschlußreichen Gleichsetzung der „vollkommenen rechtlichen Verfassung unter den Menschen" mit dem „Ding an sich selbst".

[21] Metaphysik der Sitten S. 134.

[22] Ebda. S. 124.

[23] Ebda. S. 135.

jedes vernünftige Wesen sich selbst gibt; auch im Staat kann daher das Gesetz nicht heteronom, sondern muß das autonome Gesetz aller seiner Bürger sein. Daraus folgt der Satz: „Die gesetzgebende Gewalt kann nur dem vereinigten Willen des Volkes zukommen“[24]. Dieser vereinigte Wille ist jedoch nicht faktisch, sondern „a priori, mithin notwendig vereinigter und (nur) darum gesetzgebender Wille“[25]. An der Gesetzgebung wirkt nicht der Einzelne als Untertan, nicht der Einzelne als solcher (homo phaenomenon), sondern die reine rechtlich-gesetzgebende Vernunft in ihm (homo noumenon) mit[26]. Weil es ein vernunftautonomes Gesetz ist, dem seine Zustimmung zu geben jeder durch seine Freiheit sittlich gezwungen ist, ist das Rechtsgesetz ein „allgemeines“ Gesetz.

Diese Übertragung des moralischen Gesezesbegriffs in das Staatsrecht ermöglicht Kant die Versöhnung von Freiheit und Notwendigkeit, von staatlichem Zwang und bürgerlicher Freiheit; sie ist das Kernstück der Kantschen Rechtsstaatsidee[27]. Die staatsrechtliche Argumentation ist dabei eine zwar verdeckte, aber darum nicht weniger bewußte Polemik gegen Rousseau[28]. Es ist häufig bemerkt worden, daß im Begriff der volonté générale die unbeschränkte Freiheit des einzelnen in seine völlige Gebundenheit umschlägt[29]; daß die volonté générale, da sie Beliebiges festsetzen, den einzelnen zu Beliebigem zwingen kann, vorausgesetzt nur, sie übt denselben Zwang gegen jeden anderen aus. Kant vermeidet diese Schwierigkeit, die dazu führt, daß in dem Moment, in dem er seine Freiheit gewinnt, diese Freiheit aufzugeben ein jeder gezwungen wird, dadurch, daß er die Allgemeinheit des Gesetzes als eine substantielle Eigenschaft, die die Notwendigkeit seines Inhalts angibt, und nicht als eine formale definiert, welche bloß die Art und Weise seines Zustandekommens angibt. Daß das Gesetz stets nur den dauernden Rechtszustand der Bürger betrifft und daß der Rechtszustand der Bürger stets nur durch das Gesetz bestimmt wird, macht nach Kants Lehre das Wesen des Staates als einer sittlichen Notwendigkeit aus. Das allgemeine Gesetz ist das vernünftige Gesetz und deshalb das Gesetz der Freiheit.

---

[24] Ebda. S. 136.

[25] Kleinere Schriften S. 160 (Zum ewigen Frieden).

[26] Metaphysik der Sitten S. 163.

[27] Zu Kants Gesetzesbegriff vgl. auch Böckenförde (wie oben § 17 Anm. 10) S. 94—99.

[28] Vgl. Richard Nürnberger, „Kants Rechtsphilosophie in ihrem Verhältnis zu Rousseau“ in ZStW 104 (1944) S. 1—29, und im allgemeinen die aufschlußreiche Interpretation des Verhältnisses Kants zu Rousseau bei H. A. Korff, Geist der Goethezeit, Bd. 1, 4. Aufl. (Nachdruck) 1956, S. 76—79.

[29] Vgl. Böckenförde ebda. S. 38 ff. mit weiteren Angaben.

## § 22 Fortsetzung (Der nachkantische Idealismus)

Diese Begriffsbestimmung des allgemeinen Gesetzes wurde zum Gemeingut des deutschen Idealismus. Diese Tatsache ist keineswegs selbstverständlich. Denn gerade die — von Kant selbst für die endgültige und vollständige gehaltene[1] — erste Formulierung des kategorischen Imperativs, die allein den Begriff des allgemeinen Gesetzes enthält, ist, sieht man von Kants engster Schule ab, von keinem seiner Nachfolger übernommen worden. Überdies ist gegen Kants Herleitung der Rechtsidee aus dem Sittengesetz, gegen den Schritt von der sittlichen lex permissiva zum rechtlichen Zwangsgesetz[2], welcher allein die Übertragung des moralischen Begriffs des Gesetzes in die Rechtsphilosophie rechtfertigte, bereits bei Kants unmittelbaren Nachfolgern Widerspruch laut geworden; so haben Fichte wie Schelling bereits in ihren Frühschriften nachzuweisen sich bemüht[3], daß das Prinzip des Rechts selbständig und vom Moralprinzip unabhängig ist. Doch stimmen beide Autoren mit Kant darin überein, daß sie das Wesen des Rechts in die Notwendigkeit der Freiheit setzen, daß das „Recht der Naturmechanismus der Freiheit" ist[4]. Der Unterschied des Rechtsbegriffs und des Begriffs der Sittlichkeit liegt, wie Fichte dargelegt hat[5], darin, daß die Sittenlehre die Möglichkeit der Freiheit des Ich überhaupt, die Rechtslehre dagegen die Freiheit des Ich als Individuum, das heißt unter der Voraussetzung des Daseins anderer vernünftiger Individuen, erörtert. Deshalb legt Fichte, und ganz ähnlich übrigens Schelling[6], als Prinzip des Rechts den kategorischen Imperativ in seiner zweiten Formulierung zugrunde, die davon ausgeht, daß die Vernunft nicht einem Einzelnen, sondern allen

---

[1] Von den drei Formulierungen des kategorischen Imperativs in der Grundlegung zur Metaphysik der Sitten kehrt in der Kritik der praktischen Vernunft (§ 7) nur die erste wieder.

[2] Vgl. Metaphysik der Sitten S. 36 und Kleinere Schriften S. 123 f. (Zum Ewigen Frieden); siehe dazu Fichte, Grundlage des Naturrechts, hrsg. von M. Zahn, 1960, S. 12 ff. und Fries, Philosophische Rechtslehre, 1803, S. 23 ff. Über die Stellungnahme der engeren Kantischen Schule (Hufeland, Schmidt) zu dieser Frage vgl. das Referat in J. H. Fichtes „Vorrede des Herausgebers" zu J. G. Fichtes sämtlichen Werken, Bd. 3, S. VIII ff. Ganz im Sinne der Kantischen Schule noch Hegel, Philosophische Propädeutik (Sämtliche Werke, Jubiläumsausgabe, hrsg. von Glockner, Bd. 3, Nachdruck 1949), S. 56 f. Ein Nachklang dieser Diskussion auch noch in den Grundlinien der Philosophie des Rechts, § 38, deren Argumentation sich sonst in diesem Punkt von Kants Gedankengang löst (vgl. unten § 23 S. 146).

[3] Vgl. Fichte, Grundlage des Naturrechts, S. 9 f. sowie Alexander Hollerbach, Der Rechtsgedanke bei Schelling (Philosophische Abhandlungen Bd. 13), 1957, S. 112.

[4] Vgl. Schelling, System des transzendentalen Idealismus, hrsg. von Ruth-Eva Schulz, 1957, S. 251 f. und dazu Hollerbach, a. a. O., S. 126 f.

[5] Siehe Fichtes Grundlage des Naturrechts S. 9 f.

[6] Siehe Hollerbach, a. a. O., S. 106 und 125.

vernünftigen Wesen zukommt, und vom Einzelnen die Achtung jedes Anderen als eines vernünftigen Wesens fordert; bei Fichte lautet der Satz in der Formulierung der „Grundlage des Naturrechts" von 1796: „Ich muß das freie Wesen außer mir in allen Fällen anerkennen als ein solches"[7], und in der Formulierung der „Grundzüge des gegenwärtigen Zeitalters" von 1806 fordert er, daß man „in jedem Individuum die menschliche Gattung anerkennen und ehren" müsse[8]. Erst diese Herleitung des kategorischen Imperativs als des Rechtsprinzips macht es möglich, im Begriff des allgemeinen Gesetzes nicht einen sittlichen Begriff, sondern einen originären Rechtsbegriff zu sehen. Schelling und Fichte heben am Begriff des allgemeinen Gesetzes insbesondere hervor, daß es das sittlich notwendige Gesetz sei und daß zu dieser Notwendigkeit die Positivität nur hinzutrete[9]; das Allgemeine ist, um es mit einer gleichzeitigen Formulierung von Novalis auszudrücken, „das schlechthin schon Gesetzte"[10].

Von Fichte übernimmt Fries[11], so sehr er sonst strenger Kantianer ist, den Ansatz, als Prinzip der Rechtslehre den kategorischen Imperativ ausschließlich in seiner zweiten Fassung gelten zu lassen. Er sagt in Anlehnung an Fichte: „Wenn Menschen in Gemeinschaft kommen, so soll ein jeder den anderen als Seinesgleichen behandeln", oder, als mit diesem Satz gleichbedeutend, jedoch unter Übernahme der Kantischen Formulierung: „Die Menschheit in jedem Menschen soll als Zweck an sich behandelt werden"[12]. Anders als Fichte bemüht er sich jedoch ausdrücklich, den Kantischen Begriff des allgemeinen Gesetzes mit dieser Neubegründung der Rechtslehre zu versöhnen. Da die Begründung des Rechts nicht in der sittlichen Vernunft des Einzelnen, sondern in der Gattung liegt[13], kann nach Fries das allgemeine Gesetz nicht vom Willen der Einzelnen, auch nicht von ihrem „vereinigten Willen", abhängen. Die Allgemeinheit des allgemeinen Gesetzes kann daher nicht darin liegen, daß es der Zweck der Freiheit des Einzelnen ist. Damit bleibt als Rechtfertigung und Korrektiv des allgemeinen Gesetzes nur noch die Vernunft. In betontem Gegensatz zu Kant formuliert Fries: „Weder in der Hand des Volkes, noch in der Hand einiger aus dem Volke sollte der Idee nach die Gesetzgebung seyn, sondern *die Vernunft allein sollte das*

---

[7] Grundlage des Naturrechts S. 52.

[8] Grundzüge des gegenwärtigen Zeitalters, hrsg. von Alwin Diemer, 1956, S. 226.

[9] Die Spätphilosophie Schellings muß in diesem Zusammenhang außer Betracht bleiben; vgl. dazu Hollerbach, a. a. O., S. 248 ff.

[10] Novalis, Werke, hrsg. von Kluckhohn, Bd. II S. 128.

[11] Über J. F. Fries (1773—1843) vgl. Henke, Jakob Friedrich Fries (1867); Huber, Verfassungsgeschichte (wie oben § 16 Anm. 40) Bd. I S. 713 ff.

[12] Fries, Philosophische Rechtslehre, 1803, S. 32 ff.

[13] Siehe oben S. 139.

*Gesetz geben*"[14]. Die Folgerung, die sich daraus für die Stellung des Gesetzes zum Einzelnen ergibt, ist nicht, wie bei Kant, daß das Gesetz Zweck der Freiheit des Einzelnen sein soll, sondern daß das Gesetz als auf der der menschlichen Gattung zukommenden Vernunft beruhend in jedem Einzelnen die Gattung zu achten, daher seine Gleichheit zu wahren hat: „Das ... Gebot der rechtlichen Gleichheit aller vernünftigen Wesen ist das alleinige Princip der allgemeinen Gesetzgebung"[15]. Das allgemeine Gesetz ist das vernünftige und für alle gleiche Gesetz.

Vor der Gefahr, an die Stelle der Rousseauschen egalitären Diktatur der Mehrheit eine egalitäre Diktatur im Namen der Vernunft zu setzen, wahrt sich Fries auf eine doppelte Weise. Einmal beschränkt er, im Anschluß an Kant, die Legitimation des Staates auf seine Befugnis, Rechtsgesetze zu erlassen: „Der Zweck des Staates ist ein öffentliches Gesetz zu konstituieren, als ein entscheidendes Urtheil über Recht und Unrecht"[16]. Nur das Gesetz zur endgültigen Feststellung des Rechtszustandes ist ein allgemeines Gesetz; „Für irgend ein provisorisches Rechtsverhältnis kann es gar keine allgemeine Gesetzgebung geben"[17]. Zum anderen, und diesem Schritt über Kant hinaus kommt eine besondere Bedeutung zu, bemüht sich Fries auch um eine praktische Garantie für die sachliche Vernünftigkeit des allgemeinen Gesetzes. Zwar ist der Vernunft nach auf die Frage nach der Souveränität im Staat nur eine Antwort möglich, die Antwort nämlich, der Gesamtwille im Staat dürfe nur das Rechtsgesetz selbst sein. Aus dem logischen Modell heraus begründet Fries so das liberale Dogma, daß bürgerliche Freiheit nur herrsche, wo einzig das Rechtsgesetz souverän sei[18]. Doch ist diese Antwort nur für die theoretische Vernunft befriedigend. Praktisch bleibt die Frage bestehen, wer die Vernunft im Staat zu repräsentieren befugt sei und damit über die souveräne Macht effektiv verfüge; welches „der allgemeine Wille ist ..., welcher im Staate gilt und durch den die Staatsgewalt ausgeübt wird"[19]. Sobald das erste Prinzip des Rechts, das Prinzip der Gleichheit, im Staat wirklich geworden ist, wird effektiver Souverän ein „aus dem Konflikte des Willens aller Einzelnen hervorgehender Gesamtwille, *die öffentliche Meinung*"[20] sein. Da bei zunehmender Bildung des Volkes die öffentliche Meinung der Stimme der Vernunft immer mehr ent-

---

[14] Fries, Rechtslehre S. 82.

[15] Ebda. S. 37.

[16] Ebda. S. 78.

[17] Ebda. S. 35.

[18] Zur Vorstellung von der „Herrschaft des Gesetzes" vgl. Carl Schmitt, Verfassungslehre, 1928, S. 138 f.

[19] Fries, Rechtslehre, S. 81.

[20] Ebda. S. 83.

spricht[21], garantiert die Herrschaft der öffentlichen Meinung auf die Dauer gesehen die Herrschaft des der Vernunft entsprechenden Gesetzes[22]. Damit führt Fries, und zwar im deutschen Staatsdenken als der erste[23], das — praktisch gesehen — grundlegende Postulat des Liberalismus ein, daß in der freien Diskussion aller Privatmeinungen sich die richtige als die öffentliche Meinung durchsetzen werde. Der kantische Rechtsstaat wird bei Fries zum liberalen Rechtstaat und dieser liberale Rechtsstaat wird erhöht, indem er als geschichtsphilosophisch notwendiger, endgültiger Zustand des öffentlichen Rechts dargelegt wird: „Die Idee des Rechtsgesetzes ist die einzige, welche in der Geschichte der Menschheit einen Endzweck ansetzt“[24].

Diese Ansicht, die das Recht von der Sittlichkeit scheidet und den Begriff des Gesetzes nur auf die Vernunft, nicht auf die Freiheit, gründet, ist allerdings in der idealistischen Philosophie selbst nicht ohne Widerspruch geblieben. So hat insbesondere Schleiermacher eingewandt, daß sie dazu führe, im Gesetz nur einen Notbehelf zu sehen, der mit der Vollendung der Sittlichkeit überflüssig werde; der Gesetzesbegriff ende damit bei der „strengen Rechtlichkeit in der Form der Formlosigkeit“[25]. Schleiermachers eigene Ansicht war demgegenüber, daß im Staat zum Gesetz werde, was vorstaatlich Sitte sei; nur daß die Sitte „bewußtlos“ war, das Gesetz dagegen „das vollkommene Bewußte“ ist[26]. Am schärfsten hat diese Gegenansicht Karl Christian Friedrich Krause in der These formuliert: „Das Recht stimmt an sich selbst mit der sittlichen Freiheit (Moralität und Tugend) überein“[27]. Im Ganzen aber hat sich im späten Idealismus die auf Fichte und Schelling zurückgehende Scheidung beider Bereiche und damit der von Fries am ausführlichsten behandelte Gesetzesbegriff durchgesetzt, der die Allgemeinheit des Gesetzes nur in seiner Vernünftigkeit erblickt. Die eigentliche Frage, die sich für den späten Idealismus stellte, war, welches diese Vernünftigkeit ist, wenn nicht, wie bei Kant oder Schleiermacher, die sittliche; woher, anders ausgedrückt, die Vernunft, die sich im Gesetz ausspricht, ihre Regeln nimmt.

---

[21] Zu dem sich hier andeutenden Zusammenhang von Allgemeinheit und Bildung vgl. Zwirner, wie oben § 7 Anm. 3.

[22] Fries, Rechtslehre S. 83 f.

[23] Ebda. S. 5.

[24] Ebda. S. 5.

[25] Formulierung von Günther Holstein, Die Staatsphilosophie Schleiermachers (Bonner staatswissenschaftliche Untersuchungen Heft 8) 1923, S. 59, nach Schleiermachers Grundlinien einer Kritik der bisherigen Sittenlehre (1803), Sämtliche Werke III 1.

[26] Aus der Staatslehre von 1829, Sämtliche Werke III 8, vgl. Holstein, a. a. O., S. 75.

[27] Entwurf eines europäischen Staatenbundes (1814) ed. Reichel (1920) S. 12.

Mit besonderer Schärfe hat Johann Jakob Wagner[28] diese Frage gestellt; mit besonderer Schärfe deshalb, weil er dem Staat an sich sittliche Notwendigkeit bestritt und ihm daher auch zur Rechtfertigung des Gesetzes jeder Rückgriff auf die sittliche Vernunft verwehrt war. Der Ausgangspunkt, daß allgemeines Gesetz nur das Rechtsgesetz sein und daß dessen Allgemeinheit nur in seiner Vernünftigkeit liegen könne, bleibt bei Wagner erhalten; eine Tatsache, die um so aufschlußreicher ist, als Wagner dem Grundsatz der Gewaltenteilung jede Berechtigung abspricht, ihn sogar für ein verderbliches Prinzip erklärt[29] — der Gesetzesbegriff des Idealismus war also von dem Grundsatz der Gewaltenteilung nicht abhängig. Seine Leugnung des Gewaltenteilungsprinzips zwingt Wagner allerdings dazu, zwei Arten von Gesetzen zu unterscheiden: der eine, der „temporäre Zweig der legislativen Gewalt", betrifft „die Wahl dessen, was die Gegenwart zu thun und zu leiden gebeut"; der andere Zweig, die „Gesetzgebung im strengeren Sinne", ist „die Bestimmung des festen und Bleibenden in der Staatseinrichtung"[30]. Der „temporäre Zweig der legislativen Gewalt" heißt auch „Regierung"; zu ihm gehört insbesondere auch die Festsetzung des jährlichen Steuergesetzes[31]. Die „Gesetzgebung im strengeren Sinn" ist die eigentliche Rechtsgesetzgebung; in diesem Sinn wird definiert: „Das Gesetz ist der gemeinschaftliche Begriff des Volkes von seinen festen Verhältnissen"[32]. Diese Definition des Gesetzes als „Begriff" impliziert die These, daß die Allgemeinheit des Gesetzes eine logische Allgemeinheit sei; in diesem Sinn wird die legislative Gewalt auch als „Erkenntnißprincip" definiert[33]. Die Allgemeinheit des allgemeinen Gesetzes liegt darin, daß sein Inhalt eine logische Erkenntnis, nicht eine freie Hervorbringung ist. Diese These führt in den späteren Schriften, vornehmlich im „Staat" von 1815, folgerichtigerweise zu der Annahme, daß das Rechtsgesetz vorgegeben, und zwar ein von Gott von Anfang an in sie hineingelegtes Ver-

---

[28] J. J. Wagner (1775—1841), 1797/8 Schüler Fichtes in Jena, seit 1804 Extraordinarius in Würzburg und dort mit Schelling, seinem Altersgenossen und Landsmann einige Zeit befreundet, bis es über philosophischen und persönlichen Fragen zum Zerwürfnis kam; starb als Privatgelehrter, schon von den Zeitgenossen vergessen, in seiner Heimatstadt Ulm. Vgl. über ihn P. L. Adam und A. Koelle, J. J. Wagner, Lebensnachrichten und Briefe, 1867. Unter den Juristen hat über den zu Unrecht verschollenen Mann, soviel ich sehe, nur gehandelt Carl Schmitt, Politische Romantik, 1925, S. 202 f. und öfters.

[29] Vgl. Johann Jacob Wagner, Über die Trennung der legislativen und exekutiven Staatsgewalt. Ein Beitrag zur Beurteilung des Werthes landständischer Verfassungen. 1804.

[30] Wagner, a. a. O., S. 36.

[31] Ebda. S. 45.

[32] Johann Jakob Wagner, Grundriß der Staatswissenschaft und Politik, 1805, S. 7.

[33] Wagner, Trennung (oben Anm. 29) S. 52.

hältnis der Dinge und Personen ist; die allgemeinen Gesetze sind „die wahren Verhältnisse der Sachen und der Personen selbst..., wie eine sichere Wissenschaft sie mit objektiver Gültigkeit ausspricht“[34]. Das allgemeine Gesetz ist als ein göttliches Gesetz daher letztlich dem Weltgesetz gleich. Allerdings führt diese Ansicht zu dem, was schon Schleiermacher an Fichte rügte: Daß der Begriff des Gesetzes sich in der Geschichtsphilosophie letztlich selbst aufhebt. Denn Wagner unterscheidet drei aufeinanderfolgende Zustände: den ursprünglichen Zustand, „indem die Menschheit am Anfang dem Universum gleich ihr Gesetz wissend und nicht wissend zugleich in sich hatte und lebte“, dann die Epoche des „durch den Begriff bearbeiteten“ Gesetzes, die eigentlich geschichtliche Epoche, und schließlich die Zeit der „Auflösung des Gesetzes in das Weltgesetz“, in der nach „göttlichem Gesetz regiert“ wird[35]. In dieser letzten, die Geschichte in der Humanität vollendenden Epoche ist „das Gesetz nicht mehr *über* der Nation, sondern wird ihres freyen Lebens freye Form[36]“, in ihm liegt „des Volkes eigne freye Nothwendigkeit, durch welche es sich zur Humanität bildet“[37].

Von demselben Ansatz wie Wagner geht Ignaz Paul Vital Troxler aus, der diesen Ansatz dann allerdings in sehr viel moderner anmutenden Gedankengängen durchführt. Auch Troxler reduziert die Gesetzgebung, um dem allgemeinen Gesetz den Charakter der „Vernünftigkeit“ zu erhalten, auf die bloße Erkenntnis sachimmanenter Strukturen und leitet diese Strukturen aus dem göttlichen Geschaffensein der Welt her: „Die Quelle aller Legislation liegt in der göttlichen Natur der Dinge“[38]. In immer wieder neu ansetzenden, radikalen Formulierungen spricht Troxler aus, daß das allgemeine Gesetz der Verfügung des Menschen entrückt ist und von der „ewigen Vernunft“ gegeben wird: „Im strengen Sinn mag auf Erden keine gesetzgebende Gewalt gefunden werden. Kein Mensch hat Gesetze zu geben, wohl aber alle zu nehmen, zu empfangen. Die sogenannten Gesetzgeber sind nur *Legislatoren,* Vermittler von dem Wesen, das sie gibt, zu den Wesen, die ihrer bedürfen“[39]. Es gibt „durchaus kein Rechtsgesetz und keine positive Gesetzgebung..., welcher, als solcher, in sich begründete Allgemeinheit oder eine bleibende Notwendigkeit zukomme“; es darf „folglich nur das Rechtsprinzip und seine Offenbarung als etwas wahrhaft Constitutives und Perem-

---

[34] Johann Jakob Wagner, Der Staat, 1815, § 356 S. 305.

[35] Ebda. § 284, S. 234 f.

[36] Ebda. § 382, S. 332 f.

[37] Ebda. § 170, S. 132.

[38] Ignaz Paul Vital Troxler, Philosophische Rechtslehre der Natur und des Gesetzes, 1820, S. 156.

[39] Ebda. S. 155.

torisches angenommen werden"[40]. Oder in der abschließenden Formulierung: „Unmittelbar und ursprünglich (hat) das in der That sich verwirklichende Recht das Gesetz gegeben"[41].

Das neuartige Element, das Troxler dem Gesetzesbegriff hinzufügt, ist seine Ausrichtung des Gesetzesbegriffs auf den Begriff der Nation[42]. Wie Fichte die Individuen, etwa in der zweiten Vorlesung über die Grundzüge des gegenwärtigen Zeitalters, nur als akzidentielle Ausprägungen der Gattung betrachtete, so ist für Troxler das Individuum nur „die Erscheinung und der Wandel der Nation". „Nächst der Menschheit gibt es nichts Höheres und Herrlicheres auf Erden, als eine Nation, oder individualisierte Menschheit, wovon *Stamm* und *Sprache* die Hauptcharaktere, durch welche sie sichtbar und hörbar in all ihren Glieder sich offenbart"[43]. Ebenso wie Fichte alles öffentliche Leben danach beurteilt wissen wollte, ob es zur Erreichung des Zwecks der Gattung beitrüge, reduziert Troxler die „göttliche Natur der Dinge", denen das Gesetz entsprechen sollte, infolge seiner Vergöttlichung der Nation auf deren Geist und Bedürfnis. „Ob Einer, ob Viele, oder Alle festzusetzen haben, was als Gesammtvernunft und Gemeinwillen gelten soll, ... darauf kömmt ... in höchster Rücksicht ... nichts, oder wenig an. Alles hängt einzig und allein ... davon ab, ob das, was man als Gesamtvernunft und Gemeinwille aus der Menge entbinden ... wollte, wirklich den Sinn und Geist der Nation offenbare"[44]. Allgemein ist das dem Geist der Nation entsprechende Gesetz. Anders als Fichte vermeidet jedoch Troxler die Schwierigkeit, daß der Begriff des Gesetzes sich in seinem Endzweck selbst aufhebt, dadurch, daß er jede Nation als geschlossene Individualität für sich zu einem letzten Zweck der Geschichte erklärt[45]; damit bleibt das Gesetz bis an das Ende der Geschichte notwendig und legitim. Erkauft ist dieser Vorzug jedoch dadurch, daß Troxler in seiner Relativierung auf den „Geist der Nation" den absoluten Geltungsanspruch, und auch die absolute Legitimität des allgemeinen Gesetzes aufgibt, die für Wagner im göttlichen Willen lag. Indem es das dem Geist

---

[40] Ebda. S. 38.

[41] Ebda. S. 235.

[42] Vgl. dazu auch die Bemerkungen von Peter Schneider, Ignaz Paul Vital Troxler und das Recht (Studien zur Staatslehre und Rechtsphilosophie Heft 4) o. J. S. 125. Da Schneider jedoch keinen Versuch unternimmt, das von ihm Dargestellte in einen historischen Zusammenhang zu stellen, ist ihm die historische wie die systematische Bedeutung des Nation-Begriffs bei Troxler entgangen.

[43] Rechtslehre, a. a. O., S. 97.

[44] Ebda. S. 123.

[45] Vgl. Sätze wie „Die Nation allein ist göttlich und unsterblich" (Ebda. S. 97) oder die Nation „ist der verborgene Lebensquell und der gemeinsame Wesensgrund aller Geschlechter und Personen" (ebda) u. dgl.

der Nation *jeweils* entsprechende Gesetz wird, wird das allgemeine Gesetz historischen Bedingungen unterworfen; der idealistische Ansatz, der im Rechtsgesetz die vernünftige und somit ewige Freiheit sichern wollte, scheint sich selbst widerlegt zu haben.

## § 23 Fortsetzung (Hegel)

Wenn man der Frage nachgeht, auf welchem Weg denn die Vernunft sich, Kant zufolge, als allgemeines Rechtsgesetz offenbare, so gerät man, wie der Überblick über die Gesetzeslehre des nachkantischen Idealismus gezeigt hat, in die Gefahr, einen Gesetzgeber zu hypostasieren, der der Vernunft ihre Gesetze gibt, sei es Gott, die Nation oder die öffentliche Meinung. Aus dieser Schwierigkeit hat erst Hegel den Ausweg gewiesen, und zwar dadurch, daß er den Begriff des Gesetzes als des Rechtsgesetzes auf den Begriff des Rechts zurückgeführt hat.

Hegels Definition des Rechts macht in radikaler Weise ernst mit dem Zusammenhang von Recht und Freiheit. Das Recht ist überhaupt der Begriff der Freiheit; das Recht ist die Form, in der Freiheit vernünftig wird und in der sie daher einzig zur Wirklichkeit kommen kann. Freiheit ist also die Substanz des Rechts, das Rechtssystem andererseits „das Reich der verwirklichten Freiheit"[1]. Das Recht ist das „Dasein *aller* Bestimmungen der Freiheit"[2]; es ist „überhaupt die Freiheit, als Idee"[3]. Recht und Freiheit bedingen nicht lediglich einander, dergestalt daß, wie die Philosophie der Aufklärung anzunehmen pflegte, Recht die Sicherung einer vorausgesetzten Freiheit und Freiheit das Resultat des unabhängig von ihr verwirklichten Rechtszustands sei. Beide sind vielmehr als Begriff und Begriffenes gleichzeitig und in ihrem Wesen aufeinander angelegt; die Freiheit und nur die Freiheit ist die Substanz allen Rechts, als Recht und nur als Recht ist Freiheit begreifbar und möglich.

Daraus resultiert für die Darstellung eine eigentümliche Verlegenheit. Während Kants Moralphilosophie in ihrem ersten und grundlegenden Axiom, dem kategorischen Imperativ, den Begriff des „allgemeinen Gesetzes" zugrunde legt und bestimmt, ist in Hegels System dieser selbe Begriff durchaus später und abgeleiteter Natur; Kants Rechtslehre beginnt, Hegels Philosophie des Rechts endet mit dem Begriff des allge-

---

[1] Hegel, Grundlinien der Philosophie des Rechts ed. Hoffmeister 1955, § 4.

[2] Hegel, Enzyklopädie der Philosophischen Wissenschaften, ed. Nicolin und Pöggeler 1959, § 486.

[3] Grundlinien der Philosophie des Rechts § 29.

meinen Gesetzes. Hier liegt, ohne daß dies an irgendeiner Stelle ausgesprochen wäre, eine „Umstülpung" des Kantschen Ansatzes, die unsere höchste Aufmerksamkeit verdient. Auf der anderen Seite zwingt uns dieser Umstand, daß wir uns auf Hegels systematische Deduktion einlassen und die bestimmenden Stücke seiner Gesetzeslehre durch den Gedankengang der Rechtsphilosophie hindurch aufsuchen und verfolgen; eine Darstellung, die mit dem Begriff des Gesetzes begänne statt mit ihm zu enden, fiele in Kants — durch Hegel überwundenen — Ansatz zurück und müßte das geistesgeschichtliche Neue der Lehre vom Gesetz in Hegels rechtsphilosophischem System daher verfehlen. Dieses Neue, das nicht in einer anderen Bestimmung des Begriffs, sondern darin besteht, daß der Begriff einen anderen Ort und damit eine neue Funktion erhält.

Der Begriff des Gesetzes verweist, wie wir gesehen hatten, auf den Begriff des Rechts, und dieser auf den Begriff der Freiheit zurück. Freiheit bezeichnet — in zunächst ganz unkritischer Formulierung — die Möglichkeit des Menschen, nach selbstgewählten Zielen wirklich handeln zu können. Diese Fähigkeit, wirklich und nicht nur anschauend handeln zu können, den praktischen im Gegensatz zum theoretischen Geist[4], bezeichnen wir als „Wille". Alle Freiheit ist — für Hegel ebenso wie für Kant[5] — Freiheit des Willens. Gerade weil die Philosophie des Rechts eine Philosophie der Freiheit ist, hat sie also den Willen zum Gegenstand; sie ist die Lehre von der Entwicklung des Willens zu sich selbst und das heißt zu seiner Freiheit.

Diese Entwicklung des Willens zu seiner Freiheit ist die Dialektik des Willens[6]. Der Wille will zunächst etwas, einen Gegenstand oder einen Erfolg in der äußeren Welt; er ist unmittelbarer oder sinnlicher Wille. Dieses Ziel in der äußeren Welt wird ihm durch einen Trieb, ein Bedürfnis oder — in der bürgerlichen Gesellschaft — durch ein Interesse gegeben; vom Instinkt unterscheidet ihn, daß er zwischen Bedürfnissen zu wählen und den Gewinn der Befriedigung gegen die Kosten des Mittels abzuwägen vermag; er ist Wille und nicht Begehrungsvermögen, weil er imstande ist, *nicht* zu wollen. Dadurch, daß er etwas Vorhandenes will oder nicht will, setzt er sich als Wille (thetisch).

---

[4] Vgl. Hegel, Philosophische Propädeutik (Sämtliche Werke, Jubiläumsausgabe ed. Glockner, Bd. 3, Nachdruck 1949), S. 25 und Enzyklopädie von 1830 § 469.

[5] Besonders deutlich ausgesprochen bei Kant, Kritik der praktischen Vernunft ed. Vorländer, S. 33.

[6] Systematisch dargelegt in der Einleitung zu den Grundlinien der Philosophie des Rechts, §§ 5 ff. Vgl. auch die Zusammenfassung in § 487 der Enzyklopädie von 1830.

Der sinnliche Wille ist zufällig; er ist abhängig von einer Erscheinung der Außenwelt, einem vorhandenen Objekt, an welchem er sich manifestiert. Erst indem der Wille sich selbst und seine eigene Freiheit will, sich zu seinem eigenen Gegenstand macht, wird er notwendig. Er ist nicht mehr von einem äußeren Objekt, sondern nur noch von sich selbst als seinem Gegenstand abhängig; er wird sich reflektierender oder moralischer Wille. Ziel des Wollens ist ausschließlich der freie Wille selbst, der als unabhängig von jeder äußeren Bestimmung gewollt wird; das Subjekt will sich selbst als moralische Person. Damit, daß der Wille als Subjekt sich selbst als Objekt will, setzt er sich zugleich sich selbst entgegen (antithetisch).

Der sinnliche Wille ist wirklich, aber zufällig; der moralische Wille ist notwendig, aber unwirklich; denn der moralische Wille hat seinen Gegenstand selbst gesetzt, sein Gegenstand ist an ihm und für ihn und nicht an und für sich. Erst indem der Wille die Wirklichkeit des freien Willens will, wird er substantiell, das heißt mit Notwendigkeit wirklich. Indem der Wille des Willens Wirklichkeit will, ist nicht mehr er selbst als partikulärer Wille sein Gegenstand. Er will vielmehr seine eigene objektive Allgemeinheit, daß nämlich überhaupt und im Ganzen ein freier Wille sei; er wird substantieller oder sittlicher Wille. Ziel des Wollens ist die Freiheit überhaupt, daß nämlich ein jeder frei ist[7]. Der partikuläre Wille will seine Freiheit nicht mehr als eine besondere, als moralische Freiheit des Individuums, sondern als Teil der allgemeinen Freiheit, er ist sittlich frei, insofern alle frei sind; der partikuläre freie Wille ist aufgehoben in der Allgemeinheit des freien Willens (synthetisch).

Diesem dialektischen Dreischritt im Begriff des Willens als des sinnlichen, des moralischen und des sittlichen Willens korrespondiert eine dreifache Weise der Freiheit. Allerdings tritt sie nicht als selbständige dialektische Entwicklung neben die Dialektik des Willens, so daß also die Rechtsphilosophie auf dem jeweils eigentümlichen Fortschreiten zweier Begriffe beruhte[8]. „Freiheit" ist überhaupt nur als Freiheit eines Willens denkbar; der „Wille" andererseits ist als freier Wille definiert[9]. Was man die „Dialektik der Freiheit" nennen könnte, ist also nur ein

---

[7] Siehe Grundlinien der Philosophie des Rechts § 260 und Enzyklopädie von 1830 § 482, vgl. auch Philosophische Propädeutik S. 28 und S. 48.

[8] Es ist daher nur ein Unterschied der Darstellung, wenn die Grundlinien der Philosophie des Rechts die Dialektik des Willens, die Enzyklopädie von 1830 dagegen die Dialektik der Freiheit in den Vordergrund rücken.

[9] Der „unfreie" Wille ist als „natürlicher Wille" Gegenstand der Psychologie (§ 473 der Enzyklopädie von 1830). Auf der Stufe des Rechts ist der subjektive Geist (der auf ihr zu seiner Objektivität übergeht) stets schon freier Geist, d. h. wirklicher freier Wille (ebda. § 481).

Aspekt der für die Philosophie des Rechts grundlegenden Dialektik des Willens: Indem der Wille über These, Antithese und Synthese zu sich selbst kommt, wird die Idee der Freiheit wirklich.

Der sinnliche Wille ist frei, indem er ein ohne Notwendigkeit gewähltes Objekt der Außenwelt zu dem seinen zu machen vermag, insofern also, als er imstande ist, auf zufällige Weise wirklich zu werden. Die Freiheit des unmittelbaren Willens, die sinnliche Freiheit ist die Willkür. Diese sinnliche Freiheit ist die prinzipielle Freiheit in dem strengen Sinn, daß sie aller Möglichkeit von Freiheit zugrunde liegt. Denn erst indem der Einzelne[10] ein willkürlich Gewähltes zu seinem Objekt macht, sich für etwas Zufälliges entschließt, konstituiert er sich als besondere, von anderen unterschiedene Person: Ein Individuum sein, heißt selbst ein Zufall sein. Ohne Individualität wäre aber Verschiedenheit des Handelns undenkbar und Freiheit ein sinnloses Wort. Indem der Einzelne sich als Individuum konstituiert, nimmt er hin, daß er eines unter mehreren Individuen ist; wer sich als Unterschiedenen setzt, setzt mit Notwendigkeit zugleich dasjenige, wogegen er sich unterscheidet. Sinnlich frei zu sein heißt: Person zu sein und den Anderen als Person zu achten[11].

Der sinnliche Wille geht im Zufälligen auf; der moralische Wille dagegen setzt sich ein Notwendiges zum Ziel. Seine Freiheit besteht nicht, wie die Willkür, in einem äußeren Erfolg, sondern in seiner Innerlichkeit selbst; der Gegenstand des moralischen Willens ist er selbst, die moralische Freiheit ist die Bildung[12]. Der Einzelne erhebt sich über die Sphäre der Zufälligkeit, der bloßen Individualität und begreift sich selbst als ein Gesolltes und daher Notwendiges, als die partikuläre Existenz eines Allgemeinen, auf das hin sich auszubilden er berufen ist. Gleichzeitig erkennt er, daß dieses Allgemeine ein ihm mit den anderen Gemeinsames ist, sieht sich gehalten, die anderen nicht nur zu achten, sondern zu lieben, und ihr Wohl zu seinem eigenen Zweck zu machen[13]. Moralisch frei zu sein heißt: Sich selbst zu bilden und den anderen zu dienen.

Indem der Wille unter dem Aspekt seiner Freiheit betrachtet wird, tritt also dem Einzelnen der Andere gegenüber; Freiheit kann nur definiert werden als Freiheit des Einzelnen unter Anderen. Der moralische Wille ist dem sinnlichen Willen auch darin antithetisch, daß sich das

---

[10] Hegel spricht von „dem Willen“ oder „dem Individuum“. Gemeint ist das „unendliche Wesen“ (Philosophische Propädeutik S. 43) der idealistischen Philosophie, der „homo noumenon“ Kants, das „transzendentale Ich“ Fichtes, der „Einzige“ Stirners.

[11] Vgl. Philosophische Propädeutik S. 55.

[12] Vgl. Grundlinien der Philosophie des Rechts § 20 und § 187.

[13] Vgl. Grundlinien der Philosophie des Rechts § 112.

Verhältnis zum Anderen umkehrt. Auf der Stufe der Willkür konstituiert sich der Einzelne als Subjekt, er ist sich selbst zu eigen; der Andere tritt ihm nur als das von ihm Unterschiedene entgegen, er ist dem Anderen fremd. Auf der Stufe der Bildung gibt sich der Einzelne dem Allgemeinen hin, er wird dem Anderen zu eigen; zugleich macht er sich selbst zu seinem eigenen Objekt, die Innerlichkeit ist die Stufe der Selbstentfremdung[14]. Der sittliche Wille dagegen hebt die Entfremdung auf, ist sich selbst wie dem Anderen zu eigen: Er ist frei, insofern die allgemeine Freiheit wirklich ist, und das heißt gleichzeitig, insofern alle frei sind. Sinnliche Freiheit, Willkür des Einzelnen ist denkbar, auch wenn alle anderen unfrei sind; sie setzt nur voraus, daß die Freiheit des anderen als Möglichkeit geachtet, nicht daß sie als Wirklichkeit bezweckt wird. Moralische Freiheit, Bildung des Einzelnen, kann mit seiner eigenen äußeren Unfreiheit bestehen; er selbst zu werden, ist der Mensch in Ketten frei. Sittliche Freiheit dagegen besteht erst, wenn die Freiheit mit Notwendigkeit und allgemein zur Wirklichkeit geworden ist, besteht daher nicht, solange irgendeiner unfrei ist; ein Sklave macht alle Freien unfrei. Dabei ist die Freiheit des Anderen nicht etwa die Bedingung der Freiheit des Einzelnen — die Bedingung bliebe dem Bedingten fremd: Sittliche Freiheit ist vielmehr substantiell allgemeine Freiheit; erst die Freiheit des Ganzen ist die wirkliche Freiheit des Einzelnen. Sittlich frei zu sein heißt: Die allgemeine Freiheit zur eigenen zu machen.

Als die Wirklichkeit dieser Freiheit bestimmt Hegel das Recht; was im Willen des Einzelnen nur eine abstrakte Möglichkeit ist, tritt im Recht sozial in Erscheinung. Dabei wäre es ein gefährliches Mißverständnis, anzunehmen, daß Recht nur die Wirklichkeit der substantiellen Freiheit ist, oder auch nur zu glauben, substantielle Freiheit sei das Eigentliche, das Wesentliche gegenüber sinnlicher und moralischer Freiheit. In der substantiellen Freiheit sind sinnliche und moralische Freiheit „aufgehoben“, und das heißt in erster Linie: sie bestehen fort. Wo der Einzelne — und zwar jeder Einzelne — nicht die Möglichkeit hat, den Gegenstand seines Bedürfnisses willkürlich auszuwählen; oder wo es ihm versagt ist, sich frei zu sich selbst zu bilden; da ist substantielle Freiheit, Freiheit im Allgemeinen nicht möglich. Das Recht ist die Wirk-

[14] In der Diskussion über den Begriff der „Selbstentfremdung“ in den Schriften des jungen Marx (vor allem in „Zur Judenfrage“ und „Zur Kritik der Hegelschen Rechtsphilosophie. Einleitung“, beides in den „Deutsch-Französischen Jahrbüchern“ 1844) ist diese Hegelsche Wurzel des Begriffs, soviel ich sehe, bisher nicht beachtet worden. Marx stülpt den Ansatz um, indem er die Selbstentfremdung nicht mehr, wie Hegel, in die Innerlichkeit, sondern in die Äußerlichkeit verlegt. Zur Sache vgl. im übrigen auch Hegel, Phänomenologie des Geistes, ed. Hoffmeister 1952, S. 347 ff. („Der sich entfremdete Geist; die Bildung“).

lichkeit der Freiheit auf allen Stufen der Entwicklung: Der Willkür des sinnlichen Ich eignet es seine Objekte zu in den Instituten von Eigentum und Vertrag; der Bildung des moralischen Ich setzt es die Maßstäbe, indem es über Schuld und Sühne verfügt; dem substantiellen Ich schafft es den Raum seiner Freiheit, indem es Gemeinschaften allgemeiner Freiheit konstituiert, Familie, Gesellschaft und Staat.

Nun bleibt jedoch der Satz, daß das Recht die verwirklichte Freiheit sei, eine willkürliche Definition oder bestenfalls ein bloßes Postulat, solange nicht dargelegt ist, daß und woher denn jede konkrete Rechtsordnung Freiheit und nicht vielmehr Unfreiheit verwirkliche. Allerdings ist frei zu sein das Wesen des praktischen Geistes, also eine Eigenschaft der Vernunft, und es ist Hegels Grundüberzeugung, die in seinem System geradezu axiomatischen Rang hat, daß, wenn auch nicht von Anfang an oder in plötzlicher Epiphanie, so doch im unaufhaltsamen Gang der Weltgeschichte und gemäß der ihr innewohnenden Entwicklung des Begriffs, Vernunft stets wirklich wird[15]. Daß Vernunft begreifbar wird, heißt, daß sie wirklich wird. Aber dann ist die Frage zentral: Wie wird es möglich, Freiheit — oder, was doch synonym sein soll: Wie wird es möglich, Recht zu begreifen? Frei zu sein ist eine Eigenschaft, und Freiheit selbst ist ein Gegenstand des Willens, nicht der Anschauung; wie findet also Freiheit zum Begriff, der die Bedingung ihrer Wirklichkeit ist? Welches ist die vernunftgemäße, nämlich die wirkliche Form der Freiheit?

Da die Freiheit ein Bestimmungsstück der Vernunft ist, kann ihr Inhalt seine Form nur in der Form der Allgemeinheit finden. Damit sie wirklich wird, darf diese Form nicht nur vom anschauenden Bewußtsein, als Gedanke, gewußt, sie muß für das praktische Bewußtsein verbindlich, als gültig gewußt sein. Was als gültig gewußt wird in der Form der Allgemeinheit, ist das Gesetz[16]. Das Gesetz ist der Begriff der Freiheit; erst indem es Gültigkeit erlangt in der Form der Allgemeinheit, erst im Gesetz also, wird das Recht wahrhaft bestimmt, kommt es zu sich selbst und wird wirklich. Das Gesetz ist die wirkliche Form der Freiheit.

Als solche entfaltet es sich, wie die Freiheit selbst, im Dreischritt der Dialektik des Willens. Auf der Stufe der sinnlichen Freiheit ist es Schranke; es grenzt die Sphäre eines jeden gegen den anderen ab, gibt

---

[15] Vgl. Grundlinien der Philosophie des Rechts § 342. — Es ist kaum ein Zufall, daß der Satz von der Wirklichkeit des Vernünftigen seine schärfste Formulierung, welche zu so vielen Mißverständnissen Anlaß gegeben hat, in der Vorrede zu den Grundlinien der Philosophie des Rechts (S. 14 f.) gefunden hat.

[16] Grundlinien der Philosophie des Rechts § 211 und Enzyklopädie von 1830 § 485.

ihm damit einerseits den Spielraum seiner Freiheit und die Gegenstände seiner Willkür zu eigen, macht also sinnliche Freiheit erst möglich, schafft andererseits den unantastbaren Raum des Anderen und zwingt so den Einzelnen, den Anderen als Person zu achten[17]. Auf der Stufe der moralischen Freiheit ist das Gesetz der Endzweck. Er gibt dem moralischen Willen ein bestimmtes Notwendiges vor. Erst die Unverbrüchlichkeit des Gesetzes macht es möglich, daß das Ziel des moralischen Willens nicht beliebig ist und Bildung die Willkür überwindet. Für die sinnliche Existenz ist das Gesetz die gleiche Schranke aller; moralisch gesehen ist das Gesetz der Endzweck der Freiheit eines jeden.

In dem Bisherigen erkennen wir unschwer, wenn auch in einen andersartigen systematischen Zusammenhang gestellt, die Stufen des Kantschen Gesetzesbegriffs wieder. Kant sah, wie erinnerlich, die Allgemeinheit des allgemeinen Gesetzes darin, daß es das Gesetz der Freiheit, daß es das Gesetz der Vernunft und daß es der Endzweck menschlicher Freiheit ist. Für Hegel ist das allgemeine Gesetz die wirkliche Form der Freiheit; in ihm kommt die Vernunft als praktischer Geist zu sich selbst; es ist der Endzweck dessen, der moralisch frei ist. Zwar bleiben gewisse Unterschiede; so war es ein folgenreicher Schritt, daß Hegel Kants Vorstellung, daß jedes Gesetz zunächst Verbot, das Rechtsgesetz also Zwangsgesetz sei[18], durch den Gedanken vom Gesetz als Schranke ersetzte. Doch betreffen sie den Ausdruck, Schlüsse und Begründungen; das Wesen der Sache wird von beiden Autoren gleich bestimmt. Insoweit er das Gesetz als wirkliche Form und notwendige Regel der sinnlichen und der moralischen Freiheit bestimmt, verläßt Hegel die von Kant vorgezeichneten Bahnen nicht; die Divergenz beginnt, wo Hegel sich dem Gesetz als dem Inhalt der substantiellen Freiheit zuwendet.

Substantielle Freiheit: das hieß, daß Freiheit allgemein wirklich geworden ist. Sie setzt also ein Gemeinwesen voraus, in welchem Freiheit allgemein zu werden vermag, Familie, Gesellschaft und — als das höchste Gemeinwesen — den Staat. Daß in einem solchen Gemeinwesen die Freiheit „allgemein wirklich" geworden sei, heißt, daß jedes seiner Glieder frei ist und ein freiheitlicher Zustand des Ganzen herrsche. Als Glied eines solchen freien Ganzen ist der Einzelne nicht, wie auf der Stufe der Willkür, dem Anderen, noch wie auf der Stufe der Bildung sich selbst entfremdet; er ist dem Ganzen als dem allgemeinen Ausdruck seiner eigenen Freiheit und damit sich selbst zu eigen. Die Form

---

[17] Grundlinien der Philosophie des Rechts § 29 und Enzyklopädie von 1830 § 538. Zur Interpretation des Begriffs der „Schranke" ist heranzuziehen Hegel, Wissenschaft der Logik, ed. Lasson 1951, S. 119 f. („Die Schranke und das Sollen").

[18] Nachweise § 22 Anm. 2.

dieser Freiheit des Ganzen ist das allgemeine Gesetz, das als ein wirklich Gültiges der Inbegriff der Freiheit eines Jeden ist.

Es ist ein naheliegendes Mißverständnis, anzunehmen, als wäre der Staat damit bestimmt als eine Anstalt zur Sicherung der sinnlichen und der moralischen Freiheit seiner Bürger, und als beruhe darauf, gleichsam in einer liberalen Spielart des „protection and obedience"-Gedankens von Hobbes, die Pflicht des Bürgers ihm beizutreten. Nun sind gewiß auch im Staat sinnliche und moralische Freiheit aufgehoben und erhalten; aber die Freiheit, von der hier die Rede ist, ist sittliche, substantielle Freiheit, auch insoweit es um die Freiheit des Einzelnen geht. Nicht daß er seine vorgegebene sinnliche oder moralische Freiheit im Staat geachtet sähe, sondern daß die sittliche als die höchste Stufe der Freiheit im Staat erst möglich ist, verpflichtet den Einzelnen, Glied dieses Staates zu werden[19]. Inhalt der sittlichen Freiheit ist daher nicht der garantierte Spielraum des Einzelnen, sondern der freie Zustand des Gemeinwesens selbst; erst die Freiheit des Ganzen um ihrer selbst willen zu wollen, heißt sittlich frei zu sein[20].

Damit aber wird das allgemeine Gesetz zum notwendigen Inhalt der sittlichen Freiheit eines jeden Einzelnen, und zwar als ein Gültiges, nicht als ein Gedachtes. Bei Kant trat dieser Zwang zur Identifikation nur mittelbar, nur auf dem Umweg über die Vernunft ein: Der Einzelne sah sich als ein denkendes Wesen dem Gesetz beizustimmen verpflichtet, insofern dieses Gesetz seinem Inhalt nach logisch, vermöge des Satzes vom Widerspruch, zwingend war. Hegel hat stets bestritten, daß die Herleitung dessen, was rechtens ist, vermöge der reinen Vernunft möglich sei[21]; logisch seien stets mehrere Lösungen möglich, Regulativ des Rechts sei nicht die Vernunft, sondern die Freiheit. Der Einzelne hat daher nicht die Möglichkeit, nach Maßgabe seiner Vernunft die Gesetze des Staats teilweise zu billigen, zum anderen Teil zu verwerfen; da seine sittliche Freiheit den Staat zur Voraussetzung hat, muß er die Gesetze des Staats in ihrem konkreten Bestand übernehmen und zum Inhalt seiner Freiheit machen. Daß die sittliche Freiheit mit Notwendigkeit wirklich ist, heißt zugleich, daß die vorgefundene Wirklichkeit als notwendig hingenommen wird.

Nun war Hegel allerdings frei von der Täuschung, daß ein jedes konkrete Gesetz ein Gesetz der Freiheit sei. Ebenso wie Kant kennt er die

---

19 Grundlinien der Philosophie des Rechts § 258.

20 Enzyklopädie von 1830 § 513.

21 So schon in der Abhandlung „Über die wissenschaftlichen Behandlungsarten des Naturrechts" von 1802/03 (Schriften zur Politik und Rechtsphilosophie, ed. Lasson, 2. Aufl. 1923, S. 325 ff., insbes. S. 349 ff.). Vgl. auch Grundlinien der Philosophie des Rechts § 29.

Kategorie des „nur positiven Gesetzes“[22], das bloß gültig, aber nicht allgemein ist, weil es der Idee der Freiheit widerspricht. Er weiß, daß es einer „Garantie der Verfassung“ bedarf, um sicherzustellen, daß „die Gesetze vernünftig sind“[23]. Auf der anderen Seite ist er der Überzeugung, daß Freiheit konkrete Freiheit — und nicht der spielerische Gedanke an Zukünftiges — sein müsse, um den Namen der Freiheit zu verdienen; und daß daher nicht ein gedachter Staat, sondern das konkrete Gemeinwesen, in dem wir leben, unsere Verantwortung und der Inhalt unserer Freiheit sein müsse. Das allgemeine Gesetz, welches wir zum Inhalt unseres Bewußtseins machen sollen, um sittlich frei zu sein, ist also nicht schlechthin ein apriorisches Gesetz der Vernunft, das wir im Gedanken fänden, sondern das konkrete Gesetz des wirklichen Staates, das für uns als solches Gültigkeit besitzt.

Für Kant ist das allgemeine Gesetz die Basis des Systems und im kategorischen Imperativ von Anfang an vorgegeben, Freiheit erst ein Ergebnis des Gesetzes. Alle Kritik seiner Nachfolger hat sich mit neuen Ansätzen zur Beantwortung der Frage begnügt, weshalb dieses Gesetz ein allen Gemeinsames sei, aber den Ausgangspunkt unangetastet stehen lassen, daß diese vorgegebene Gemeinsamkeit den Anfang der Rechtsphilosophie bildet. Erst bei Hegel wird der Begriff des allgemeinen Gesetzes konkret, indem es als das „allgemeine Werk“[24] das Ergebnis der Freiheit, nicht ihre Grundlage wird. Gleichzeitig aber liefert diese Umkehrung die sittliche Freiheit des Einzelnen dem „Geist des Volkes“, der die Vernünftigkeit des Gesetzes gewährleisten soll[25], aus. Sicherlich liegt dem Hegels feste Überzeugung zugrunde, daß im Fortschritt der Geschichte die Vernunft Wirklichkeit, das Allgemeine mit Notwendigkeit konkret werde; daß wir also, indem wir die Wirklichkeit zum Inhalt unseres Bewußtseins erheben, einen Beitrag leisten zur sich entfaltenden Wirklichkeit der Vernunft. Dennoch ist, historisch gesehen, seit Hegels System das Erbe des Naturrechts aus der Philosophie des Idealismus ausgestoßen.

---

[22] Philosophische Propädeutik S. 57; vgl. Grundlinien der Philosophie des Rechts § 3.

[23] Enzyklopädie von 1830 § 540; vgl. auch Grundlinien der Philosophie des Rechts § 265.

[24] Enzyklopädie von 1830 § 538.

[25] Enzyklopädie von 1830 § 540; vgl. auch Grundlinien der Philosophie des Rechts § 274.

## § 24 Der staatsrechtliche Gesetzesbegriff (Die Staatslehre des Positivismus)

Die Gesetzeslehre der ganzen idealistischen Bewegung hat einen gemeinsamen, von allen Autoren festgehaltenen Ausgangspunkt: Daß nämlich der Mensch von sich aus und der Idee nach notwendigerweise frei ist und daß diese Freiheit ihr eigenes Gesetz hat, das „allgemeine Gesetz“. Aber auch die weitere Entwicklung dieses Gedankens ist den Autoren des Idealismus gemeinsam; übereinstimmend bezeichnen sie dieses Gesetz als „allgemein“, weil es das Gesetz der Vernunft, weil es das für alle gleiche Gesetz und weil es der Endzweck menschlicher Freiheit ist. Schließlich aber, und erst dies hat ihrer Lehre Einfluß auf die politische Wirklichkeit verstattet, haben sie mit Nachdruck die Überzeugung vertreten, daß dieses „allgemeine Gesetz“ fähig sei, im Gang der Weltgeschichte Wirklichkeit zu werden, daß ihre Lehre nicht bloß eine gedankliche Konstruktion sei, noch ein moralisches Korrektiv der durch menschliche Bosheit oder den Zorn Gottes korrumpierten sozialen Wirklichkeit; daß vielmehr der Tag möglich und das edelste Ziel unserer Kräfte sei, an welchem unter allgemeinen Gesetzen ein jeder in der Tat frei sein wird.

Auf den ersten Blick fällt demgegenüber die Frage kaum ins Gewicht, in der die Ansichten dieser Autoren prinzipiell auseinandergingen. Wenn man nämlich das allgemeine Gesetz als ein Gesetz der Freiheit bestimmt, so ist dieses Gesetz zu erkennen und zu verwirklichen in die moralische Verantwortung eines jeden Einzelnen gelegt; das allgemeine Gesetz kann keine heteronome Regel, kein Gebot des Zwangs sein, es gewinnt Wirklichkeit nur als des Einzelnen eigene, freie Notwendigkeit. Daß andererseits das allgemeine Gesetz als ein für alle gleiches wirklich wird, setzt voraus, daß es als dasselbe für alle gilt. Damit die These, das allgemeine Gesetz vermöge soziale Wirklichkeit zu werden, Bestand hat, gilt es also nachzuweisen, daß die selbstgewählte moralische Regel des Einzelnen mit derjenigen eines jeden Anderen notwendigerweise übereinkommt; es muß ein Mechanismus angegeben werden, der die Identität der moralischen Maxime beliebiger Einzelner in gleicher Lage vorbehaltlos sicherstellt.

Auf diese Frage nach den Ursachen der Koinzidenz freien Handelns hat jeder idealistische Autor, der in seiner Rechtsphilosophie selbständig war, eine andere Antwort gegeben. Einig waren seine Nachfolger sich nur in ihrer Kritik an der naturrechtlichen Lösung Kants, der in den allen Menschen gemeinsamen Regeln der Logik die Garantie koinzidierender Maximen sah. Ob aber an ihre Stelle mit Johann Jakob Wagner das Walten Gottes, mit Troxler die Selbstwerdung der Nation oder mit Fries das Wirken der öffentlichen Meinung zu setzen sei, —

die Antwort auf diese Frage schien in den Bereich der bloßen Meinungen gerückt und dem persönlichen Belieben überwiesen.

Die diesen Meinungsstreit — und damit zugleich die idealistische Bewegung — abschließende Lösung war die Kehrtwendung Hegels: Als autonome Verpflichtung ist die sittliche Freiheit gehalten, dasjenige Gesetz zu übernehmen, das sie als geltendes Gesetz der staatlichen Gemeinschaft vorfindet. Dann koinzidieren in der Tat die subjektiven Überzeugungen aller; auf unvergleichlich genauere Weise als irgendeiner seiner idealistischen Vorgänger vermag dies Gebot sicherzustellen, daß „die Maxime eines jeden in gleicher Lage dieselbe ist". Zugleich aber kommt die idealistische Philosophie damit in den Stand, Grundlage einer Jurisprudenz zu werden, die sich vom klassischen Naturrecht abgekehrt hat. Das allgemeine Gesetz, betrachtet als der notwendige Ausdruck des Willens Gottes, der Nation oder der öffentlichen Meinung, bot keine Basis für eine autonome Rechtswissenschaft. Eine Philosophie dagegen, die das geltende Gesetz, den Gegenstand der juristisien Disziplin, als einen Endzweck an sich betrachtete, vermochte ein neues Selbstgefühl dieser Wissenschaft zu begründen.

Damit soll nicht angedeutet sein, daß es sich bei der um die Jahrhundertmitte sich bildenden Schule, die wir als Positivismus zu bezeichnen gewohnt sind, um eine Rezeption des Hegelschen Systems in die Rechtswissenschaft gehandelt[1] hat. Es bedarf nicht immer der bewußten Übernahme, damit die fruchtbaren Gedanken eines Einzelnen ins Denken der Zeitgenossen und der Nachfahren eindringen. Auch war die Grundlage des übernommenen Gedankens das idealistische System, in welchem die gebildete Welt seit zwei Generationen erzogen war. Und schließlich war es, wenn man Kants Fragestellung beibehielt, aber auf seine naturrechtliche Lösung verzichtete, der einleuchtendste Schritt, statt des logischen das wirkliche Gesetz als das allgemeine zu betrachten, und es mag sein, daß Hegel selbst in diesem Punkt eher Geleitsmann als Lotse der Entwicklung gewesen ist. Jedenfalls kehrt im klassischen Positivismus, wenn auch in handlicherer Form zurechtgebildet, der idealistische Begriff des allgemeinen Gesetzes in eben der Zuspitzung wieder, die ihm Hegel gegeben hat.

Zunächst einmal sind die positivistischen Autoren, durchaus im idealistischen, ja Hegelschen Sinn, der einhelligen Überzeugung, daß allem Recht eine „natürliche Freiheit" des Menschen voraus und zugrunde liegt[2]. Sie nehmen an, daß das Recht selbst der „geordnete Ausdruck"

---

[1] Andererseits dürfte Wieacker, Privatrechtsgeschichte der Neuzeit, 1952, S. 244 f., zumindest den mittelbaren Einfluß Hegels auf die Rechtswissenschaft des 19. Jh. unterschätzen.

[2] Eine eindrucksvolle Sammlung von Belegen findet sich bei Peter Häberle, Die Wesensgehaltgarantie des Art. 19 Abs. 2 Grundgesetz (Freiburger rechts- und staatswissenschaftliche Abhandlungen 21), 1962, S. 145 Anm. 125.

dieser Freiheit, von ihr bestimmt und getragen ist; Recht ist nicht nur Sicherung der Freiheit, sondern, und daraus zieht der klassische Positivismus sein uns Nachlebenden schwer zugängliches Pathos, Form und Manifestation der Freiheit selbst, nicht Mittel, sondern einer der letzten Zwecke menschlichen Zusammenlebens. Außerhalb des gesetzten Rechts gibt es keine Freiheit.

Das leitet zu dem zweiten, ebenfalls von Hegel vorgeformten Gedanken über, von welchem der „Positivismus" seinen Namen führt: Daß nämlich der einzige Ausdruck der Freiheit in einem Gemeinwesen nicht ein konstruiertes, sondern das geltende Recht dieses Gemeinwesens sei. Allerdings liegt dem noch nicht die um die Jahrhundertwende gelegentlich vertretene, erst nach Ihering und Nietzsche[3] mögliche Ansicht zugrunde, daß Recht überhaupt eine willkürliche Hervorbringung sei, welche durch die Sanktion des Machthabenden Verbindlichkeit unter den Menschen erlange. Keinesfalls darf man Schmitthenner und von Gerber, Haenel und Laband, von Rönne und Rosin die Anschauungen Bergbohms zuschreiben, wie es doch den Anschein hat, wenn moderne Autoren manchmal glauben, mit einigen Argumenten gegen dessen späten und relativistischen Positivismus die ganze Bewegung widerlegt, ja diskriminiert und aus dem wissenschaftlichen Gespräch geworfen zu haben. Dem klassischen Positivismus lag vielmehr die Überzeugung zugrunde, daß das gesetzte Recht seinerseits der Ausdruck der Vernunft ist. Wenn Hegel davon spricht, daß das Gesetz die „Vernunft der Sache"[4] oder, kennzeichnender noch, „die Notwendigkeit der rechtlichen Verhältnisse" ausspreche[5], so könnten diese Formulierungen bei jedem Positivisten wiederkehren[6]. Begriffsjurisprudenz und Gesetzespositivismus sind nicht etwa verschiedene Schulen innerhalb der Rechtswissenschaft des neunzehnten Jahrhunderts, sondern verschiedene Aspekte desselben Systems. Erst die Überzeugung, daß das positive Gesetz sittlich vernünftig sei, vermochte die Annahme zu rechtfertigen, daß es Ausdruck der Freiheit sei; und es ist weder ein Versehen noch ein Fehltritt, wenn Laband einmal argumentiert, daß eine von ihm bekämpfte Auslegung der Verfassung „mit dem Begriff der sittlichen

---

[3] Über Nietzsches Verhältnis zu Ihering vgl. Erik Wolf, Große Rechtsdenker, 2. Aufl. 1950, S. 620 und Wieacker, Privatrechtsgeschichte der Neuzeit, 1952, S. 333.

[4] Vorrede zu den Grundlinien der Philosophie des Rechts, ed. Hoffmeister 1955, S. 10.

[5] Philosphische Propädeutik (wie oben § 23 Anm. 4) S. 71.

[6] Als ein Beispiel sei etwa auf die Ausführungen von Otto Mayer über die sachimmanenten Grenzen der Polizeigewalt verwiesen (Deutsches Verwaltungsrecht Bd. I, 3. Aufl. 1924, S. 206 f. und 212 ff.). Sie sind vor allem deshalb bemerkenswert, weil Mayer — methodologisch bewußt — von einem „naturrechtlichen Gedanken" spricht.

Freiheit, also mit dem Rechtsbegriffe" nicht vereinbar sei[7] — ebensowenig wie es ein Zufall ist, daß ein prononcierter Anhänger der „Geistesgeschichtlichen Richtung" in den zwanziger Jahren diese Beweisführung als „unjuristisch" abgetan hat[8].

Was den Heutigen leicht als ein mittelalterlicher Aberglaube erscheint, daß das positive Gesetz als solches an der „sittlichen Vernunft" teilhaben soll, war in der zweiten Hälfte des letzten Jahrhunderts keine ganz fernliegende Annahme. Einmal entsprach Hegels Position, auf welcher sie beruhte, daß nämlich im Gang der Weltgeschichte die Vernunft sich unaufhaltsam verwirkliche, dem bürgerlichen Fortschrittsglauben der Epoche. Dann war das „Gesetz", das sie in erster Linie beschäftigte, das Corpus iuris, Werk und Gegenstand tausendjähriger juristischer Erfahrung. Und schließlich waren die Gesetze der Zeit selbst ihr eigenes Werk in einem nie vorher oder seitdem verwirklichten Ausmaß. Von Beseler bis Haenel und von Gneist bis Enneccerus waren juristische Professoren Mitglieder des Parlaments, das — über die Parteigrenzen hinweg — ihren Sachverstand achtete und gewähren ließ. Daß die akademischen Lehrer bereit waren, die so entstandenen Gesetze als sittlich vernünftig hinzunehmen, lag gewiß nicht an feigem Quietismus, der sich gescheut hätte, Verantwortung für das gemeine Wohl zu übernehmen; von den ersten Germanistenkongressen der vierziger Jahre über Gneists Auftreten als Abgeordneter im Budgetkonflikt bis zu Gierkes Polemik gegen den Entwurf des Bürgerlichen Gesetzbuchs haben juristische Professoren Anteilnahme, Leidenschaft und Mut in öffentlichen Dingen bewiesen. Ebenso war es Folge ihrer Anteilnahme, wenn sie in dem positiven Gesetz, welches das Werk ihrer Epoche, ihrer sozialen Schicht und ihres Standes war, den Ausdruck der Freiheit und der Vernunft erblickten[9].

Die eigentliche Begründung für diese Rangerhöhung des Gesetzes in der Jurisprudenz des neunzehnten Jahrhunderts liegt jedoch tiefer als solche historischen und soziologischen Erklärungen. Sie ist allerdings nicht einfach zu fassen, da der Positivismus, unähnlich dem methodenbewußten zwanzigsten Jahrhundert, aber von seinen Voraussetzungen aus konsequenter Weise, die eigenen Voraussetzungen als „metajuristisch" nicht explizit auszusprechen pflegte. Und doch gelangen wir hier erst an den Kern dessen, was für Generationen der Begriff des „allgemeinen Gesetzes" im Staatsrecht bedeutete.

---

[7] Laband, Der Begriff der Sonderrechte nach Deutschem Reichsrecht, in: Annalen des Deutschen Reiches, 1874, S. 1487 ff. (1511).

[8] Leibholz, Die Gleichheit vor dem Gesetz, 2. Aufl. 1959, S. 150.

[9] Über den Einfluß der Wissenschaft bei der Kodifikation des BGB vgl. das abgewogene Urteil Wieackers, Privatrechtsgeschichte der Neuzeit, 1952, S. 282 f. Allerdings war in den letzten beiden Jahrzehnten des 19. Jhs. der politische Einfluß der Professorenschaft bereits im Sinken.

Für den klassischen Positivismus ist nämlich das Gesetz: Schrankenziehung zwischen Willenssphären[10]. Das Gesetz teilt Willenssubjekten den Spielraum ihrer Freiheit zu — dem Einzelnen gegenüber dem Anderen, dem Bürger gegenüber dem Staat, dem Staat gegenüber seinen Untertanen. Alle Bestandteile dieses Satzes kennen wir aus Hegels System: Daß Recht die Verwirklichung von Freiheit ist; daß Freiheit stets die Freiheit eines Willenssubjekts ist; daß das Gesetz die Schranke der Freiheit sei. Auch die Ansicht, daß der Staat einen eigenen Willen besitze, der von dem Willen seiner Bürger unterschieden sei, ist von Hegel bereits vertreten worden[11]; den Staat zum Willenssubjekt unter Willenssubjekten zu erklären, wie es der Positivismus tat, war wenigstens kein großer Schritt mehr. Wer gegen Willensdogma und Schrankendenken im Positivismus polemisiert, trifft daher die Wurzel des Gedankens nicht, wenn er den Blick nur auf juristische Autoren richtet. Obgleich dies niemals deutlich ausgesprochen wird, ist darüber hinaus der Begriff des Gesetzes als Willensschranke im Positivismus ebensowenig wie bei Hegel dessen letzte Stufe. Wenn nämlich das Gesetz die Schranke der Freiheit, diese Freiheit aber „natürliche", vorgegebene Freiheit ist, so kann der Satz, daß das positive Gesetz vernünftig ist, nur bedeuten, daß das positive Gesetz eine der vorgegebenen Freiheit innewohnende und notwendige Schranke zieht. Der Gesetzespositivismus ruht also auf dem axiomatischen Satz, daß Freiheit nur möglich ist, indem sie das staatliche Gesetz in sich aufnimmt; das positive Gesetz kann die vernünftige Schranke der natürlichen Freiheit nur sein, weil es die Substanz der Freiheit selbst ist. Damit endet die positivistische Lehre — wenn auch auf einem anderen Wege und vielleicht ohne es selbst zu bemerken — bei dem Satz, der das System der „Grundlinien der Philosophie des Rechts" krönt: Daß substantielle Freiheit erst darin liegt, das Gesetz des staatlichen Gemeinwesens zum Gesetz der eigenen Freiheit zu machen. Alle Kritik am Positivismus ist, ob sie will oder nicht, Kritik an Hegels These, daß sittliche Freiheit die bewußte Teilhabe am sozialen Ganzen ist.

Der Wechsel in der Argumentation gegenüber Hegels Herleitung der sittlichen Freiheit, welchen der klassische Positivismus vornimmt, ist freilich keineswegs bedeutungslos; er stellt seine eigentliche Leistung

---

[10] Nachweise und Kritik bei Häberle (wie oben Anm. 2) S. 62 mit Anm. 9 und S. 89 mit Anm. 4. Auf die häufig übersehene naturrechtliche Wurzel des „Schrankendenkens" hat bereits Erich Kaufmann aufmerksam gemacht: Der Begriff des Organismus in der Staatslehre des 19. Jahrhunderts, 1908, S. 26 f., jetzt in: Gesammelte Schriften Bd. III S. 46—66 (S. 63) (vgl. auch Häberle, a. a. O., S. 152). Allerdings handelt es sich nur um eine Strukturgleichheit (unter Hegels Vermittlung), nicht um eine Rezeption naturrechtlicher Gehalte.

[11] In der Enzyklopädie von 1830 (wie oben § 23 Anm. 2) § 544 beispielsweise spricht Hegel geradezu von Interessen des „Staats als Individuum".

und seine eigentliche Gefährdung dar. Seine eigentliche Leistung deshalb, weil der Satz, daß der geschichtliche Staat die sittliche Freiheit seiner Bürger ist, hier erst aus einem metaphysischen Postulat zu einem politischen Programm wird; seine eigentliche Gefährdung, weil damit menschliche Freiheit überhaupt in den Wirbel staatlichen Schicksals gezogen wird. Theoretisch gesprochen: Während im Hegelschen Dreischritt von sinnlicher, moralischer und sittlicher Freiheit das materiale naturrechtliche Gefüge, in dessen Zeichen der Idealismus begonnen hatte, wenigstens insofern seinen Bestand hielt, als in der sittlichen Freiheit sinnliche Willkür und moralische Bildung bewahrt bleiben, reduziert der Positivismus Freiheit auf die sittliche Pflicht zum Staat. Daß das allgemeine Gesetz als die Schranke der Freiheit unmittelbar zur Substanz der Freiheit wird, bedeutet nicht lediglich eine Vereinfachung in der Argumentation; es bedeutet eine Veränderung, nämlich eine Formalisierung des Gesetzesbegriffs selbst. Erst jetzt erlangt der Staat die Verfügung über das, was als die sittliche Freiheit seiner Bürger gelten soll.

Die letzte Schranke gegen diese Gefahr eines formalen Gesetzesbegriffs war ihrerseits formaler Natur: Sie lag in der Struktur des Gesetzesbegriffs, um welche die Auseinandersetzung in der positivistischen Rechtslehre sich erst eigentlich erhob. Während nämlich Begriffsjurisprudenz und Gesetzespositivismus zur Einigkeit über die beiden ersten Kriterien des aus dem Idealismus übernommenen Gesetzesbegriffs geführt hatten, daß das allgemeine Gesetz der Endzweck der Freiheit und das Gesetz der Vernunft sei, blieb offen, inwiefern das allgemeine Gesetz ein Gesetz der Gleichheit heißen könne. Innerhalb des idealistischen Systems kommt diese Forderung der Gleichheit des Gesetzes den Forderungen nach seiner Freiheit und seiner Vernünftigkeit an Bedeutung gleich; sie ist der Ausdruck des moralischen Axioms, daß der Einzelne, um selbst Person zu sein, jeden anderen als Person achten müsse, daß also in seiner Freiheit jeder dem anderen notwendigerweise gleich sein müsse. Die Schranke der individuellen Freiheit, das Gesetz also, muß daher für alle dieselbe sein. Für diesen Aspekt des Gesetzesbegriffs, den vor allem Fichte und Fries in den Vordergrund gerückt hatten, fand die Rechtslehre eine neue und praktikable Formel, indem sie definierte, das allgemeine sei das generelle Gesetz[12].

Das Gesetz als Ausdruck der allgemeinen Vernunft oder als Endzweck menschlicher Freiheit zu betrachten, waren metaphysische Thesen, die keine juristische Bestimmung des zulässigen Umfangs gesetzgebender Gewalt erlaubten. Das Gesetz als generelle Rechtsetzung zu definieren, schien dagegen ein eindeutiges juristisches Kriterium und

---

[12] Siehe oben § 23 Anm. 11.

eine wirksame Schranke gegen gesetzgeberische Willkür zu bieten. Die Formel gewann denn auch im Verlauf der Entwicklung eine hohe Prägnanz. Während etwa Zoepfl, im Anschluß an Puchta[13], noch etwas unscharf formulierte[14]: „Gesetz im staatsrechtlichen Sinne ist eine mit der *Sanktion* des *Souverains* versehene, in dessen Namen *allgemein publizierte* und zur *allgemeinen* Beobachtung *verpflichtende* Vorschrift, wodurch *allgemeine Grundsätze* aufgestellt werden", erhält der Gedanke bei von Rönne folgende Fassung[15]: „Es gehört zum Begriff des Gesetzes im materiellen Sinne, daß es eine *wirkliche Rechtsregel* ausspricht, und daß der ausgesprochene Rechtssatz eine *allgemeine* Regel aufstellt, welche in allen logisch darunter begriffenen Fällen zur Norm dienen soll." Der Begriff des generellen Gesetzes ist also rein logischer Natur: Das Gesetz ist sanktionierter Begriff, abstraktes Prädikat einer Klasse von Subjekten, und muß deshalb für alle Subjekte gelten, die der Klasse angehören, die es betrifft. Die Staatsrechtslehre erreicht hier die Begriffsschärfe der Naturwissenschaft, das große Ziel aller wissenschaftlichen Bemühung im neunzehnten Jahrhundert.

An eben diesem scheinbar so eindeutigen Begriff entzündete sich jedoch die Auseinandersetzung, die für die positivistische Lehre vom allgemeinen Gesetz kennzeichnend werden sollte: Der Streit um den Individualrechtssatz. Ursprünglich war allgemein und als eigentlich selbstverständlich angenommen worden, daß das „allgemeine" Gesetz für alle Bürger oder doch für eine nicht weiter bestimmbare Klasse von ihnen, etwa für alle Frauen oder für alle Männer über achtzehn Jahren gelte. Es war zuerst Laband, der die Ansicht vertrat, daß es Rechtssätze geben könne, die nur einen konkreten Einzelfall überhaupt betreffen; da Gegenstand des Gesetzes im materiellen Sinn jeder Rechtssatz sein könne, dürfe es sich auch um einen derartigen Individualrechtssatz handeln[16].

Die positivistische Staatsrechtslehre war in Zustimmung[17] und Ablehnung[18] scharf gespalten. Dabei ließ sich gegen die Schlüssigkeit von

---

[13] Puchta, Pandekten (1. Aufl. 1838) § 31.

[14] Zoepfl, Grundsätze des allgemeinen und deutschen Staatsrechts, 4. Aufl. Bd. II § 430, S. 591.

[15] von Rönne, Das Staatsrecht der Preußischen Monarchie, Bd. I, 4. Aufl. 1881, S. 347.

[16] Laband, Das Budgetrecht nach den Bestimmungen der preußischen Verfassungsurkunde, 1875, S. 3; ders., Das Staatsrecht des Deutschen Reiches Bd. II, 5. Aufl. 1911, S. 1.

[17] Vor allem Rosin, Das Polizeiverordnungsrecht in Preußen, 2. Aufl. 1895, S. 6; Jellinek, Gesetz und Verordnung, 1887, S. 236 ff.; Anschütz, Kritische Studien zur Lehre vom Rechtssatz und materiellen Gesetz, 1891, S. 22 ff.; ders. bei Meyer-Anschütz, Lehrbuch des Deutschen Staatsrechts Bd. II, 3. Aufl. 1917, S. 640.

[18] Vor allem G. Meyer, Der Begriff des Gesetzes und die rechtliche Natur des Staatshaushaltsetats, in: Zeitschrift für das Privat- und öffentliche Recht

Labands Darlegungen kaum etwas einwenden. Logisch ist es keineswegs ausgeschlossen, daß eine abstrakte Klasse, ein „genus", nur ein einziges existierendes Subjekt enthält; es besteht kein Hinderungsgrund, ein Prädikat, das allen gedachten Gliedern der Klasse zukommt, als „generell" zu bezeichnen, auch wenn es in Wirklichkeit nur auf das einzige existente Glied der Klasse zutrifft. Die bereits in der damaligen Diskussion angeführten Beispiele lehrten, daß derartige Einzelfallgesetze praktisch vorkommen, ja daß ein praktisches Bedürfnis für sie besteht[19]. Wenn, wie der Positivismus übereinstimmend annahm, Freiheit die bewußte Teilhabe am positiven Staat und Recht die immanente Schranke dieser Freiheit war, bot auch der so formalisierte Begriff des Rechtssatzes kein Argument gegen die Zulässigkeit des Individualrechtssatzes.

Auf der anderen Seite war der Widerstand, der sich gegen die neue Lehre erhob, nur zu verständlich. Zunächst einmal verwischten sich in der Kategorie des Individualrechtssatzes die Grenzen von Gesetz, Verwaltungsakt und Urteil. Die Formalisierung des Rechtssatzbegriffs lag, wie wir gesehen haben, in den zentralen Voraussetzungen des Positivismus begründet, in der Ansicht nämlich, daß das positive Gesetz die sittlich notwendige Schranke von Willenssphären sei. Daher war der Versuch ausgeschlossen, etwa von einem absoluten Rechtssatzbegriff her die Grenzen zu Verwaltungsakt und Urteil neu zu bestimmen und dadurch Machtsprüche und Privilegien in Gesetzesform auszuschließen. Darüber hinaus aber griff die Lehre vom Individualrechtssatz die idealistischen Wurzeln des positivistischen Gesetzesbegriffs an. Das Gefüge von Freiheit, Gleichheit und Vernünftigkeit des allgemeinen Gesetzes beruhte darauf, daß die Freiheit des Ganzen und jedes seiner Glieder substantiell dieselbe ist; auch die Hegelsche Identifikation des sittlichen mit dem positiven Gesetz hat zur Voraussetzung, daß das positive Gesetz, mit welchem sich zu identifizieren sittliche Pflicht ist, dasselbe Gesetz aller ist. Läßt man dagegen zu, daß das Gesetz die Freiheit nur eines einzelnen Bürgers beschränkt oder erweitert, so gibt es keine moralische Begründung mehr dafür, daß er selbst oder die Anderen dieses Gesetz zum Bestandteil ihrer Freiheit zu machen gehalten sein sol-

---

(Grünhuts Z) VIII (1881) 1 ff.; ders., Lehrbuch des Deutschen Staatsrechts, 5. Aufl. 1899, S. 22; O. Mayer, Deutsches Verwaltungsrecht Bd. I, 1. Aufl. 1895, S. 91; Thoma, HStR II 126.

[19] Laband zitiert aus der Praxis u. a. das Bundesgesetz vom 21. 7. 1870 über die Verlängerung der Legislaturperiode des Reichstags; das Reichsgesetz vom 24. 12. 1874 über die geschäftsordnungsmäßige Behandlung der Reichsjustizgesetze; das Reichsgesetz vom 6. 3. 1878 über die Präklusion der Darlehenskassenscheine; das Reichsgesetz vom 15. 12. 1890 über die Vereinigung von Helgoland mit dem Reich; das Reichsgesetz vom 28. 2. 1892 über den österreichischen Vereinstaler. Es handelt sich durchweg um Maßnahmerecht.

len. Es kann moralisch geboten sein, den Individualrechtssatz zu achten, nicht, sich mit ihm zu identifizieren.

Die Auseinandersetzung um Labands Lehre vom Individualrechtssatz zeigte, daß der positivistische Begriff des Rechtssatzes keine Möglichkeit bot, das Wesen des Gesetzes zu bestimmen. Es war daher nur konsequent, daß sich alsbald eine Strömung erhob, die auf den Begriff des Rechtssatzes zur Bestimmung des Gesetzesbegriffs überhaupt verzichtete[20]. Es fanden sich zumindest erdachte Beispiele dafür, daß das Gesetz auch anderes als verbindliche Normen, nämlich Meinungsäußerungen, Tatbestandsfeststellungen, Ratschläge und Proklamationen zu enthalten vermag[21]. Wenn doch der Begriff des Rechtssatzes inhaltlich unbestimmt war, bestand kein Anlaß mehr, derartigen Akten der Legislative den Titel des Gesetzes zu versagen.

Das aber hieß, daß ein „Gesetz im materiellen Sinn“ Beliebiges betreffen und Beliebiges enthalten, also jede sprachliche Kundgebung sein kann. Der Positivismus endet damit, daß er seinen zentralen Begriff, den Begriff des positiven Gesetzes, entleert und aufgibt.

## § 25 Fortsetzung (Der positivistische Gesetzesbegriff und die Verfassungslage der Gegenwart)

Es sind zwei Formulierungen des Gesetzesbegriffs, die aus dem Positivismus überkommen sind und bis heute in die Lehrbücher des Staatsrechts fortwirken: Einerseits finden wir auf die Frage nach dem Begriff des Gesetzes die Antwort verzeichnet: Gesetz sei jeder Eingriff in Freiheit und Eigentum der Bürger; andererseits — und das ist die geläufige Definition geworden — heißt es, Gesetz sei jeder generelle staatliche Befehl.

Historisch gesehen, verdankt die erstgenannte Ansicht ihre Entstehung wohl zunächst einem Mißverständnis. Die auf den Freiherrn vom Stein zurückgehende[1] Formulierung der frühkonstitutionellen Verfassungen[2], die Stände seien zur Mitwirkung an allen Gesetzen befugt,

---

[20] Vgl. Thoma HStR II 127; Jellinek ebda. 161. Ebenso schon Laband, Budgetrecht (oben Anm. 16) S. 6; vgl. dagegen Haenel, Das Gesetz im formellen und materiellen Sinne (Studien zum Deutschen Staatsrecht II 1), 1888, S. 172.

[21] Thoma, a. a. O., zweifelt, ob sich in den Gesetzblättern das Beispiel eines „Gesetzes ohne allen rechtserheblichen Inhalt“ werde finden lassen. Jellinek vermag immerhin das tschechoslowakische Gesetz vom 26. 2. 1930 anzuführen, dessen § 1 Abs. 1 bestimmt: „T. G. Masaryk hat sich um den Staat verdient gemacht“.

[1] Bemerkungen Steins zu Hardenbergs Entwurf der Bundesverfassung (September 1814) bei Botzenhardt, Steins Briefwechsel, Bd. V, 1934, S. 48.

[2] Übersicht bei Häberle (wie oben § 24 Anm. 2) S. 135, Anm. 61 und S. 136 Anm. 69.

welche Freiheit und Eigentum der Bürger betreffen, hat keineswegs beabsichtigt, den *Begriff* des Gesetzes zu bestimmen. Sie ging vielmehr einerseits gerade davon aus, daß es Akte gebe, die weder Eigentum noch Freiheit der Bürger betreffen und dennoch Gesetzesqualität besitzen, daß also den Ständen die Befugnis zur Mitwirkung nur hinsichtlich eines Teiles der Gesetzgebung zustehe[3]. Auf der anderen Seite nahm sie nicht etwa an, daß *jeder* Eingriff in Freiheit und Eigentum ein Gesetz sei, sondern beschränkte die Mitwirkungsbefugnis der Stände — in der Regel sogar ausdrücklich[4] — auf *allgemeine* Vorschriften, welche Freiheit und Eigentum betreffen. Sie sonderte also aus dem Gesamtbereich der Gesetzgebung eine beschränkte Sphäre aus, für welche sie Mitwirkungsbefugnis der Stände in Anspruch nahm. Erst die hochkonstitutionelle Staatspraxis hat diese Scheidung verwischt und als „Freiheit und Eigentum betreffend" *jeden* Akt der Gesetzgebung dem Mitbestimmungsrecht des Parlaments unterworfen[5]. Als Folge dieser politischen Entwicklung hat dann der späte Positivismus die Formel, sie auch inhaltlich verwandelnd, zum Kriterium des Gesetzesbegriffs erheben wollen[6]. Sieht man jedoch genauer hin, so bemerkt man, daß die Absicht auch dieser spätpositivistischen Autoren nicht war, den Begriff des Gesetzes selbst, sondern den Umfang des Vorbehalts des Gesetzes zu bestimmen; ihr Ziel war es, der Verwaltung einen Bereich gesetzesfreien Handelns zu vindizieren, nicht, den substantiellen Inhalt der Tätigkeit des Gesetzgebers zu bestimmen. Der Inhalt ihrer Lehre ist in Wahrheit die These, daß alles staatliche Handeln, welches nicht Eingriff in Freiheit oder Eigentum der Bürger ist, der gesetzlichen Grundlage nicht bedarf. Niemals wären ihre Verfechter auf den Gedanken gekommen, anzunehmen, daß jeder Eingriff in Freiheit und Eigentum — auch das Strafurteil oder der Steuerbescheid — dem Begriffe nach ein Gesetz sei. Für die Unterscheidung des Gesetzes vom Urteil und vom Verwaltungsakt haben sie die Definition vom „Eingriff in Freiheit und Eigentum" nicht bemüht, sondern auf den überkommenen Lehrsatz zurückgegriffen, daß „Gesetz im materiellen Sinn jeder Rechtssatz" sei[7].

---

3 Grundlegend Franz Rosin, Gesetz und Verordnung nach Badischem Staatsrecht, 1911, S. 22 ff.

4 Vgl. etwa Titel VII § 2 der bayerischen Verfassung von 1818 (Huber, Dokumente — wie oben § 6 Anm. 9 — S. 151) und § 65 der badischen Verfassung von 1818 (ebda. S. 165).

5 Vgl. die Darstellung der Entwicklung bei Rosin, a. a. O., S. 75 ff. und öfter.

6 Gerhard Anschütz, Die gegenwärtigen Theorien über den Begriff der gesetzgebenden Gewalt und den Umfang des königlichen Verordnungsrechts nach preußischem Staatsrecht, 2. Aufl. 1901, S. 169. Weitere Nachweise bei Böckenförde (wie oben § 17 Anm. 10) S. 272, 279.

7 Vgl. etwa Anschütz, Die gegenwärtigen Theorien, a. a. O., S. 171.

Es bedarf weder geistesgeschichtlicher noch staatstheoretischer Argumentationen, um zu erkennen, daß diese Lehre im modernen Staat keinen Bestand hat. Die Folge der „Eigentums- und Freiheitsklausel" ist nämlich, daß der Gesetzgeber die Verwaltung nur zu *Eingriffen* ermächtigen darf, überall dort aber, wo das letzte Ziel staatlichen Handelns nicht ein Eingriff in die Rechtsstellung des Bürgers ist, zur Untätigkeit verurteilt ist. Nun ist es eine häufig beobachtete Entwicklung, daß das Gewicht seiner Tätigkeit sich im modernen Staat zunehmend vom Eingriff auf die Gewährung verschiebt[8]. Es kann hier dahinstehen, in welchem Umfang die gewährende Verwaltung gesetzesfrei tätig werden darf; jedenfalls wäre es utopisch zu fordern, daß der Gesetzgeber auf dem Gebiet der Gewährungen *niemals* tätig werden dürfe, daß also z. B. das Häftlingshilfegesetz, das Bundesvertriebenengesetz und das Landwirtschaftsgesetz wegen Verstoßes gegen das Gewaltenteilungsprinzip verfassungswidrig und nichtig seien. Die Lehre, daß Gesetz im materiellen Sinn nur der Eingriff in Freiheit und Eigentum sei, ist mit den Bedingungen des Sozialstaates unvereinbar.

Es ist daher kein Zufall, daß die zweite von der positivistischen Staatsrechtslehre geschaffene Definition, der generelle Gesetzesbegriff, sich heute fast uneingeschränkter Anerkennung erfreut. Der generelle Gesetzesbegriff fordert, daß das Gesetz immer nur eine Gattung, ein genus, niemals ein Individuum betreffen dürfe. Dabei muß er folgerichtigerweise die Gattung als vorgegeben voraussetzen, sie der Dispositionsfreiheit des Gesetzgebers entziehen; das heißt, er muß vorschreiben, daß das Gesetz nur die Angehörigen einer bereits vorhandenen, nicht erst vom Gesetzgeber geschaffenen, abgegrenzten Klasse betreffen dürfe. Die eigentliche Schwierigkeit dieses Versuchs, die Allgemeinheit des Gesetzes rein logisch zu bestimmen, hat bereits Hegel angedeutet mit den Worten[9]:

> „Daß die Bürger vor dem Gesetz gleich sind, enthält eine hohe Wahrheit, aber die so ausgedrückt eine Tautologie ist; denn es ist nur der gesetzliche Zustand überhaupt, daß die Gesetze herrschen, ausgesprochen. Aber in Rücksicht auf das Konkrete sind die Bürger ... vor dem Gesetz nur in dem gleich, worin sie außerhalb desselben gleich sind."

Wie die Gleichheit *vor* dem Gesetz, so ist auch die logisch interpretierte Gleichheit *des* Gesetzes selbst eine rein formale Vorschrift; sie läßt es zu, daß an beliebige vorgegebene Sachverhalte beliebige Rechtsfolgen geknüpft werden, gibt also mit anderen Worten nur an, daß überhaupt für alle ein Gesetz gelten solle, macht dagegen über die inhaltliche „Allgemeinheit" des Gesetzes keine Aussagen[10]. Mit dem gene-

---

[8] Vgl. etwa die Hinweise oben § 1 Anm. 1.

[9] Hegel, Enzyklopädie von 1830 (vgl. oben § 23 Anm. 2) § 539 Zusatz.

[10] Vgl. dazu Kaufmann VStR 3 (1927) S. 9. Besonders präzis in der Formulierung die auch von Leibholz (wie oben § 24 Anm. 8) S. 47 zitierte Entscheidung des Schweizer Bundesgerichts BGE 6 II 172.

rellen Gesetzesbegriff ist jede Ungerechtigkeit, jede Unmenschlichkeit vereinbar, vorausgesetzt, sie trifft eine Schicht von Bürgern, welche sich in irgendeiner Weise — soziologisch oder medizinisch, nach der Rasse oder nach dem Bekenntnis — abgrenzen läßt[11].

Praktisch ist allerdings die Gefahr der egalitären Diktatur, welche der begrifflichen Bestimmung der Allgemeinheit des Gesetzes an sich innewohnt, weniger gravierend; denn im Rechtsstaat ließe sich diese Gefahr durch anderweitige Vorkehrungen, etwa durch die Qualifizierung der grundrechtlichen Gesetzesvorbehalte, vermeiden oder doch vermindern. Der praktisch entscheidende Einwand liegt in Hegels zweitem Hinweis. Ebenso wie die Gleichheit *vor* dem Gesetz, muß auch die logische Gleichheit *des* Gesetzes an eine vorgegebene sachliche Gleichheit anknüpfen; das Gesetz kann nur gleich sein, indem es an sich Gleiches zugrunde legt. Der Grundsatz der Generalität des Gesetzes bedeutet daher die Garantie der vorgefundenen sachlichen Gleichheit. Da aber, wie Hegel an der angeführten Stelle fortfährt, „die hohe Entwicklung und Ausbildung der modernen Staaten die höchste konkrete Ungleichheit der Individuen in der Wirklichkeit hervorbringt", schlägt die Garantie der Gleichheit in die Garantie der Ungleichheit um. Anders formuliert: die Generalität des Gesetzes vermag zwar als Kriterium für seine Allgemeinheit den Verfassungen zu dienen, die sich auf die Garantie des status quo, auf die „Sicherung des Eigentums und der Freiheit der Bürger" beschränken können. Sie verliert diese Funktion jedoch in einem Staat, der sich vor die Aufgabe der *Verteilung* gestellt sieht; diesem Staat macht sie die Erfüllung seiner Aufgabe, da sie mit der Gleichheit auch die Ungleichheit garantiert, geradezu unmöglich. Der scheinbar streng logische Charakter des generellen Gesetzesbegriffs erweist sich damit als der Ausdruck eines präzisen verfassungspolitischen Programms; der generelle Gesetzesbegriff ist eine taugliche Formulierung des Begriffs des Gesetzes im materiellen Sinn nur für eine historisch eng begrenzte, und sicherlich längst vergangene Situation.

Die Mängel des generellen Gesetzesbegriffs unter modernen Verfassungsverhältnissen haben sich in vielerlei einzelnen Schwierigkeiten niedergeschlagen[12]. Vorzugsweise diskutiert wurde die Frage, ob ein Gesetz auch dann generell ist, wenn es eine Gattung betrifft, welcher nur ein einziges, oder nur eine numerisch bestimmte Zahl von Individuen angehört[13]. Zur Vermeidung der Schwierigkeit, welche sich daraus ergibt, daß in diesen Fällen das Gesetz — mindestens scheinbar

---

[11] Vgl. etwa das von Ballerstedt (wie oben § 1 Anm. 20) in diesem Zusammenhang angeführte Beispiel einer generellen Anordnung der Vernichtung „lebensunwerten Lebens".

[12] Vgl. auch oben S. 90 ff.

[13] Zuletzt Zeidler (wie oben § 20 Anm. 11) S. 24 ff.

— einen einzelnen Fall betrifft, soll der „abstrakte Gesetzesbegriff" dienen, der zur Annahme der Allgemeinheit des Gesetzes als genügend ansehen will, daß das Gesetz abstrakt formuliert ist[14]. Doch ist der „abstrakte Gesetzesbegriff" kaum mehr als eine verschleierte Kapitulation. Die Abstraktheit ist ein notwendiges, aber sie ist kein hinreichendes Kriterium der Generalität des Gesetzes; ein Gesetz, das nicht abstrakt ist, kann nicht generell sein, aber ein Gesetz, das abstrakt ist, muß nicht generell sein. Läßt man die Abstraktheit genügen, so wird, da jeder Einzelfall sich abstrakt formulieren, logisch gesprochen zu jedem Individuum sich eine Klasse bilden läßt, der nur dieses eine Individuum angehört, schlechterdings jedes Gesetz zulässig[15].

Die eigentliche Überwindung der durch den generellen Gesetzesbegriff aufgeworfenen Schwierigkeiten liegt in der Ersetzung der logischen durch eine normative Gleichheit, indem man als „gleich" betrachtet, was nach bestimmten Kriterien gleich behandelt werden muß. Diese Entwicklung, die ebenso wie die durch den logischen Gleichheitsbegriff verursachte Aporie, welche sie überwindet, für die Gleichheit *vor* dem und für die Gleichheit *des* Gesetzes dieselbe ist, kann hier nicht nachgezeichnet werden; das Kernproblem ist, welches denn die Kriterien sind, die der normativen Gleichsetzung zugrunde liegen[16]. Ihre Folge für den Gesetzesbegriff ist, daß sie die Gleichheit des Gesetzes aus dem *Begriff* des Gesetzes endgültig ausklammert; die Gleichheit des Gesetzes ist, sobald man den Begriff der Gleichheit überhaupt nicht mehr logisch, sondern normativ versteht, kein Bestandteil des Gesetzesbegriffs selbst, sondern eine neben dem Gesetzesbegriff stehende selbständige Verbürgung mit Grundrechtscharakter — ebenso wie übrigens umgekehrt die Bindung auch des Gesetzgebers an den grundrechtlichen Gleichheitssatz nur sinnvoll ist, wenn man diesen Gleichheitssatz normativ interpretiert. Die Folge dieser Bindung des Gesetzgebers an den Gleichheitssatz ist, daß sie den generellen Gesetzesbegriff endgültig überwindet; denn verstünde man das Kriterium des „Generellen" logisch, so stünde es im Widerspruch zu dem normativ verstandenen Gleichheitssatz, verstünde man es normativ, so würde es jeden selbständigen Inhalts entleert.

Die Eigentums- und Freiheitsklausel und der generelle Gesetzesbegriff verfolgten durchaus verschiedene verfassungspolitische Ziele. Die Vorschrift, daß Gesetze, welche Eigentum und Freiheit der Bürger be-

---

14 Siehe vor allem Walter Jellinek, Gesetz, Gesetzesanwendung, Zweckmäßigkeitserwägung, 1913, S. 139 ff.; ders., Verwaltungsrecht, 3. Aufl. 1931, S. 117; ders., HStR II 161.

15 Vgl. dazu Forsthoff (wie oben § 1 Anm. 7) S. 227.

16 Vgl. dazu Hesse, Der Gleichheitsgrundsatz im Staatsrecht, AöR 77 (1951/52) S. 167—224.

rühren, der Zustimmung der Stände bedürfen, wollte die Stellung des Parlaments in der konstitutionellen Monarchie stärken; sie diente dazu, den *Vorbehalt des Gesetzes* zu umschreiben. Der generelle Gesetzesbegriff dagegen wollte das vorgefundene System von Gleichheiten und Ungleichheiten gegen jeden Eingriff des Gesetzgebers schützen; er bestimmte die *Schranken des Gesetzes.* Doch tritt dieser Unterschied zurück vor einer zentralen Übereinstimmung: Beide Begriffsbestimmungen garantieren die Trennung von Staat und autonomer Gesellschaft; der generelle Gesetzesbegriff, indem er die einmal errungene Stellung der Einzelnen in der gesellschaftlichen Hierarchie gegen den staatlichen Eingriff sichert, die Eigentums- und Freiheitsklausel, indem sie die Veränderung der allgemeinen Regeln, nach welchen der Aufstieg in der Hierarchie von Bildung und Besitz sich vollzieht, nur mit Zustimmung der Stände als der Repräsentanten dieser Hierarchie gestattet.

Als zentraler Verfassungsbegriff ist der Gesetzesbegriff stets zugleich ein politischer Begriff; er institutionalisiert eine historische Lage, bringt eine politische Konstellation in die geordnete und ordnende Form des Rechts. Deshalb bleibt die Kritik des Positivismus an der Oberfläche, solange sie sich auf logische oder weltanschauliche Argumente beschränkt, dem toten Gegner Wertblindheit oder Formalismus vorwirft. Nicht der Unterschied von formaler und materialer Interpretationsmethode oder von Relativismus und Wertdenken, sondern der Unterschied in den sozialen und politischen Bedingungen des 20. von denen des 19. Jahrhunderts trennt unsere Verfassung von der konstitutionellen Monarchie und muß unsere Staatsrechtslehre vom Positivismus scheiden. Die Eigentums- und Freiheitsklausel ebenso wie der generelle Gesetzesbegriff beruhen auf Trennung und Zusammenwirken von Staat und bürgerlicher Gesellschaft; nicht weil sie falsch, sondern weil sie tot sind, haben sie unter den Bedingungen des modernen Staates ihre Geltung verloren.

## § 26 Maßnahmegesetz und Rechtsgesetz (Der rechtsstaatliche Gesetzesbegriff)

Es könnte scheinen, als hätte die geistesgeschichtliche Untersuchung der Ursprünge und der Wandlungen des rechtsstaatlichen Gesetzesbegriffs uns der Lösung der Frage nach dem Verhältnis von Maßnahmegesetz und Rechtsgesetz um keinen Schritt näher gebracht. Das Maßnahmegesetz ist seinem Begriff nach unmittelbare, gesetzesförmige Intervention zur Behebung einer Störung im rechtlichen Zustand des Gemeinwesens. Rechtsgesetz ist nur und ausschließlich die Konstituierung dieses rechtlichen Zustands des Gemeinwesens selbst; auf den Namen des Rechtsgesetzes kann nur derjenige staatliche Akt Anspruch erheben, welcher den Rechtszustand der Bürger für die Dauer festlegt. Keine der Formulierungen, welche die positivistische Staatsrechtslehre gefunden hat, ist unter den Bedingungen der heutigen Verfassungslage geeignet, aus diesem Dilemma herauszuführen: Wenn Gesetz im Rechtsstaat nur das Rechtsgesetz sein darf, ist das Maßnahmegesetz im Rechtsstaat unzulässig.

Man könnte an diesem Punkt der Untersuchung sich mit dem Hinweis begnügen, daß das theoretische Modell stets nur näherungsweise und bis zu einem bestimmten Grad der Übertragung in die Wirklichkeit fähig ist. Keiner staatsrechtlichen Doktrin wird es je gelingen, die Kompetenzen der staatlichen Organe begrifflich so abzugrenzen, daß angesichts eines jeden konkreten Sachverhalts ein Zweifel über die Zuweisung ausgeschlossen ist. Stets wird die Entscheidung der Frage, ob ein Akt der Staatsgewalt erträglich und zulässig ist, auch von Unwägbarkeiten abhängen können, vom Gewicht der handelnden Personen, von der historischen Konstellation und von der Autorität des Staates gegenüber seinen Bürgern. Nimmt man hinzu, daß die Erscheinung des Maßnahmegesetzes historisch keineswegs neu ist, daß vielmehr das gesamte neunzehnte Jahrhundert Maßnahmen in Gesetzesform gekannt hat[1], so könnte man zu der Schlußfolgerung gelangen, daß sich in dem Dilemma des Verhältnisses von Maßnahme- und Rechtsgesetz allenfalls ein Versagen der Theorie offenbart, daß aber eine sachliche Problematik mit dieser Fragestellung nicht verbunden ist.

Diese Argumentation übersähe allerdings, daß die rechtsstaatliche Doktrin ihre Entstehung keineswegs einem theoretischen Interesse verdankt. Ebenso wie seine positivistischen Ausformungen, hat vielmehr auch der ursprüngliche und klassische Begriff des Gesetzes als des Rechtsgesetzes eine konkrete verfassungspolitische Funktion besessen. Von den Autoren, welche die Distinktion von Maßnahmegesetz und Rechtsgesetz als „außerjuristisch" abtun wollen, wäre daher mindestens der Nachweis zu verlangen, daß in der Verfassungslage der Gegenwart die politische Funktion des rechtsstaatlichen Gesetzesbegriffs entweder überflüssig oder durch anderweitige Vorkehrungen gesichert wäre. Hierfür aber fehlt es bereits an der ersten Voraussetzung, an der Klarheit darüber nämlich, welches denn die politische Funktion des rechtsstaatlichen Gesetzesbegriffs gewesen ist.

Der Grundsatz, daß das Gesetz im Rechtsstaat Rechtsgesetz sein muß, daß also der Rechtszustand der Bürger im Rechtsstaat nur durch Gesetz festgestellt werden und daß umgekehrt das Gesetz im Rechtsstaat nur den Rechtszustand der Bürger feststellen darf, hat eine dreifache

---

[1] Vgl. unten S. 178 f.

Konsequenz. Aus ihm folgt erstens, daß das Gesetz nur rechtlich verbindliche Anordnungen enthalten darf — man könnte vom Grundsatz der „Unverbrüchlichkeit des Gesetzes" sprechen; zweitens, daß das Gesetz den Rechtszustand der Bürger nur ein für allemal feststellen, nicht im Einzelfall in ihn eingreifen kann — dies ist der Grundsatz des „rechtsstaatlichen Gesetzesvollzugs"; und schließlich der Grundsatz, daß das Gesetz dem ihm zugrunde liegenden Rechtsgedanken allgemein und nicht nur für den Einzelfall Ausdruck verleihen muß — abgekürzt gesprochen der Grundsatz der „Allgemeinheit des Gesetzes". Die zentrale Frage, von welcher das Ergebnis der Untersuchung abhängt, ist, ob diese drei Grundsätze unter den Gegebenheiten des modernen Verfassungsstaates eine selbständige politische Funktion besitzen, oder ob sie Relikte einer vergangenen Zeit von rein theoretischem Interesse sind.

Kehren wir zur Prüfung dieser Frage einen Augenblick zu den konkreten Ergebnissen des ersten Teils dieser Untersuchung zurück. Wir hatten dort mehrere Fallgruppen ermittelt, in welchen das Gesetz Aufgaben dienstbar gemacht wird und Wesenszüge zeigt, die der rechtsstaatlichen Formtypik widersprechen. So ist der Plan in Gesetzesform[2] unverträglich mit dem ersten der aufgezählten Grundsätze, dem Grundsatz der Unverbrüchlichkeit des Gesetzes; denn es macht das Wesen des Planes aus, daß er nicht ein für allemal verbindlich ist, sondern unter dem Vorbehalt der Umstände des Einzelfalles steht. Der Plan besitzt keine „Normqualität"; sein Zweck ist, bestimmte Sachverhaltslösungen im Rahmen des Möglichen zu verwirklichen. Die Erscheinungen, die wir unter dem Begriff der „Verordnung in Gesetzesform" zusammengefaßt haben[3], widersprechen dem zweiten der angeführten Grundsätze, denn sie sind Gesetzesvollzug und dürfen daher nicht selbst in der Form des Gesetzes ergehen. Das selbständige Maßnahmegesetz schließlich ist unverträglich sowohl mit dem Grundsatz des rechtsstaatlichen Gesetzesvollzugs — denn es ist interventionärer Eingriff und vollzieht sich als solcher selbst — wie mit dem Grundsatz der Allgemeinheit des Gesetzes, denn es verschafft dem ihm zugrunde liegenden Rechtsgedanken nicht allgemeine Geltung, sondern wendet ihn auf eine konkrete Sachlage nur an. Alle diese Akte sind wesenhaft keine Rechtssätze und dürfen daher im Rechtsstaat auch nicht in der Form des Gesetzes ergehen.

Dieses Ergebnis erscheint auf den ersten Blick unmittelbar sinnvoll. Was zunächst die Gruppe der „Verordnungen in Gesetzesform" betrifft, so besteht, wie es scheint, nicht das mindeste Bedürfnis dafür, daß der Gesetzgeber sich selbst das Recht zur Ausführung seiner Gesetze

[2] Vgl. oben § 13.

[3] Vgl. oben § 11.

vorbehält. Der Natur der Sache nach ist vielmehr Gesetzesausführung Aufgabe nicht des Gesetzgebers, sondern der Verwaltung. Noch krasser scheint der Übergriff des Gesetzgebers in eine ihm mangels ausdrücklicher verfassungsrechtlicher Zuweisung[4] verschlossene Domäne beim Plan in Gesetzesform zu sein; denn jede Planung ist Ausübung politischen Ermessens, sie nimmt als Richtlinie ein Stück der Entscheidung des Einzelfalls vorweg und kann damit von der Kompetenz zur Regelung dieses Einzelfalls nicht getrennt werden. Und auch hinsichtlich der selbständigen Maßnahmegesetze kann die Ansicht sinnvoll erscheinen, daß die Befugnis zur fallweisen Intervention, das Handeln „en vue d'un cas donné", wegen ihrer größeren Sachnähe und Flexibilität zweckmäßigerweise der Verwaltung und nicht dem Gesetzgeber zugewiesen wird.

Geht man der Frage jedoch auf den Grund, so stellt man fest, daß die Prinzipien des Rechtsstaats auch der Verwaltung verbieten, in der beschriebenen Weise tätig zu werden. Hinsichtlich des selbständigen Maßnahmegesetzes folgt dies, wie bereits dargelegt, daraus, daß die Definition der Störungslage stets eine Verfügung über dasjenige ist, was als Nicht-Störung, als Normallage anzusehen ist, daß also das Maßnahmegesetz stets — gleichsam im Spiegelbild — eine Festlegung auch des ordentlichen Rechtszustands der Bürger ist, welche im Rechtsstaat nur durch Gesetz und nicht durch Verwaltungsakt erfolgen darf. Hinsichtlich der unselbständigen Maßnahmegesetze folgt dasselbe daraus, daß sie von einem Gesetz abweichen oder es durchbrechen. Die Änderung oder Durchbrechung des Gesetzes darf aber niemals durch Verwaltungsakt, sondern kann allenfalls durch ein Gesetz selbst erfolgen. Der Plan schließlich ist niemals Entscheidung eines Einzelfalls, sondern Regelung eines Inbegriffs von Sachverhalten, und kann schon aus diesem Grund nicht in der Form des Verwaltungsaktes erfolgen[5].

Allerdings liegt der Einwand nahe, daß diese Argumentation an einem inneren Widerspruch krankt. Führt man sie nämlich auf ihren Kern zurück, so ist der Gedankengang der folgende: Die Legislative ist gehindert, Maßnahmen und Pläne zu treffen, weil es sich nicht um Rechtssätze handelt; der Exekutive sind solche Akte verwehrt, weil sie auf die Gesetzesausführung im Einzelfall beschränkt ist. Der Bereich der Gesetzgebung wird also substantiell bestimmt, nämlich durch die Regel, daß es sich bei den von ihr erlassenen Akten der Substanz nach um Rechtssätze handeln muß; der Bereich der Exekutive dagegen for-

---

[4] Beim Haushaltsplan ergibt sich das Problem aus diesem Grund nicht.

[5] Zum generellen Charakter des Plans vgl. die Bemerkungen oben S. 90 f. Übersicht über den Stand der Meinungen bei Brohm (wie oben § 13 Anm. 10) S. 27—32; aus der neueren Judikatur vgl. etwa BVerwG DVBl. 1960, 803.

mal, dahin nämlich, daß die von ihr ausgehenden Akte der Form nach nicht generell, sondern individuell sein müssen. Logisch widerspruchsfrei scheint allein ein davon abweichendes Verfahren zu sein: nämlich entweder wie den Bereich der Legislative, so auch den Bereich der Exekutive substantiell, und zwar als den Bereich gestaltender Entscheidung im konkreten Fall zu bestimmen, womit ihr die Möglichkeit selbständiger Planungen und Maßnahmen eröffnet wäre; oder bei der Bestimmung beider Bereiche ein formales Kriterium zugrunde zu legen und der Legislative alle generellen Regelungen und damit auch die generellen Planungen, Maßnahmen und gesetzesausführenden Verordnungen zuzuweisen[6].

Es ist in der Tat richtig, daß nur diese beiden Formulierungen des Gewaltenteilungsprinzips, die substantielle und die formale, logisch vollständige Einteilungen liefern. Es macht aber gerade die Fruchtbarkeit wie die Schwierigkeit des rechtsstaatlichen Gewaltenteilungsprinzips aus, daß es auf eine logisch vollständige Einteilung verzichtet. Das Gewaltenteilungsprinzip ist nicht etwa ein bloß organisatorischer Grundsatz, sondern es bezweckt den Schutz des Bürgers vor möglicher Willkür des Staates. Würde man das Gewaltenteilungsprinzip substantiell formulieren, so wäre damit zwar ein wirksamer Schutz des Bürgers vor der möglichen Willkür des Gesetzgebers gewährleistet, indem als Gesetz nur zugelassen wäre, was an sich Rechtssatz ist; dagegen bliebe der Verwaltung die Möglichkeit zu jeder ihr wünschenswert erscheinenden Gestaltung im konkreten Fall eröffnet. Die formale Bestimmung des Gewaltenteilungsprinzips andererseits bindet in wirksamer Weise die Exekutive, indem sie dieselbe auf die Gesetzesausführung im individuellen Fall beschränkt; dagegen ermöglicht sie der Legislative den Erlaß jeder beliebigen generellen Vorschrift. Das System des Rechtsstaats schützt den Bürger gegen beide Gewalten; es enthält den Grundsatz der Gesetzmäßigkeit der Verwaltung, bestimmt also den Bereich der Exekutive formal, und garantiert gleichzeitig den rechtsstaatlichen Gesetzesbegriff, bestimmt also den Bereich der Legislative substantiell. Das rechtsstaatliche Gewaltenteilungsprinzip ist daher nicht logisch vollständig, sondern schließt — und zwar bewußt — eine ganze Klasse von Akten aus dem Bereich staatlicher Tätigkeit aus, diejenigen Akten nämlich, die weder substantiell Rechtsetzung, noch formal Gesetzesanwendung sind; und in diese Klasse fallen gerade die uns beschäftigenden Maßnahmen, Planungen und selbständigen Verordnungen. Dies ist die politische Funktion des rechtsstaatlichen Gesetzesbegriffs.

---

[6] Die Frage, inwieweit der Gesetzgeber eine originäre Planungskompetenz besitzt, kann hier nicht erörtert werden; vgl. zuletzt H. Quaritsch, Das parlamentlose Parlamentgesetz (Hamburger öffentlich-rechtliche Nebenstunden 5), 2. Aufl. 1962; ders. in DVBl. 1962, 585—589.

Allerdings hat sich die rechtsstaatliche Beschränkung der möglichen Formen staatlicher Tätigkeit bereits unter den Verhältnissen des konstitutionellen Staats nicht ausnahmslos durchführen lassen. Im Gegenteil sind gerade die uns hier beschäftigenden Fallgruppen, wenn auch in jeweils speziellerer Ausprägung, der Gegenstand tiefreichender und erbitterter Kontroversen innerhalb der konstitutionellen Staatsrechtslehre gewesen. So hat eine zentrale Bedeutung in den sich an den preußischen Budget-Konflikt anknüpfenden Auseinandersetzungen die Frage besessen, ob dem Parlament oder der Regierung mangels Einigung über den Haushaltsplan ein Recht der letzten Entscheidung zukomme, und das heißt, ob der Exekutive oder der Legislative beim Stillschweigen der Verfassung eine originäre Planungskompetenz zustehe[7]. Und im Mittelpunkt des Streits um das selbständige Verordnungsrecht der Regierung stand die Frage, ob die generelle, aber vorübergehende Anpassung des Gesetzes an konkrete Umstände, welche seine unmittelbare Anwendung ausschließen, durch selbständige gesetzesausführende Verordnungen der Exekutive erfolgen dürfe[8]. Die Kompetenz schließlich, in Störungslagen selbständige Maßnahmen zu treffen, das sogenannte Notverordnungsrecht, war zwar in der Mehrzahl der konstitutionellen Verfassungen positiv geregelt und in den Zeiten versammelten Parlaments dem ordentlichen Gesetzgeber, sonst dem König zugewiesen; doch blieb die Frage wissenschaftlich umstritten, ob hier eine ursprüngliche Prärogative der Regierung ausnahmsweise an die Zustimmung des Parlaments gebunden oder ob eine Kompetenz des ordentlichen Gesetzgebers ausnahmsweise der Regierung übertragen sei[9], und auch in der Verfassungswirklichkeit erwies sich das Notverordnungsrecht wiederholt als der eigentliche schwache Punkt des rechtsstaatlichen Verfassungsgefüges[10]. Alle diese Fragen lassen sich auf das Problem reduzieren, wem im konstitutionellen Staat das Recht der letzten politischen Entscheidung jenseits von Rechtsetzung und Gesetzesanwendung zustand, und gerade diese Frage ließ sich im konstitutionellen Staat nicht entscheiden, denn es war der Sinn der rechts-

---

[7] Unter den knapperen Darstellungen zum Verfassungskonflikt arbeitet diesen Gesichtspunkt am deutlichsten heraus diejenige von Conrad Bornhak, Deutsche Verfassungsgeschichte vom Westfälischen Frieden an, 1934, S. 437 bis 445, allerdings wohl doch zu einseitig vom Standpunkt der Krone aus gesehen.

[8] Die letzte eingehende Erörterung findet sich bei Adolf Arndt, Das selbständige Verordnungsrecht, 1902.

[9] Vgl. etwa Bischof, Das Notrecht der Staatsgewalt in Gesetzgebung und Regierung, 1860, und Hatschek, „Der Ursprung der Notverordnung" in: Grünhuts Zeitschrift 27 (1900) S. 1 ff.

[10] Es genügt, an die Benutzung der Notverordnungskompetenz zur Durchführung des preußischen Staatsstreichs von 1849 und des kurhessischen Staatsstreichs von 1850 zu erinnern.

staatlichen Gewaltenteilung, auf der er beruhte, daß sie *jede* Form der politischen Entscheidung außerhalb von Rechtssetzung und Gesetzesanwendung ausschloß.

Diese strukturbedingte scheinbare Schwäche des klassischen rechtsstaatlichen Verfassungsmodells, daß es auf die Frage nach der inneren staatsrechtlichen Souveränität keine Antwort lieferte[11], war in Wahrheit die Bedingung seiner Dauerhaftigkeit. Denn die Frage, wem das Recht der politischen Planung, der Gesetzesanpassung, der Notverordnung originär und nach der Natur der Sache zukam, stellte sich immer nur im Ausnahmezustand, in der Krise. Indem die Verfassung das Entscheidungsrecht im Ausnahmezustand in der Schwebe ließ, übte es einen Zwang zur Verständigung aus, der sich wirksamer erwies als jede positive Kompetenzregelung[12]; es ist kaum ein Zufall, daß die Verfassungskonflikte um das Notverordnungsrecht, denen eine positive Kompetenznorm zugrunde lag, mit dem Staatsstreich, der preußische Budget-Konflikt, welcher prätendierte ungeschriebene Zuständigkeiten zum Gegenstand hatte, mit einer Verständigung geendet hat. Die politische Funktion des rechtsstaatlichen Gesetzesbegriffs erweist sich damit als ein Kernstück der liberalen Verfassung. Er konstituiert ein System der Gewaltenteilung, welches klare Kompetenzabgrenzungen nur für den Normalfall vorsieht, für den Ausnahmefall dagegen die Zuständigkeiten in der Schwebe hält, und das heißt: in der Krise die Verständigung von Exekutive und Legislative, oder, historisch und konkret gesprochen: von Krone und Ständen voraussetzt und bewirkt.

## § 27 Fortsetzung (Der sozialstaatliche Gesetzesbegriff)

Der generelle Gesetzesbegriff und die Lehre, daß Gesetz Eingriff in Freiheit und Eigentum sei, dienten beide der Garantie eines bestimmten Verhältnisses von Staat und Gesellschaft. Sie sind weit davon entfernt, begriffliche Definitionen zu sein, sondern Ausdruck und Instrument eines verfassungspolitischen Programms. Ebenso ist auch der aus der idealistischen Philosophie stammende „klassische" rechtsstaatliche Gesetzesbegriff, welcher das Gesetz als Rechtsgesetz definiert, nicht einfach eine theoretische Spekulation. Sobald man ihn als Bestandteil des Systems der Gewaltenteilung betrachtet, welches Gesetzgebung als Rechtssetzung und Verwaltung als Gesetzesanwendung definiert, offenbart sich als sein politisches Ziel der „Souveränitätsverzicht" des libe-

[11] Vgl. Carl Schmitt, Verfassungslehre, 1928, S. 8.

[12] Vgl. die Bemerkungen bei Hesse „Ausnahmezustand und Grundgesetz" in DöV 1955, S. 741—746 (745).

ralen Rechtsstaats. Der rechtsstaatliche Gesetzesbegriff verschließt dem Staat die Möglichkeit der autoritativen Notverordnung, Planung und Maßnahme, er erlaubt allenfalls, daß im Ausnahmezustand jenseits der geschriebenen Zuständigkeiten derartige Akte im Einverständnis der höchsten Staatsorgane ergehen, zwingt aber damit gleichzeitig im Ausnahmezustand zum Kompromiß. Seinem Ursprung und seiner Struktur nach ist der rechtsstaatliche Gesetzesbegriff daher mit der konstitutionellen Monarchie verbunden; er setzt zwei voneinander unabhängige oberste Staatsorgane voraus, deren Tätigkeitsbereiche er sondert und deren Verständigung er erzwingt[1]. Es ist daher naheliegend, die Diskussion um den rechtsstaatlichen Gesetzesbegriff mit dem Hinweis darauf zu beenden, daß der Staat der Gegenwart keine konstitutionelle Monarchie, sondern eine Demokratie sei, und deshalb für den der konstitutionellen Monarchie verhafteten rechtsstaatlichen Gesetzesbegriff keinen Raum mehr habe[2]. Eine solche Argumentation verbliebe aber, solange sie sich nicht zusätzlicher Argumente bedient, auf der Ebene reiner Ideologie[3]. Es kann durchaus sinnvoll sein, staatsrechtliche Institutionen beizubehalten, auch wenn das Verfassungsgefüge, welchem sie entstammen, vergangen ist. So ist die Unabhängigkeit und Unabsetzbarkeit des Richters z. B. eine Institution, welche sich in Deutschland als Bestandteil des aufgeklärten Absolutismus herausgebildet hat. Die demokratische Lehre von der Volkssouveränität würde es nahelegen, an ihre Stelle das Wahlrichtertum zu setzen. In der Verfassungswirklichkeit lösen wir die Frage anders, als das verfassungstheoretische System es nahelegen würde; und zu Recht erfüllt uns jeder Versuch der Maßregelung eines Richters, der bei seinem Urteil die bei der Mehrheit des Volkes herrschenden politischen Anschauungen außer acht gelassen hat, mit spontaner Sorge. Wenn wir somit auch im Umbruch des Verfassungssystems gewachsene Institutionen, die dem vergangenen System entstammen, am Leben erhalten, so kann dies verfassungspolitisch durchaus sinnvoll sein. Dies Verfahren bedeutet einen Schritt zur „gemischten Verfassung" und entspricht damit einer Regel alter politischer Weisheit.

---

1 Insoweit ist die von Jesch, Gesetz und Verwaltung (Tübinger rechtswissenschaftliche Abhandlungen 5) 1961, S. 24 f. vorgenommene Trennung von „materiellem" und „rechtsstaatlichen" Gesetzesbegriff unbefriedigend, ebenso wie seine Kritik an Imboden, Das Gesetz als Garantie rechtsstaatlicher Verwaltung, 1954, S. 39.

2 Das ist die Methode, die Jesch, a. a. O., S. 169 ff. auf den überkommenen Grundsatz der Gesetzmäßigkeit der Verwaltung angewendet hat.

3 Die methodologischen Bemerkungen von Jesch S. 35 ff. rechtfertigen sein eigenes Vorgehen nicht. Bei Veränderungen der Verfassungsstruktur im Ganzen wird sich zwar der Sinn einer überkommenen Institution für das Ganze, nicht notwendig aber deren innere Struktur ändern (wie Jesch S. 204 behauptet).

Hinsichtlich des rechtsstaatlichen Gesetzesbegriffs legt das Bekenntnis unserer geltenden Verfassung zur rechtsstaatlichen Gewaltenteilung eine Rezeption der überkommenen Formtypik nahe. Es ist dem Juristen daher verwehrt, den rechtsstaatlichen Gesetzesbegriff mit dem Hinweis auf die logischen Konsequenzen, die sich aus dem Begriff der Volkssouveränität ergeben, als historisch und vergangen abzutun. Unsere Verfassung schließt nicht aus, daß auch die höchste Gewalt im Staat an eine überkommene Form gebunden ist. Auch das souveräne Volk durch seine gewählten Repräsentanten darf kein Urteil in einer Rechtssache fällen; daher besteht vom Verfassungssystem her kein Hindernis, dem souveränen Volk die Kompetenz zu Maßnahmen, Planungen und gesetzesanpassenden Verordnungen zu versagen.

Die Frage, ob der klassische rechtsstaatliche Gesetzesbegriff Bestandteil unserer geltenden Verfassungsordnung sein kann, entscheidet sich vielmehr auf einer anderen Ebene der Argumentation. Ihre Lösung setzt die Betrachtung der legitimen Aufgaben heutigen staatlichen Handelns voraus; nur wenn zu deren Bewältigung der überkommene rechtsstaatliche Gesetzesbegriff nicht ausreicht, sind wir gezwungen, nach neuen Formen zu suchen. Auch der generelle Gesetzesbegriff oder die Eigentums- und Freiheitsklausel sind nicht schon durch den Hinweis widerlegt, daß sie von der positivistischen Staatsrechtslehre entwickelt sind und also einem theoretischen System entstammen, dessen Axiome für uns keine Verbindlichkeit mehr haben. Sie erweisen sich als vergangen, weil sie die gesetzliche Gewährung und Verteilung ausschließen und Verteilung und Gewährung im modernen Staat sachnotwendige Aufgaben des Gesetzgebers sind[4]. Eine politische Institution ist nicht an den Sünden ihrer Väter, sondern an der Brauchbarkeit für die Gegenwart zu messen[5].

Die Frage ist also, ob es unter den gegenwärtigen Bedingungen staatlichen Handelns möglich ist, dem Staat die Kompetenz zu Maßnahmen, Planungen und gesetzesanpassenden Verordnungen überhaupt zu versagen und als äußersten Ausweg praeter constitutionem scriptam die Abhilfe der Verständigung der obersten Staatsorgane zu überlassen. Nun unterscheidet sich die heutige Verfassungssituation von derjenigen des Staats im neunzehnten Jahrhundert dadurch, daß die Frage nach diesen Zuständigkeiten nicht mehr erst im Ausnahmezustand, sondern innerhalb des normalen Verfassungslebens, geradezu täglich, auftritt. Je weitere Bereiche des wirtschaftlichen und sozialen Lebens der Staat unter seine Verantwortung nimmt, desto häufiger treten Störungen auf, denen entgegenzuwirken die Mittel der im voraus konstituierten Rechts-

---

[4] Vgl. oben § 25.

[5] Wegen des Begriffs der Institution ist neuerdings auf Häberle (wie oben § 24 Anm. 2) zu verweisen; dort reichhaltige weitere Literaturangaben.

ordnung nicht ausreichen. Die Wirtschaftspolitik eines modernen Staates läßt sich weder führen als bloß individuelle Gesetzesanwendung von Fall zu Fall, noch durch das Gesetz selbst ausschließlich nach den allgemeinen Regeln der Vernunft und der Gerechtigkeit; sie verlangt nach der Vorausschätzung der Gesamtumstände ebenso wie nach der Flexibilität gemäß den Bedingungen der jeweiligen Lage und des einzelnen Falls, nach der Richtlinie, nach dem Plan. Die Grundsätze der Sozialpolitik lassen sich nicht auf die Dauer mit der Unverbrüchlichkeit des Rechtssatzes lückenlos vorwegbestimmen; der Sinn auch des Rechtssatzes läßt sich nur verwirklichen, indem man seine Modalitäten den wechselnden Umständen anpaßt. Der Verzicht auf die Maßnahme, den Plan, die gesetzesanpassende Verordnung würde den modernen Staat funktionsunfähig machen.

Der vorsorgende und verteilende Staat, der Sozialstaat, um die geläufig gewordene Abkürzung zu verwenden, kann also offenbar aus der Natur seiner Aufgaben heraus auf das rechtsstaatliche Instrumentarium nicht beschränkt werden. Es ist weder Unfähigkeit noch Willkür, wenn die legislatorischen Akte in der Bundesrepublik Deutschland seit 1949 der Zahl nach fast zur Hälfte Maßnahmegesetze und kaum zu einem Drittel Rechtsgesetze im herkömmlichen Sinn der rechtsstaatlichen Doktrin sind. Es wäre eine blinde und lebensfremde Voreingenommenheit, wenn man dem modernen Staat die Befugnis verweigern wollte, „en vue d'un cas donné" zu handeln, und von ihm verlangen würde, daß jeder staatliche Eingriff im voraus und ein für allemal, ohne Rücksicht auf die konkreten Umstände der jeweiligen Lage, vorwegbestimmt wäre. Der Sozialstaat bedarf des Maßnahmegesetzes seinem Wesen gemäß und nach der Natur der Sache.

Dieses Ergebnis gestattet es, einige in der Diskussion des Maßnahmegesetzes aufgetretene Zweifelsfragen auf ihr rechtes Maß zurückzuführen.

Es ist mehrfach darauf hingewiesen worden, der Begriff des Maßnahmegesetzes sei allenfalls von deskriptiver Bedeutung; eine dogmatische Funktion komme ihm nicht zu[6]. An dieser These ist zunächst richtig, daß der Begriff des Maßnahmegesetzes nicht im Wege der Schlußfolgerung aus dogmatischen Voraussetzungen, sondern aus der Beobachtung der Wirklichkeit heraus entwickelt worden ist. Unter dem Begriff des „Maßnahmegesetzes" fassen wir eine Gruppe von gesetzgeberischen Akten, methodologisch gesprochen eine „Klasse von Tatsachen" zusammen, und insoweit ist in der Tat die einzige Frage, die zu stellen ist, ob die Klasse, wie die Logik formulieren würde, „eineindeutig bestimmt" ist, d. h., ob sich ein Kriterium finden läßt, mit dessen Hilfe

[6] Wehrhahn VStR 15,61; Zeidler (wie oben § 2 Anm. 25) S. 5 ff.

bei jedem gesetzgeberischen Akt die Frage zwingend beantwortet werden kann, ob es sich um ein Maßnahmegesetz handelt oder nicht. In diesem Punkt nun ist in der bisherigen literarischen Diskussion volles Einvernehmen erzielt worden. Mögen auch die Formulierungen, welche man für dieses Kriterium vorgeschlagen hat, variieren, unbestritten ist, daß sich ein Kriterium finden läßt, welches den Kreis der Maßnahmegesetze hinlänglich und sinnvoll gegenüber anderen legislatorischen Akten abgrenzt.

Unrichtig ist es nur, wenn aus der Tatsache, daß der Begriff des Maßnahmegesetzes induktiv entwickelt ist, geschlossen wird, er beschreibe einen Sachverhalt der Staatssoziologie, welcher die Staatsrechtslehre nicht zu beschäftigen brauche[7]. Es geht nämlich bei der „Lehre vom Maßnahmegesetz" gar nicht darum, einen neuen dogmatischen Gesetzesbegriff — oder gar einen dogmatischen Begriff von a limine unzulässigen Gesetzen[8] — aufzustellen: Dann allerdings wäre der Einwand, der gebildete Begriff besitze „lediglich deskriptive Bedeutung", zwingend. Das Ziel der Betrachtung ist nicht ein neuer, sondern der überkommene rechtsstaatliche Gesetzesbegriff, und Gegenstand der Untersuchung die Frage, ob dieser die heutige Staatswirklichkeit noch zutreffend beschreibt, ob, präziser gesprochen, unter den Geltungs*bedingungen* der Gegenwart der rechtsstaatliche Gesetzesbegriff noch eine Geltungs*chance* besitzt[9]. Diese Untersuchung setzt durchaus und sogar bewußtermaßen eine Klärung des tatsächlichen Sachverhalts voraus; die Staatsrechtslehre würde sich jedoch auf das Feld unfruchtbarer doktrinärer Erörterungen beschränkt sehen, wenn sie wirklich eine solche Untersuchung einer von ihr getrennten Staatssoziologie überweisen wollte. Die Prüfung, ob eine überkommene Institution noch mit lebendiger politischer Wirklichkeit erfüllt oder ob sie zur leeren Hülse abgestorben ist, muß die eigene Aufgabe einer Staatsrechtslehre sein, welche den Bezug zu ihrem wirklichen Gegenstand nicht verlieren will.

Von daher gesehen, gewinnt ein zweiter Einwand an Gewicht, die Behauptung nämlich, „Maßnahmegesetze" habe es bereits während des ganzen neunzehnten Jahrhunderts gegeben, die Erscheinung sei also kein Spezifikum der gegenwärtigen Verfassungslage. Denn wenn dies zuträfe, so würde es beweisen, daß der klassische rechtsstaatliche Gesetzesbegriff heute keine geänderten Geltungsbedingungen antrifft als zur Zeit seiner Entstehung, und die Untersuchung hätte wiederum an dem theoretischen Problem anzusetzen, ob der klassische rechtsstaatliche Gesetzesbegriff überhaupt sinnvoll und vernünftig gebildet ist. Nun ist

---

7 Wehrhahn, a. a. O., S. 61; Zeidler, a. a. O., S. 209.

8 Dieses Mißverständnis findet sich bei Scheuner VStR 15,69.

9 Terminologie nach Hesse, Die normative Kraft der Verfassung (Recht und Staat 222), 1959.

nicht zu bezweifeln und auch im ersten Teil der vorliegenden Untersuchung mehrfach hervorgehoben worden, daß der Gesetzgeber auch schon im neunzehnten Jahrhundert verschiedentlich vor der Aufgabe stand, „Maßnahmen“ zu treffen, und daß er sich der Form des Gesetzes dafür bedient hat. Trotzdem ist das Problem mit dem Hinweis darauf, daß der Gesetzgeber des zweiten Kaiserreichs ein Jesuiten- und ein Sozialistengesetz erlassen[10], oder daß bereits der frühkonstitutionelle Gesetzgeber die Preise für Salz und Getreide, den Hopfenexport und die Ausfuhr von Lumpen geregelt habe[11], nicht gelöst. Es ist bereits kennzeichnend, daß die wirtschaftslenkenden Eingriffe im Frühkonstitutionalismus regelmäßig durch selbständige Verordnung vorgenommen wurden; wo sie der Zustimmung der Stände unterlagen, beruhte dies meist auf der Steuerhoheit und nicht auf der eigentlichen Gesetzgebungshoheit der Volksvertretung[12]. Davon ganz abgesehen, ist die quantitative Verschiebung Indiz auch für einen qualitativen Unterschied; bei der Durchsicht von vielen Bänden alter Gesetzessammlungen stößt man nur auf vereinzelte Beispiele von Maßnahmen in Gesetzesform, die sich nur in Zeiten politischer Krisen, in Jahren des Kriegs und der Revolution[13] häufen. Im neunzehnten Jahrhundert war das Maßnahmegesetz ein Ausnahmegesetz; heute gehört es zum gewöhnlichen Instrumentarium des staatlichen Eingriffs[14].

Mit den historischen Vorbildern des Maßnahmegesetzes verhält es sich ebenso wie mit den Vorläufern des Sozialstaats: Der aufmerksame Beobachter wird im Wohlfahrtsstaat des achtzehnten ebenso wie im liberalen Rechtsstaat des neunzehnten Jahrhunderts höchst modern anmutende Züge gewahren, Baugestaltungsverordnungen[15], Mietpreisfestsetzungen[16], Armenfürsorge[17] und Arbeiterschutz[18]; doch sind dies

---

[10] Sie führt E. R. Huber, DöV 1956, 204, in diesem Zusammenhang an.

[11] Nachweise bei Zeidler (wie oben § 2 Anm. 25) S. 10.

[12] Das gilt für vorläufige Finanzgesetze (Zeidler, a. a. O., S. 140) ebenso wie für Dotations-, Entschädigungs- und Beihilfegesetze (Zeidler, S. 9 f.), schließlich auch für die badische und sächsische Salzpreisgesetzgebung.

[13] Und in den Cholera-Jahren 1830/32.

[14] Soweit Zeidlers Beispiele nicht überhaupt Exekutivakte bilden (Verordnungen, Regulative usf.), handelt es sich durchweg entweder um Kriegs- (bzw. Revolutions-) Folgen oder um Akte, für welche die Gesetzesform aus etatrechtlichen Gründen erforderlich war — es befindet sich unter ihnen nicht ein einziges Maßnahmegesetz in einer „Normallage“. Auch solche Beispiele lassen sich allerdings finden; vgl. etwa oben § 24 Anm. 29.

[15] Dekret des Königreichs Westfalen vom 4. 1. 1808, vgl. Kleinschmidt, Geschichte des Königreichs Westfalen, 1893, S. 127.

[16] Vgl. die bei Zeidler S. 10 zitierte preußische Gesetzgebung über die Hausmieten in Berlin.

[17] Statt vieler das preußische Gesetz über die Verpflichtung zur Armenpflege vom 31. 12. 1842 (GS 1843,8).

[18] Vgl. E. R. Huber, Verfassungsgeschichte (wie oben § 16 Anm. 40) Bd. II, S. 28 ff.

Randaufgaben des Staates vergangener Jahrhunderte, während sich der moderne Staat in ihnen politisch verwirklicht und einen Zug seines Wesens findet. Was uns dieser Hinweis lehren kann, ist lediglich, daß es von der Vergangenheit her gedacht war, wenn wir bisher[19] das Maßnahmegesetz als Instrument der „Störungsabwehr" definiert haben. Es handelt sich bei den sozialstaatlichen Aufgaben nicht um „Polizei" im liberalen Sinn, sondern um Gestaltung und Verteilung. Selbst die gefährliche These, daß außergewöhnliche Situationen außergewöhnliche Mittel erfordern, kann im modernen Staat — anders als im Staat des neunzehnten Jahrhunderts — daher nicht mehr zur Rechtfertigung des Maßnahmegesetzes herangezogen werden; von der Verfassungswirklichkeit her gesehen ist das Maßnahmegesetz ein Akt, welcher der Bewältigung der Normallage, und nicht einer Störungslage, dient.

Dann aber stellt sich mit aller Entschiedenheit die Frage, ob diese neue Form normaler Gesetzgebung mit dem Wesen des Rechtsstaats noch vereinbar oder ob es ein bloßes Lippenbekenntnis romantischer Anhänglichkeit an die Zeit ist, da man noch vierspännig fuhr, wenn wir unseren Staat einen Rechtsstaat nennen. Zu diesem Zweck müssen wir noch einmal, und schärfer als bisher, gleichsam hinter die klassische Formulierung des Begriffs der Gewaltenteilung zurück nach ihrem Sinn und ihre Funktion fragen. Wir hatten festgestellt, daß dieser klassische Begriff der Gewaltenteilung deshalb den Bereich der Gesetzgebung substantiell und den Bereich der Verwaltung formal bestimmt, um einen vollständigen Schutz des Bürgers gegen mögliche Willkür zu erreichen[20]. Nun ist jedoch die Sicherung des Bürgers keineswegs der letzte Sinn des Rechtsstaats und seiner Institute. Nicht die subjektive Berechtigung des Einzelnen, sondern die objektive Rechtfertigung des Staates war das Anliegen der rechtsstaatlichen Doktrin, wie sie ihre entwickelte Form in der Philosophie des deutschen Idealismus gefunden hat. Nicht daß er Rechte achtet oder verleiht, sondern daß er Recht ist und verwirklicht, macht den Staat zum Rechtsstaat. Daß der Staat sittlich geboten sei, ist das oberste Postulat dieser Lehre — gleichgültig ob sie, wie Kant, von der sittlichen Pflicht des Einzelnen spricht, in den Verband des Staates zu treten, eine Pflicht, deren Erfüllung ein jeder von dem anderen erzwingen kann; oder ob sie, wie Hegel, den Staat selbst als die Wirklichkeit der sittlichen Idee beschreibt. Daß der Staat als sittliche Person die sittliche Persönlichkeit seiner Bürger zu achten gehalten sei, ist nur eine Folgerung aus diesem obersten Postulat, nicht ein eigenständiger Grundsatz der rechtsstaatlichen Theorie. Ebenso ist der Schutz des Einzelnen nicht der letzte, eigenständige Zweck der Gewaltenteilung — denn dann wäre sie notfalls gegen andere Schutzvorkehrun-

[19] Vgl. oben S. 124 f.
[20] Vgl. oben S. 172 f.

gen austauschbar, während die rechtsstaatliche Philosophie der Ansicht war, ohne Gewaltenteilung besitze ein Staat niemals eine Verfassung im rechtsstaatlichen Sinn[21]. Überhaupt ist das Prinzip der Gewaltenteilung zwischen Exekutive und Legislative — die dritte Gewalt bleibt in unserem Zusammenhang stets außer Betracht — kein organisatorisches Prinzip, und die vielfach vertretene Ansicht, daß der Grundsatz der Gewaltenteilung, da er sich organisatorisch niemals rein verwirklichen lasse, allenfalls die Bedeutung einer Richtlinie habe, verfehlt das Wesen der Sache. Daß alle gestaltende staatliche Tätigkeit entweder allgemeine Rechtssetzung oder individuelle Gesetzesanwendung sein müsse, ist vielmehr eine Legitimitätsforderung: Alle staatliche Tätigkeit muß entweder als Gesetzesanwendung legal oder als Rechtsetzung legitim sein. Dabei liegt kaum schon der spätere, von Max Weber analysierte Gedanke zugrunde, daß Legalität an sich eine Form der Legitimität sei; sondern die Vorstellung ist, daß dem Individualakt, indem er das Gesetz anwendet, die Legitimität des Gesetzes selbst vermittelt werde. Diese Regel, daß alles staatliche Handeln entweder der unmittelbaren Legitimität des Rechtssatzes oder der vermittelnden Legitimation der gesetzlichen Grundlage bedürfe, ist der unverbrüchliche Kern des rechtsstaatlichen Gewaltenteilungsprinzips; ein Staat, der sich diesem Grundsatz nicht unterwirft, kann ein Rechtsstaat nicht mehr heißen.

Daß der Staat eine allgemeine Rechtsordnung ist und jedes staatliche Handeln sich auf diese Rechtsordnung zurückführen und an ihr messen läßt, ist die mit dem Rechtsstaat vorgegebene Form der Legitimität. In dem Augenblick, in dem wir dem Maßnahmegesetz eine andersartige Legitimitätsvorstellung, etwa spezifisch sozialstaatlicher Art, zugrunde zu legen gezwungen sind, müssen wir darauf verzichten, unseren Staat länger als einen Rechtsstaat zu betrachten. Wer eine andersartige Legitimität als diejenige der allgemeinen Gerechtigkeit postuliert oder auch nur in Kauf nimmt, gibt den Rechtsstaat auf.

Auf der anderen Seite dürfen wir es für unseren Zusammenhang ebenso als vorgegeben betrachten, daß der Rechtsstaat es als legitim ansieht, wenn der Gesetzgeber den Rechtszustand der Bürger allgemein festlegt. Nun erfolgt im Maßnahmegesetz eine derartige Festlegung des Rechtszustands der Bürger, wenn auch gleichsam indirekt, weil das Maßnahmegesetz, indem es in einer bestimmten Situation Abhilfe schafft, diese Situation implicite als der Normallage widersprechend definiert und damit zu erkennen gibt, was es als Normalzustand ansieht. Dieses indirekte Verfahren des Gesetzgebers entspringt zwingenden

---

[21] Vgl. Kant, Metaphysik der Sitten, Teil I, Metaphysische Anfangsgründe der Rechtslehre, §§ 45 und 49.

sachlichen Notwendigkeiten. Im modernen Staat können eine vorübergehende Konjunkturschwankung, ein Sturz der Weltmarktpreise, ja der wirtschaftliche Zusammenbruch eines großen Industrieunternehmens öffentliche Hilfsmaßnahmen erforderlich machen, deren Art und Umfang sich nicht durch Rechtsgesetz vorweg bestimmen läßt. Auch würde jedes Rechtsgesetz, das staatliches Eingreifen in derartigen Fällen ein für allemal vorschreibt, Präjudiz für ganz ungemessene staatliche Lasten sein. Wenn überhaupt die rechtsstaatliche Legitimität des Gesetzes unter modernen Verhältnissen gewahrt bleiben soll, muß man es zulassen, daß neben die direkte Festlegung der Rechtsordnung deren indirekte Fixierung durch den Gesetzgeber „en vue d'un cas donné" tritt. Gewiß bedeutet das gegenüber dem klassischen Rechtsstaat eine Erweiterung staatlicher Machtfülle, welche auf anderem Wege, etwa durch die Präzisierung der grundrechtlichen Gesetzesvorbehalte, notdürftig wieder eingedämmt werden muß. Doch bleibt auf diese Weise auch unter den Bedingungen des modernen Staats die rechtsstaatliche Form überhaupt und in ihrem Kern erhalten. Der Schritt vom Rechtsgesetz zum Maßnahmegesetz ist keine Revolution, sondern ein Verfassungswandel, den wir als Teil der Entwicklung vom klassischen zum sozialen Rechtsstaat begreifen können. Das Maßnahmegesetz ist die sozialstaatliche Form des rechtsstaatlichen Gesetzesbegriffs.

FSC
www.fsc.org
MIX
Papier | Fördert
gute Waldnutzung
FSC® C083411

Kolibri 360 GmbH
Ferdinand-Jühlke-Straße 7
99095 Erfurt, Deutschland
produktsicherheit@kolibri360.de

Druck:
CPI Druckdienstleistungen GmbH
im Auftrag der
Kolibri 360 GmbH
Ferdinand-Jühlke-Str. 7
99095 Erfurt